Wandern mit dem Kinderwagen

Allgäu

39 Touren

Eduard und Sigrid Soeffker

ROTHER
BERGVERLAG

Vorwort

Klare Bergluft, sportliche Betätigung inmitten herrlicher Natur, leuchtende Blumenwiesen, Kuhglockenkonzerte und kristallklare Gebirgsbäche, großartige Gebirgspanoramen, weiche Barfußwiesen, gemütliche Einkehrmöglichkeiten in urigen Alpen, ausgedehnte Picknickpausen auf den Bergweiden, malerische Seen und ein weißblauer, schwäbisch-bayerischer Himmel – all das macht für uns einen gelungenen Tag in den Allgäuer Bergen aus.
Nach der Recherche zu unserem Buch ErlebnisWandern mit Kindern Allgäu (für Familien mit Kindern ab 4 Jahren) haben wir nochmal Nachwuchs bekommen und dachten gar nicht daran, die nächsten Jahre auf all diese fantastischen Eindrücke zu verzichten. Also haben wir uns aufgemacht, das Allgäu mit dem Kinderwagen zu erkunden. Und wir sind fündig geworden: Ob an den vielen Seen oder beim Aufstieg zu zwei mittelalterlichen Burgen, ob im Ost-, West- oder Oberallgäu oder im Kleinwalsertal, ob im Voralpenland oder unterwegs in den bis weit ins Gebirge reichenden Tälern, überall warten kinderwagenfreundliche Wege und Pfade auf die frischgebackenen Eltern und ihre kleinen Sprösslinge. Dazu gibt es viele Attraktionen wie Erlebnispfade, Sommerrodelbahnen, tolle Bademöglichkeiten und liebevoll angelegte Spielplätze, sodass auch bei den größeren Geschwisterkindern garantiert keine Langeweile aufkommt.
Das Schönste aber ist zu sehen, wie begeistert schon die Jüngsten ihre Umwelt bei einem Ausflug in die Natur wahrnehmen und dabei besonders die kleinen Dinge – für die wir oft den Blick verloren haben – genauestens erforschen wollen. Und so können wir uns mit den Kindern vielleicht über einen schönen Stein, eine Wurzel, eine Raupe oder eine bunte Blume genauso freuen wie über die fantastische Bergkulisse und die Köstlichkeiten in den vielen Hütten. Denn wenn der Nachwuchs zufrieden ist, sind es bestimmt auch die Eltern.
Im Einleitungsteil geben wir viele Tipps rund um Kinderwagen, Sicherheit, Gepäck, Proviant und Beschäftigung des Nachwuchses während der Tour. Vielleicht ist ja für Sie noch der eine oder andere hilfreiche Hinweis dabei.
Wir wünschen Ihnen nun viel Spaß beim Ausprobieren der abwechslungsreichen Wanderungen und viele vergnügliche Stunden mit dem Kinderwagen im zauberhaften Allgäu.

Eduard und Sigrid Soeffker

Inhalt

GPS-Tracks und Koordinaten der Ausgangspunkte

Auf **gps.rother.de** stehen zu diesem Wanderbuch GPS-Tracks und die Koordinaten der Ausgangspunkte zum kostenlosen Download bereit. Dieser QR-Code führt direkt zum Download.
4. Auflage, Passwort: **308004abf**
Die GPS-Tracks können in die **Rother App** importiert werden. In der App kann man unterwegs stets sehen, wo man gerade ist und wo es langgeht. **Anleitungen dazu: rother.de/gps**. Trotz sorgfältiger Prüfung können wir Fehler und zwischenzeitliche Veränderungen nicht ausschließen. Verlassen Sie sich für die Orientierung niemals einzig und allein auf die GPS-Daten, sondern beurteilen Sie die Verhältnisse vor Ort.

Wandern mit dem Kinderwagen im Allgäu

Das Allgäu ist ein Kinderwagenland. Kaum ein Gebiet könnte besser geeignet sein, um mit dem Kinderwagen auf große Entdeckungstour zu gehen, als dieser abwechslungsreiche und vielseitige Landstrich zwischen Bodensee und Lech. Im Alpenvorland bei Seeg, Kempten oder Buchenberg spazieren wir über herrliche Blumenwiesen, wandern entlang blau schimmernder Seen und erfreuen uns an der lieblichen, in verschwenderischen Farben leuchtenden Landschaft – das fantastische Gebirgspanorama immer vor Augen. Im Süden hingegen, bei Oberstdorf und in den Seitentälern des bereits zu Österreich gehörenden Kleinwalsertals, sind wir dem Hochgebirge ganz nah, wenn wir mit dem Kinderwagen auf Panoramawegen durch tief eingeschnittene, wasserreiche Täler wandern, die uns zwischen den Bergriesen hindurch zu wunderschönen, sonnigen Alpen führen.

Das Allgäu in der heutigen Form wurde maßgeblich von der letzten Eiszeit (bis vor ca. 10.000 Jahren) geprägt, als bis zu 1000 Meter hohe Gletscher Seebecken aushoben, riesige Gesteinsbrocken auf ihrem Rücken transportierten und mit ihren Seiten- und Endmoränen richtiggehende Hügelketten formten. Nach dem Abschmelzen der riesigen Eiszungen blieb eine große Anzahl an Seen zurück, die zum Teil schnell verlandeten. Viele Gewässer konnten aber bis heute überdauern. Und so kommen wir in den Genuss, vor einer herrlichen Bergkulisse etwa an den Ufern des Niedersonthofener Sees (Tour 5), des Großen Alpsees (Tour 6) oder des Hopfensees (Tour 36) mit dem Kinderwagen entlangzuspazieren. Die Seen sind hervorragend touristisch erschlossen, haben dabei aber ihren ursprünglichen Charme keineswegs verloren. Viele ideenreiche Spielplätze säumen den Weg und man kann an vielen flach abfallenden Stellen an gepflegten Stränden kostenlos baden.

Das besondere im Allgäu für Familien mit Kinderwagen sind aber die langgezogenen Täler, durch die meist leicht ansteigende Kieswege oder für den allgemeinen Verkehr gesperrte Asphaltstraßen führen. So tauchen wir bei Mittelberg im Kleinwalsertal in das wunderschöne Gemsteltal mit seinen drei bewirtschafteten Alpen ein (Tour 14) und sind fasziniert von den vielen Wandermöglichkeiten, die uns Oberstdorf mit dem fantastischem Oytal, dem nur ganz leicht ansteigenden Trettachtal oder dem lieblichen Stillach- und Rappealptal (Touren 16, 18–20) zu bieten hat. Bei Bad Hindelang locken Wege entlang der Os-

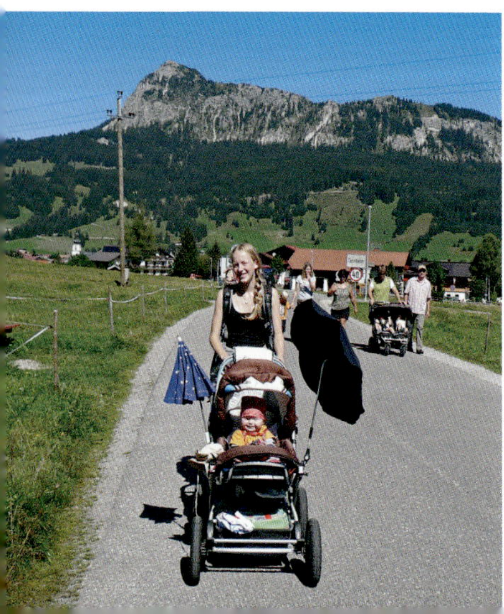

Kinderwagenschieben macht auch den großen Geschwistern Spaß.

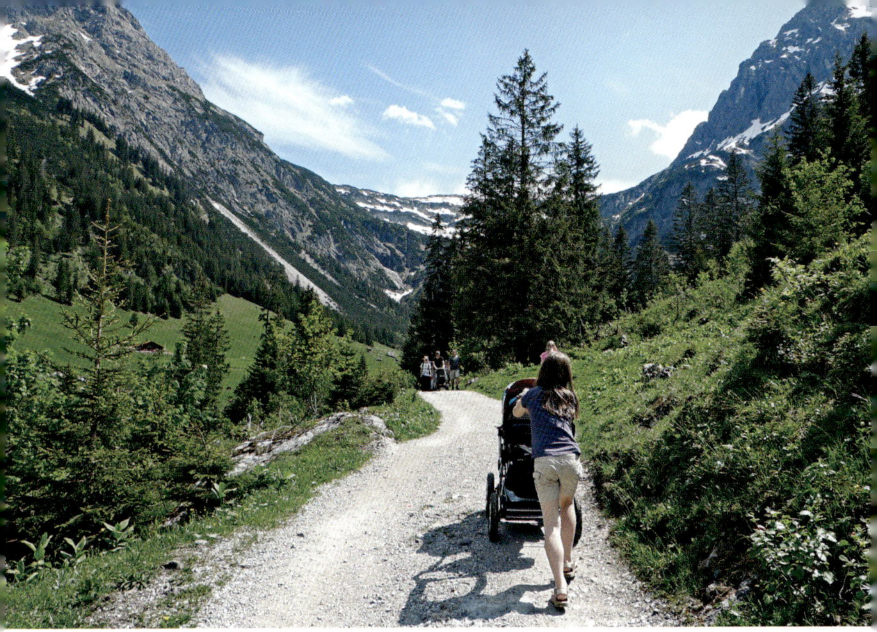

Schneebedeckte Bergriesen begleiten uns ins schöne Gemsteltal (Tour 14).

trach (Touren 22 und 24), und wer über eine gute Kondition verfügt, schiebt dort den Wagen hinauf zum Café Horn mit seinem gemütlichen Wirtsgarten und kann dann auf nur leicht ansteigendem Weg weit ins Retterschwanger Tal (Tour 23) hineinspazieren.

Auch wer mit größeren Geschwisterkindern unterwegs ist, wird vom Allgäu begeistert sein. Überall wurden liebevoll gestaltete Mitmach-Erlebnispfade in die herrliche Natur eingebettet. Die schönsten haben wir besucht und im Tourenteil ausführlich vorgestellt. Besonders ans Herz legen möchten wir Ihnen den wunderschönen Wasserweg in Durach entlang des gleichnamigen Baches (Tour 27), den ideenreichen Mooserlebnispfad in Stötten am Auerberg (Tour 38) sowie den großartigen Auwaldpfad bei Füssen (Tour 34) mit seinem kinderwagentauglichen Baumkronenweg und den vielen Möglichkeiten (z. B. per Floß, Drahtseil oder Baumstamm) einen Bach zu überqueren.

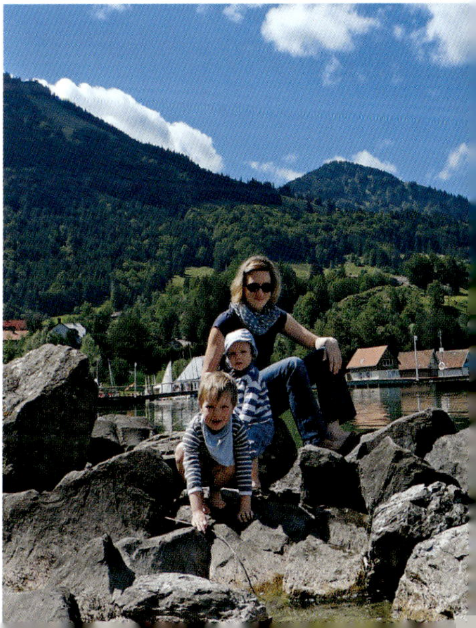

Steine am Ufer des Großen Alpsees laden zum Spielen ein (Tour 6).

Allgemeine Hinweise

Anforderungen

Die vorgestellten Wanderungen verlaufen durchweg auf markierten oder beschilderten Wegen und Pfaden. Die einzelnen Tournummern sind, um die Vorauswahl zu erleichtern, je nach Schwierigkeit der Tour unterschiedlich farbig hinterlegt.

Es ist allerdings kaum möglich, den Schwierigkeitsgrad einer Tour objektiv zu beurteilen, zu unterschiedlich sind die Kondition und Konstitution der einzelnen Familien. Viele Gegebenheiten wie die Tagesform oder die Witterung beeinflussen zudem das Empfinden. Die farbliche Dreiteilung der Touren soll daher nur ein erster Anhaltspunkt sein und einen Vergleich innerhalb dieses Wanderführers ermöglichen. Die Einstufung erfolgte anhand der zu überwindenden Höhenmeter und der Steilheit einzelner Wegabschnitte sowie unter Berücksichtigung der Wegbeschaffenheit und der Gesamtlänge der Tour. Detaillierte Informationen zu den jeweiligen Anforderungen finden sich zudem bei jeder Wanderung in der »Kurzinfo«.

Die Farben der Tournummern bedeuten im Einzelnen:

▶ **Leicht**

Wanderungen oder Spaziergänge auf gut gekiesten oder asphaltierten Wegen mit nicht allzu steiler Wegführung, einem zu überwindenden Höhenunterschied von bis zu 100 m und einer Gesamtgehzeit von maximal zwei Stunden.

▶ **Mittel**

Die Touren verlaufen größtenteils auf gut gekiesten oder asphaltierten Wegen, es können aber auch kürzere Abschnitte über kleinere, etwas holprige Pfade enthalten sein. Es sind entweder Höhenunterschiede (weit) über 100 Höhenmeter zu überwinden und/oder die Tour ist über zwei Stunden lang oder weist trotz ihrer Kürze ein Stück mit einem steilen, längeren Anstieg auf. Für diese Touren sind Kondition und etwas Ausdauer erforderlich. Fangriemen und Handbremsen am Kinderwagen sind für steilere Wegstücke empfehlenswert.

▶ **Schwierig**

Bei diesen Wanderungen sind entweder mehr als 300 Höhenmeter bei einem stetigen steilen An-/Abstieg auf Teer oder Schotterwegen zu bewältigen oder die Touren weisen durch ihren Untergrund (z. B. lockerer Kies bei steilen Abstiegen oder holprige Wege) eine erhöhte Schwierigkeit auf. Touren mit sehr holprigen Wegabschnitten sind wegen

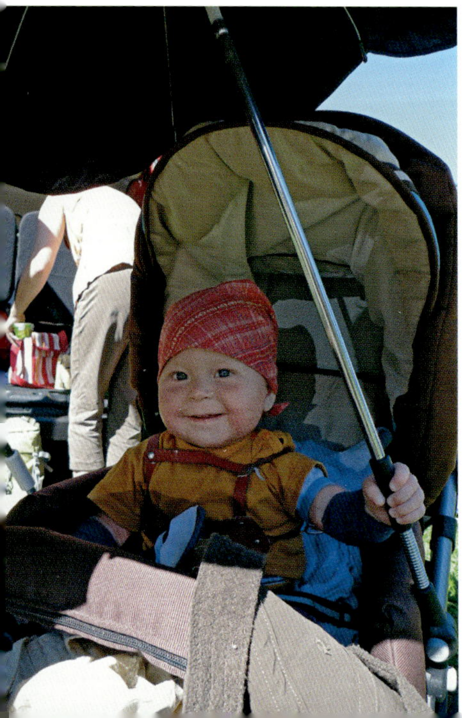

Gut beschirmt und voller Vorfreude.

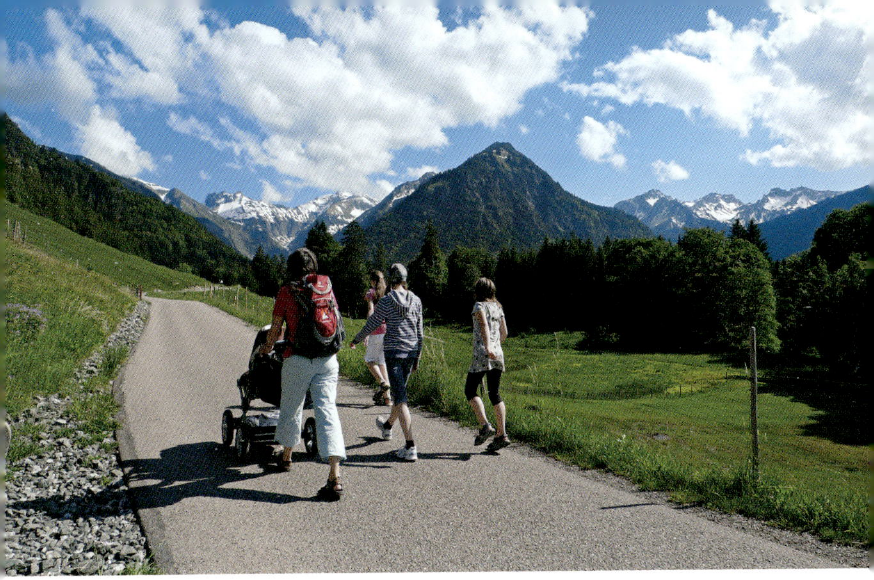

Beeindruckendes Panorama auf dem gut ausgebauten Weg ins Oytal (Tour 20).

der Erschütterungen des Kinderwagens nicht mit Babys zu empfehlen (Hinweise dazu in der »Kurzinfo«). Für lange Steigungen (Hinweise ebenfalls in der »Kurzinfo«) sollte der Wagen, solange der Säugling in der Babyschale liegt, mit einem Schwenkschieber ausgestattet sein (siehe dazu auch S. 20). Gute Kondition und Kraft des Schiebenden sind erforderlich. Fangriemen und Handbremsen sind für diese Touren vonnöten.

GPS-Daten

Zu diesem Wanderführer stehen auf der Internetseite des Rother Bergverlag GPS-Daten zum kostenlosen Download bereit (siehe S. 5).

Gehzeit

Angegeben wird die reine Gehzeit ohne Pausen; dabei wird unterstellt, dass die Kinder nicht selbst laufen, sondern im Kinderwagen geschoben werden (siehe hierzu auch »Genug Zeit einplanen«, S. 16).

Anfahrt

Auch wenn die Anfahrt mit öffentlichen Verkehrsmitteln am umweltverträglichsten ist, werden viele Familien mit einem Säugling oder Kleinkind die Anfahrt mit dem Auto bevorzugen. Zum leichteren Auffinden des Startpunktes findet sich in der »Kurzinfo« zu jedem Ausgangspunkt die jeweilige Navi-Angabe, die man in das Navigationsgerät des Autos oder auch untergoogle.de/maps eingeben kann.

Oft ist aber auch die Anfahrt mit Bus und Bahn einfacher als gedacht, zumal das Allgäu gut mit öffentlichen Verkehrsmitteln erschlossen ist. Aus diesem Grund haben wir in der »Kurzinfo« immer auch die Anreise mit Bahn und Bus aufgeführt. Folgendes ist zu beachten: Zu vielen Ferienorten im Allgäu führen Bahnlinien, auf denen die Mitnahme von Kinderwagen problemlos möglich ist. An diesen Bahnhöfen besteht Busanbindung, die aber sehr unterschiedlich ausgestaltet ist. Zum ei-

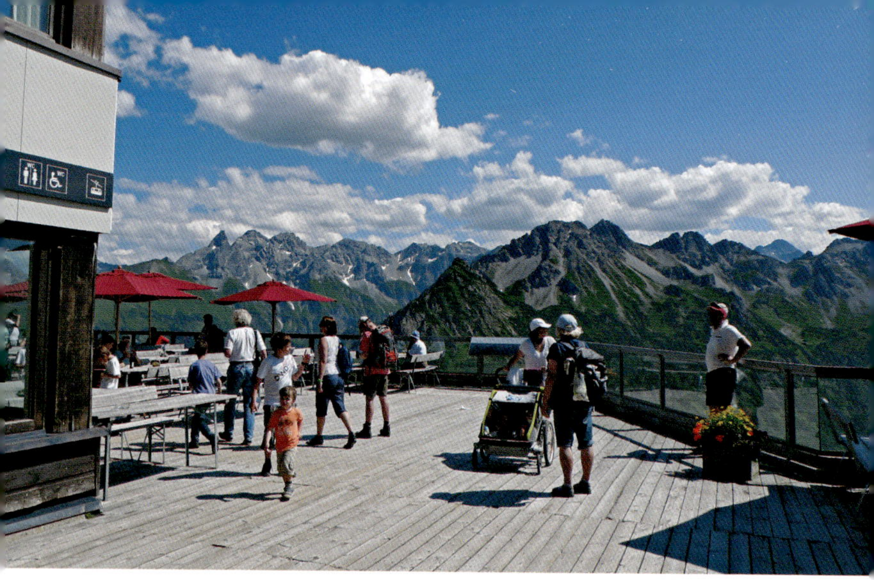

Hochalpines Panorama: dank Gondelbahn kein Problem (hier Tour 17).

nen ist ein erhebliches Süd-Nord-Gefälle zu beobachten. In den im Süden liegenden stark frequentierten Fremdenverkehrsorten gibt es sehr gute Busanbindungen (Oberstdorf, Kleinwalsertal), während auf den weiter im Norden liegenden Routen teils nur zwei bis drei Verbindungen am Tag bestehen und teilweise sonntags gar kein Bus fährt. Zum anderen gibt es eine Vielzahl von verschiedenen Busanbietern. Dies macht es schwierig, Aussagen über die Beförderungsmöglichkeit von Kinderwagen zu treffen. Grundsätzlich stehen die Unternehmen einer Beförderung von Kinderwagen allesamt positiv gegenüber, es besteht aber kein Anspruch in einem vollen Bus noch mitgenommen zu werden. Es werden auf den Linien immer mehr Niederflurbusse eingesetzt, die die Beförderung mit dem Kinderwagen leicht machen, nach wie vor fahren aber auch Busse mit Treppen, die aber fast ausnahmslos über einen sogenannten Innenraum verfügen. Schwierig wird es allerdings mit einem Doppelkinderwagen (Türen oder Innenraum eventuell zu eng). Die Ausstattung der jeweiligen Linie kann bei den Unternehmen der Verkehrsgemeinschaft Oberallgäu erfragt werden. Wir empfehlen, zuerst bei den beiden größten Unternehmen KOMM MIT und RVA (ca. 80 Prozent der Linien) für den südlichen Teil des Allgäus anzurufen. Für den nördlichen Teil des Gebietes wählt man die unten unter RBA angegebene Telefonnummer.

Telefonnummern der Verkehrsgemeinschaft Oberallgäu:

- KOMM MIT Tel. +49 8321/67100
- RVA Tel. +49 8322/96770
- RBA Tel. +49 831/592050
- ALPENVOGEL Tel. +49 8321/5095
- Jörg Tel. +49 8323/7034
- Brutscher Tel. +49 8322/4811
- Fa. Wechs Tel. +49 8324/93230

Fahrpläne und Tarife findet man auf mona-allgaeu.de und für die Bahn auf bahn.de.

Bergbahnen

Zur Begehung von zwei Erlebniswegen aus dem Buch (Tour 2 und 3) ist die Benutzung einer Gondelbahn empfehlenswert, bei zwei weiteren Touren (Nr. 15 und 17) unabdingbar. Eine Fahrt mit dem Sessellift mit Baby und Kinderwagen halten wir für nicht geeignet, darum finden sich auch keine Wanderungen im Buch, bei denen dies erforderlich wäre. Bei den vorgestellten Gondelbahnen werden Kinderwagen kostenlos transportiert, man muss sich aber darüber im Klaren sein, dass die Fahrt mit einer Bergbahn (auch wenn meist nur das erste größere Begleitkind bezahlen muss oder sogar generell Kinder umsonst befördert werden) trotzdem kein preiswertes Unterfangen ist. Es empfiehlt sich, eine solche Tour nur bei klaren Sichtverhältnissen anzugehen, da man an diesen Tagen mit einem schönen Bergpanorama belohnt wird. Betriebszeiten, Internetadressen und Telefonnummern sind jeweils in der »Kurzinfo« angegeben. Wir raten, sich dennoch vor Antritt einer Tour über die aktuellen Fahrpläne und Preise zu informieren.

Bei der Auffahrt mit der Bahn sollte man den Kindern während des »Höhenflugs« etwas zu trinken geben, da sie – anatomisch bedingt – oftmals Schwierigkeiten mit dem Druckausgleich haben. Stillen, ein Fläschchen oder bei größeren Kindern auch ein Strohhalm garantieren viele kleine Schlückchen und so ein schnelles Anpassen an die Höhe. Da bei verschnupften Kindern meist die für den Druckausgleich verantwortliche Eustachische Röhre zugeschwollen und somit nur eingeschränkt funktionstüchtig ist, sollte im Krankheitsfall auf Bergbahnfahrten verzichtet werden.

Einkehr

In der »Kurzinfo« werden auch sämtliche auf der Wanderroute gelegenen Gasthäuser und Alpen mit Öffnungszeiten, Ruhetagen, Telefonnummern und, wenn vorhanden, Wickeltisch und Website aufgelistet. Ist man außerhalb der Hauptsaison unterwegs, ist es empfehlenswert, sich vorab beim Wirt zu erkundigen, ob er auch tatsächlich geöffnet hat. Viele kleinere Alpen betreiben die Verköstigung hungriger Wanderer lediglich neben der Milchwirtschaft, sodass hier nur kleinere Brotzeiten angeboten werden. Erfahrungsgemäß wird die Bitte um das Aufwärmen eines Babygläschens gerne erfüllt.

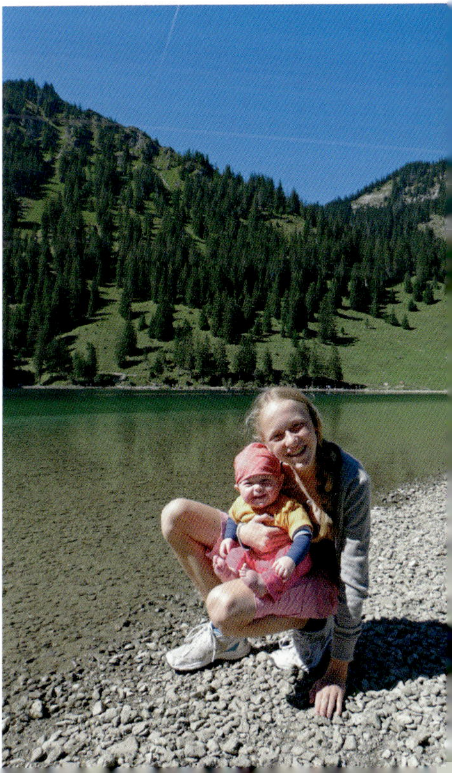

Wandern mit Groß und Klein: Auf die richtige Tour (hier 32) kommt es an.

Piktogramme

Zu Beginn der »Kurzinfo« weisen Piktogramme auf einige wichtige Punkte der jeweiligen Wanderung hin. Die Bedeutung der einzelnen Symbole ist auf dem vorderen Klappumschlag verzeichnet.

▶ **Zwillingskinderwagen:** Unter anderem ist hier die Eignung für Zwillingskinderwagen angegeben. Dieser Punkt findet sich auch unter »Hinweise« in der Kurzinfo. Einige Wege und Durchlässe sind zu schmal, um mit den breiteren Wagen durchzukommen. Wir bitten um Verständnis, dass bei der Vielzahl an erhältlichen Kinderwagenmodellen und -breiten dies nur eine unverbindliche Angabe sein kann. Die Steilheit eines Weges wurde bei der Vergabe des Piktogramms berücksichtigt. »Schwarze« Touren sind meist für Doppelkinderwagen ungeeignet. Man sollte beachten, dass auch bei vielen als geeignet eingestuften Touren längere steilere Abschnitte zu bewältigen sind, die mit dem erhöhten Gewicht eines Doppelkinderwagens im Aufstieg sehr anstrengend sein können. Beim Abstieg muss man auch in der Lage sein, den schweren Kinderwagen abzubremsen. Wir empfehlen daher, beim Kauf eines Doppelkinderwagens auf gut funktionierende Handbremsen zu achten.

▶ **Laufradgeeignete Touren:** Ein weiteres Piktogramm zeigt, ob eine Wanderung für Laufräder geeignet ist. Mit der Vergabe dieses Symbols sind wir sehr sparsam umgegangen. Bei grob geschotterten Wegen tun sich die Kinder oft schwer, mit dem Laufrad sicher zu fahren. Das gilt besonders, wenn es bergab geht. Wir haben dieses Symbol daher nur bei Touren vergeben, bei denen der Weg größtenteils eben und auf feinkiesigem oder asphaltiertem Untergrund verläuft. Auch bei diesen Touren kann es aber vereinzelt Steigungen und Gefälle geben, bei denen das Laufrad getragen werden muss.

Zecken, Schlangen, Wespen

Zecken sitzen vornehmlich auf Sträuchern, hohen Gräsern, Farnen oder im Unterholz bis zu einer Höhe von 1,50 m, also genau auf Höhe des Kinderwagens. Man findet sie aber auch vereinzelt (gerade unter schattenspendenden Sträuchern) im niedrigen Gras, wo sie auch auf eine ausgebreitete Picknickdecke krabbeln können. Durch einen Biss dieser Plagegeister können gefährliche Infektionskrankheiten wie Frühsommer-Meningo-Enzephalitis (FSME) und Borreliose übertragen werden. Es gibt zwar eine Impfung, diese bietet aber lediglich Schutz vor der FSME (=Hirnhautentzündung) und wird – obwohl ab dem Alter von einem Jahr zugelassen – erst ab dem

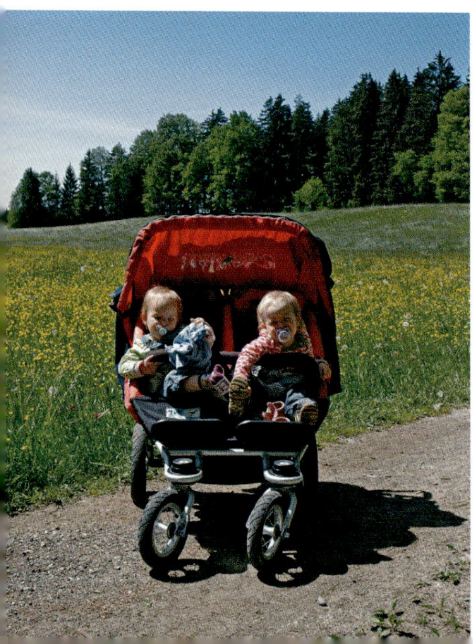

Zwillingskinderwagen erfordern ausreichend breite Wege.

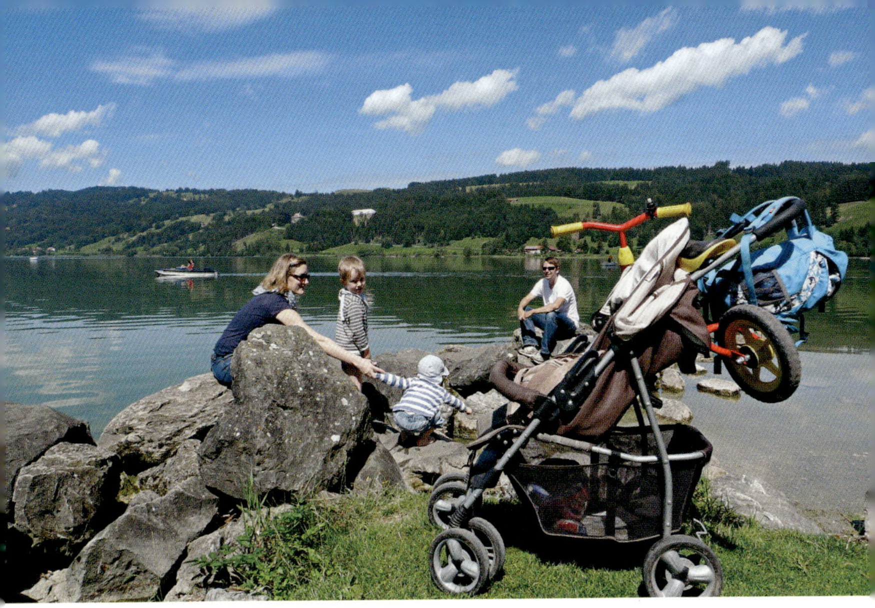

Moderner Packesel: So lässt sich einiges transportieren.

3. Lebensjahr von den meisten Kinderärzten empfohlen. Gegen die weiter verbreitete Borreliose gibt es keinen Schutz. Bevor die Zecken zu saugen beginnen, wandern sie erst noch eine Zeit lang auf dem Körper umher, halten sich dabei aber gut an ihrem Wirt fest, sodass sie sich nicht abduschen lassen. Deshalb sollte man unbedingt nach jedem Aufenthalt im Grünen den gesamten Körper, insbesondere Körperfalten, Achselhöhlen und Bauchnabel der Babys und Kinder auf Zecken absuchen. Sicherheitshalber sollte man nach einem Zeckenbiss einen Arzt aufsuchen, vor allem wenn sich um die Einstichstelle herum ein roter Ring bildet oder die Stelle eitert.

Die giftige Kreuzotter, die auch in unseren Gefilden heimisch ist, besiedelt Waldschneisen, Waldränder, Moore, alpine Geröllfelder, Bergwiesen und feuchte Niederungen. Die Schlangen sind von weißgrau über braun bis kupferrot (Kupferotter) oder schwarz (Höllenotter oder Bergviper) gefärbt und weisen allesamt ein mehr oder weniger deutlich ausgeprägtes Zickzackband aus. Da Schlangen sehr scheu sind, fliehen sie normalerweise vor den Menschen und beißen nur, wenn sie sich angegriffen fühlen. Ein Biss der Kreuzotter enthält zwar oft nur wenig Gift, für Kinder jedoch kann er lebensgefährlich werden. Oberstes Gebot im Falle eines Bisses (Extremität nicht abbinden!) ist es, Ruhe zu bewahren, damit sich das Gift durch hektische Bewegungen nicht im Körper verteilt.

Wespen werden von süßen Getränken und Essen schnell angezogen. Besonders gefährlich ist es, eine in ein Trinkglas gefallene Wespe zu verschlucken, da hierbei nach einem Stich der Hals soweit anschwellen kann, dass man in Atemnot gerät. Aus diesem Grund sollten insbesondere Kleinkinder Getränke am besten nur mit einem Strohhalm zu sich

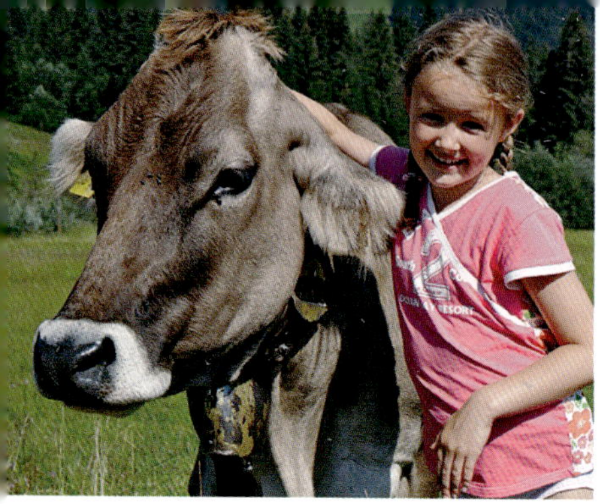

Kuhfreundschaft in Bad Hindelang (Tour 24).

nehmen und die Eltern bei jedem Bissen darauf achten, dass sich nicht eine Wespe auf der Gabel oder dem Löffel befindet. Bienen und Wespen halten sich besonders gern auf blühendem Klee und Blumen auf – Kleinkinder daher bitte nicht barfuß oder in Sandalen über Blumenwiesen laufen lassen.

Kühe

Kühe scheinen im Allgäu nahezu allgegenwärtig zu sein. Die Tiere sind in aller Regel an Wanderer gewöhnt und lassen sich beim Grasen meist nicht so schnell aus der Ruhe bringen. Es empfiehlt sich dennoch einen gebührenden Abstand zu halten. Jungtiere sind manchmal neugierig und kommen ab und an erschreckend schnell angetrabt. In solchen Fällen hilft es, sich in Erinnerung zu rufen, dass Kühe tatsächlich reine Pflanzenfresser sind. Wem die Tiere zu aufdringlich werden, kann sich durch plötzliches, beherztes Hochreißen der Arme und ein lautes kräftiges »Hoh, Hoh!«-Rufen schnell Platz und Respekt verschaffen.

Pilze und Beeren

Wenn man mit Kleinkindern unterwegs ist, empfiehlt es sich, ihnen jedes Mal erneut einzuschärfen, keine Pflanzen in den Mund zu nehmen und vor allem niemals Beeren oder Pilze zu essen. Man kann sich aber auf keinen Fall darauf verlassen, dass dies auch richtig verstanden und eingehalten wird. Insofern bleibt nichts anderes übrig, als die Kleinen stets im Auge zu behalten.

Gefahren in den Bergen

Auch mit einem Kinderwagen ist man vor den Gefahren in den Bergen nicht gefeit. Im Gebirge, insbesondere an Felswänden besteht häufig Steinschlaggefahr. Um nicht vom schlechten Wetter überrascht zu werden, sollte man die Wettervorhersage bei der Tourenauswahl berücksichtigen und sich zur Not rechtzeitig auf den Rückweg machen. Gerät man trotz aller Vorsicht dennoch in ein Gewitter, ist unbedingt darauf zu achten, sich von einzeln stehenden Bäumen oder Erhebungen sowie Metallischem (z. B. Brücke, Regenschirm mit Metallverstrebungen) fernzuhalten. Auch sollte man niemals der höchste Punkt im Gelände sein.

Alpines Notsignal

Sollte man in den Bergen einmal Hilfe benötigen, dann ist es vorteilhaft, das alpine Notsignal zu kennen, da der Handyempfang in den Bergen oftmals nur sehr rudimentär vorhanden ist. Das Notsignal besteht aus einem optischen oder akustischen Zeichen, das sechsmal in der Minute abgegeben wird, gefolgt von einem einminütigen Pausenintervall. Diese Signalfolge wird so lange wiederholt, bis eine Antwort erfolgt. Sie besteht aus einem Zeichen, das dreimal in der Minute abgegeben wird und bedeutet »Ich habe verstanden«.

Tipps für unterwegs

Tourenauswahl

Jedes Kind ist anders. Manche lieben es auch noch im Kleinkindalter im Kinderwagen über längere Strecken geschoben zu werden, andere wollen ab einem bestimmten Alter größtenteils selber laufen. Generell lässt sich sagen: Je kleiner das Kind, desto länger kann die Wanderung sein. Dies hängt damit zusammen, dass Babys viel schlafen und so meist über längere Strecken im Kinderwagen kutschiert werden können. Ältere Kinder hingegen benötigen immer wieder Pausen zum Robben oder Krabbeln und wollen ab ca. 1 Jahr auch immer wieder – sei es noch an der Hand oder selbstständig – laufen. Mit der steigenden Mobilität erweitert sich auch der Entdeckerdrang der Kinder, oft will der Nachwuchs dann nur noch für das Mittagsschläfchen in den Wagen. Diese Zeit kann man dann aber nutzen und versuchen, eine möglichst große Wegstrecke zurückzulegen. Sind größere, aber immer noch recht kleine Geschwister dabei, ist dies wiederum nicht möglich. Einige Touren (z. B. Tour 2 oder 19) lassen sich abkürzen, bei anderen kann man nach einem schönen Etappenziel auch einfach wieder zurückgehen, wenn man merkt, dass die gesamte Runde für den Nachwuchs zu lang wird. Ist man sich unsicher, wählt man als erste Tour aus dem Buch am besten eine kurze Wanderung oder eine mit guter Abkürzungs- oder Umkehrmöglichkeit und kann sich so vorsichtig an die für die Familie ideale Tourlänge herantasten. Unbedingt bei der Tourauswahl zu berücksichtigen ist aber auch die Einteilung der Touren in die drei Kategorien »leicht«, »mittel« und »schwer«. Schwarze und rote Touren verlangen dem schiebenden Elternteil oft einiges an Kondition ab, manche Touren können auch nur mit einem geländegängigen Kinderwagen begangen werden – auch wenn dieser grundsätzlich bei fast allen Wanderungen zu empfehlen ist. Für besonders steile Touren sind eine Handbremse und ein Fangriemen erforderlich. Diese Angaben finden sich in der »Kurzinfo« der jeweiligen Tour.

Stressfrei ins Grüne

Wer mit Babys und Kleinkindern unterwegs ist, muss sich umstellen. Dies fängt an bei den vielen Dingen, die man mitnehmen muss (siehe »Im Gepäck«, S. 22), und geht bei der Anfahrt weiter. Es ist ratsam, schon am Vorabend alles zu packen und bereitzustellen, dann kann man

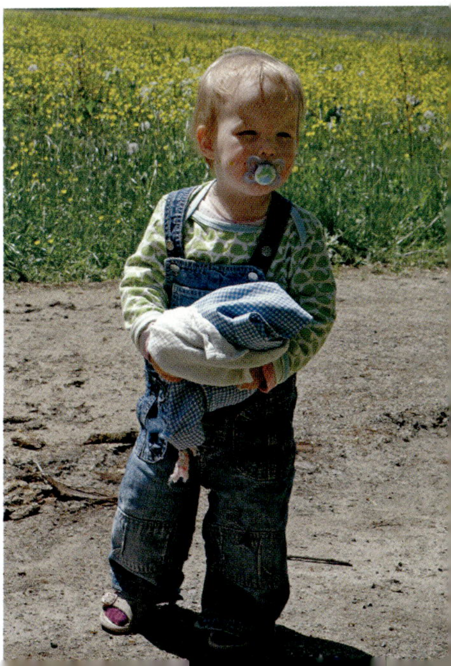

Nicht ohne meine Schmusedecke.

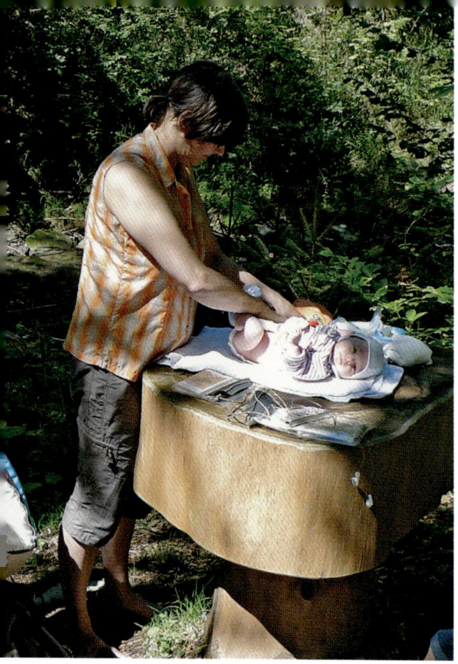

Komfortabler »Wickeltisch« am Erlebnispfad Rettenberg (Tour 7).

am nächsten Morgen gleich losfahren. Bei Säuglingen ist es empfehlenswert, die Anfahrt zum Morgenschläfchen zu nutzen. Bei Kleinkinder handhabt man es am besten so, dass sie während der Anfahrt beschäftigt werden, damit sie dann bald nach Beginn der Wanderung für ein Schläfchen bereit sind.
Auf der Rückfahrt im Auto schlafen dann nach einem Tag an der frischen Luft mit vielen neuen Eindrücken meist alle Kinder.

Genug Zeit einplanen

Die bei jeder Wanderung angegebenen Zeitangaben verstehen sich als reine Gehzeit für die gesamte Strecke ohne Pausen. Es wurde berücksichtigt, dass man mit dem schweren Kinderwagen insbesondere an Steigungen nur langsam vorankommt oder man auch mal kurz anhalten muss, um beispielsweise den Sonnenschirm zu verstellen. Nicht berücksichtigt wurde allerdings – da dies sowohl abhängig vom Alter des Kindes als auch individuell sehr unterschiedlich ist –, wenn Kinder bereits selbst ein Stück laufen wollen. Wir empfehlen, auf jeden Fall über die große Pause am Ziel der Wanderung hinaus reichlich zusätzliche Zeit einzuplanen, denn mit immer wieder eingelegten kleinen Wickel-, Essens-, Spiel- und Krabbelpausen, dem Herausnehmen und Tragen der Kinder, Einsammeln von aus dem Wagen katapultierten Gegenständen, vom mobilen Nachwuchs selbst erwanderten kleinen Passagen und der Zeit, die man den Kindern für ihren natürlichen Forscherdrang einräumt, wird selbst aus einer eineinhalbstündigen Wanderung schnell ein ausgedehnter Halbtagesausflug. Das intensive Auseinandersetzen der kleinen Wanderer mit der Natur stellt zwar die Geduld der Eltern mitunter stark auf die Probe, erweitert aber nicht nur den kindlichen Horizont, sondern trägt auch in ganz erheblichem Maß zu einer gesunden Persönlichkeitsentwicklung bei – zwei Faktoren, die sich nicht in Zeit messen lassen.

Sicherheit

Wer mit dem Kinderwagen unterwegs ist, sollte ein paar wichtige Grundregeln beachten: Parken Sie bitte niemals den Wagen mit dem Kind darin auf (auch nur leicht) abschüssigen Wegen, selbst wenn der Wagen über zwei Feststellbremsen verfügt. Immer wieder kommt es bei diesem grob fahrlässigen Verhalten zu tragischen Unfällen, wenn die Bremse nicht richtig eingerastet war oder diese das Gewicht nicht mehr halten kann. Der zweite Punkt betrifft die Sicherung des Kindes vor Herausfallen. Der Säuglingsschale entwachsen müssen die Kleinen im Kinderwagen gesichert werden, um ein Herausfallen durch zu weites Hinauslehnen oder plötzliches Durchstemmen der Beinchen zu vermeiden. Der vorhandene Beckengurt verhindert jedoch nur ein »nach vorne Durchrutschen«, deshalb sollte man unbedingt auch die vorhandenen Schultergurte verwenden. Diese haben allerdings den Nachteil, dass sie den Nachwuchs oft mehr oder weniger an die Rückenlehne fixieren. Praktischer, wenn vielleicht auch nicht ganz so modern, sind Brustgeschirre, die – um den Oberkörper geschnallt und am Kinderwagen befestigt – die Zwerge sichern, ihnen aber dennoch genug Bewegungsfreiheit lassen.

Geht es steil bergab (Touren im roten oder schwarzen Schwierigkeitsgrad), muss der Kinderwagenlenker in der Lage sein, das Gewicht des Wagens über einen längeren Zeitraum abzubremsen. Besonders auf Schotterwegen kann man hier mit ungeeigneten Schuhen schnell ins Rutschen kommen. Wir empfehlen daher, auf diesen Touren mindestens gut profilierte Trekkingsandalen zu tragen und bei längeren Abstiegen an gesicherter Stelle eine Pause einzulegen oder sich beim Führen des Kinderwagens abzuwechseln. Eine Handbremse am Wagen leistet gute Dienste. Bei einigen wenigen Touren ist eine Handbremse unabdingbar (siehe »Kurzinfo«). Doppelkinderwagen sollten wegen des wesentlich höheren Gewichtes, das nach unten zieht, auf jeden Fall mit Handbremsen ausgestattet sein. Besonders wichtig ist es auch, den Wagen gegen ein reflexartiges Loslassen bei einem Sturz des Schiebenden zu sichern! Gute Babyjogger verfügen über eine Handschlau-

Picknickdecken leisten gute Dienste bei der eingelegten Krabbelpause.

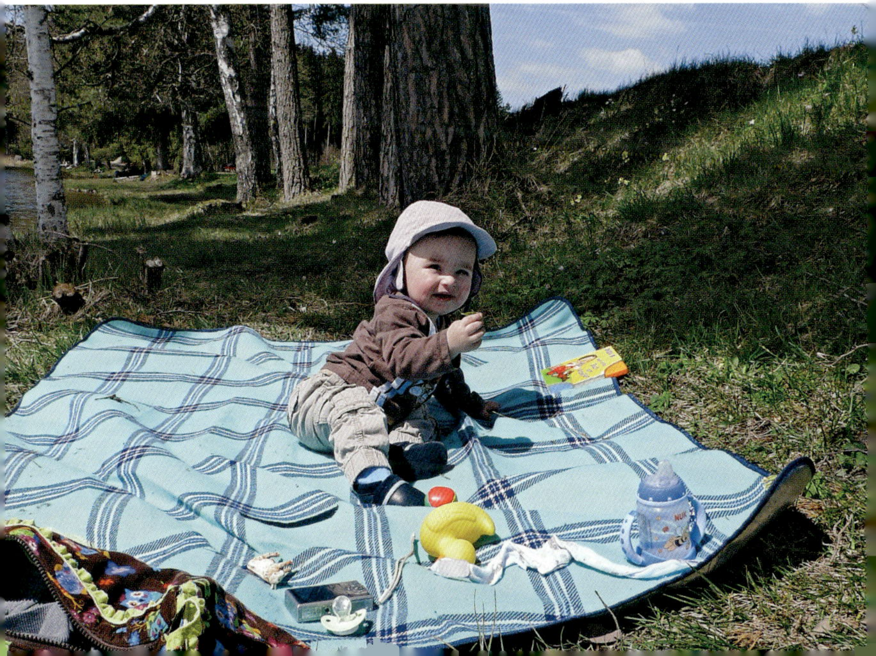

fe, man kann aber auch selbst ein breiteres Baumwollband (ca. 2 cm breit, 1 m lang) zusammenknoten, um den Griff schlingen und die abgebundene Handschlaufe um das Handgelenk legen und so verhindern, dass sich der Kinderwagen beim versehentlichen Loslassen verselbstständigt. Auch auf die Handschlaufe kann bei einigen Touren (siehe »Kurzinfo«) nicht verzichtet werden.

Zu beachten ist ferner, dass Kinder im Kinderwagen durch die fehlende Bewegung schneller auskühlen. Das ist besonders in den kühleren Abendstunden, die die Wandernden oftmals als recht angenehm empfinden, gefährlich. Eine Decke leistet dann schnell Abhilfe. Babys im Tragebeutel oder in der Kraxe sind besonders an Armen, Beinen, Händen und Füßen gefährdet. Gleiches gilt übrigens auch im Winter bei extremen Minustemperaturen für den Kinderwagen. Selbst ein Fellsack kann Wärme nicht ewig speichern, im schlimmsten Fall drohen sogar Erfrierungen (z. B. auch der Nase). Schließlich sollte man Säuglinge nicht Wegen aussetzen, die sehr holprig sind, da die ständigen Erschütterungen bei den Kleinsten Schädigungen hervorrufen können.

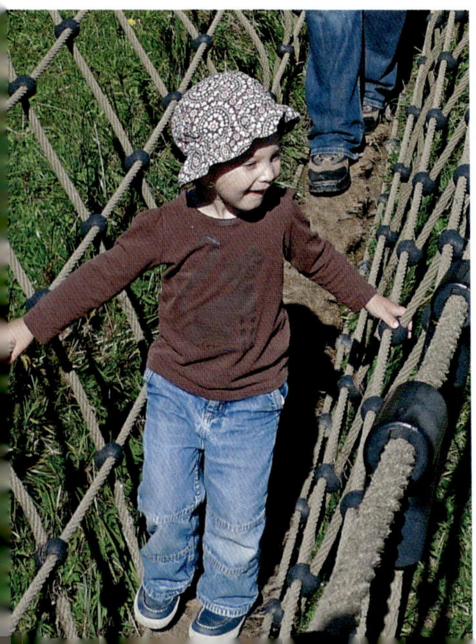

Kinderwagen

Möchte man mit Baby oder Kleinkind wandern gehen, richtet sich das Hauptaugenmerk plötzlich nicht mehr nur auf gut sitzendes Schuhwerk und weich gepolsterte Rucksacktragegurte, auch der Kinderwagen muss sich einer Eignungsprüfung unterziehen. Für fast alle in diesem Buch vorgestellten Touren ist die Anschaffung eines geländegängigen Kinderwagens dringend anzuraten. Bei Touren, die unbedingt einen geländegängigen Kinderwagen erfordern, ist dies in der »Kurzinfo« angegeben. Dort steht auch, wenn ausnahmsweise einmal ein Buggy ausreichend ist. Mittlerweile gibt es unzählige Hersteller und Ausführungen von Kinderwagen, die Entscheidung für das richtige Modell wird dadurch allerdings nicht einfacher. Im Folgenden möchten wir daher einige Tipps geben, die Ihnen die Ausauswahl erleichtern können:

- **Kombiwagen:** Am praktischsten sind unserer Meinung nach Kombi-Kinderwagen, die sich – sind die Babys der Tragetasche entwachsen – zum Sportwagen umwandeln lassen. Die Sitz- und Liegefläche sollte mehrfach verstellbar sein, um entspannte Nickerchen zu gewährleisten.
- **Große Räder:** Beim Überfahren von Bodenunebenheiten, Steinen und Wurzeln tut man sich mit großen Reifen wesentlich leichter, geländegängige Kinderwagen sind da-

Wackelige Angelegenheit – Training für den Gleichgewichtssinn (Tour 2).

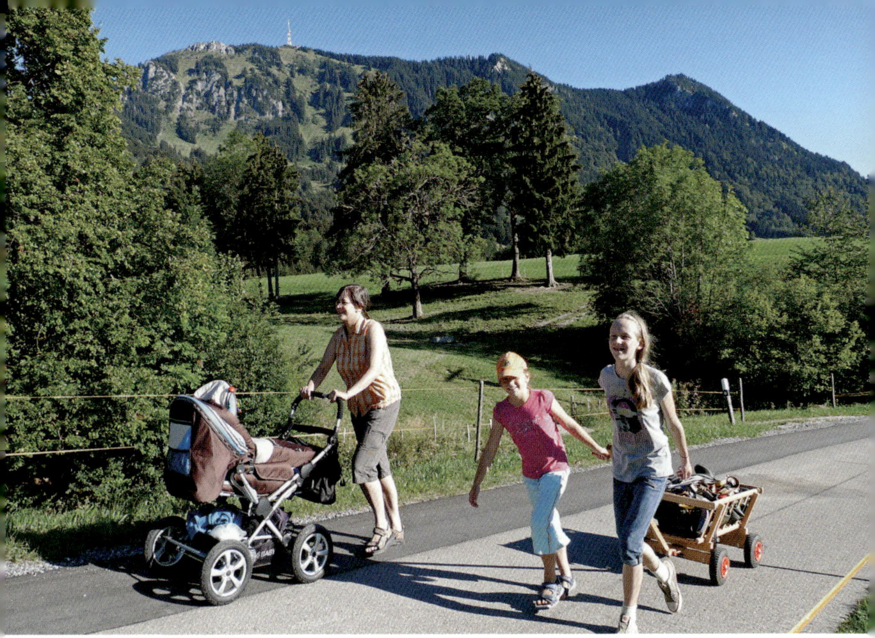

Ob beim Schieben oder Ziehen – Wanderspaß vor dem Grünten (Tour 7).

her allesamt so ausgestattet. Im Handel angeboten werden sowohl luftbefüllte Reifen mit Schlauch als auch sogenannte Luftkammerräder, die eine Kombination aus Hartgummi und eingeschlossenen Luftkammern darstellen. Beide Arten eignen sich für das Gelände, wobei luftgefüllte Reifen durch das Hinzufügen oder Ablassen von Luft individuell auf den Bodenuntergrund eingestellt werden können. Die luftgefüllten Reifen haben allerdings den Nachteil, dass man – wie beim Fahrrad – einen »Platten« bekommen kann. Zwar bietet der Handel spezielle Pannensprays an, die nicht nur abdichten, sondern zeitgleich den Reifen auch wieder aufpumpen, hierauf sollte man sich aber nicht verlassen und neben einer Pumpe immer Flickzeug oder am besten einen Ersatzschlauch dabeihaben. Kleine, schwenkbare (Doppel-)Räder aus Kunstoff oder Hartgummi sind für die meisten hier vorgestellten Touren hingegen ungeeignet. Sie mögen zwar in der Stadt wendig und bei Bedarf feststellbar sein, federn aber nicht, blockieren oft auf holprigen Wegen und zeigen auch sonst gerne, dass »feststellbar« nicht mit »festmontiert« gleichzusetzen ist.

▶ **Gute Federung:** Für den eigenen Schiebekomfort, aber natürlich vor allem für den im Wagen liegenden oder sitzenden Nachwuchs ist eine gute Federung des Kinderwagens unabdingbar. Die Federung ist vor allem für Neugeborene sehr wichtig, so kann die empfindliche Wirbelsäule geschützt werden. Einen Teil der Federung übernehmen dabei bereits die luftgefüllten Reifen oder die Luftkammerräder, es sind aber für das Gelände weitere Federungsmechanismen erforderlich. Besonders gut eignet sich hier eine Metallfederung, die mit zunehmender Belastung immer härter wird.

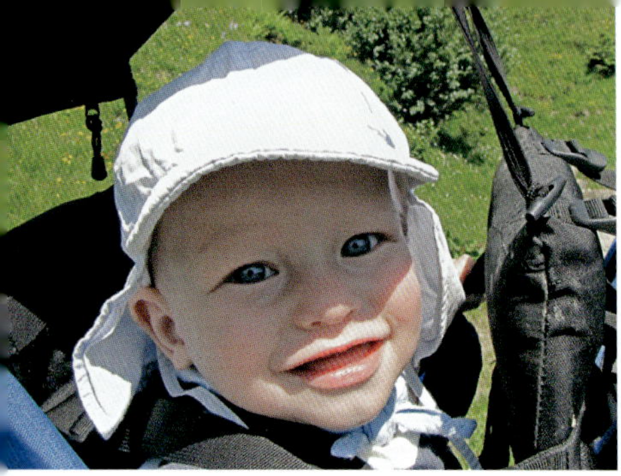

Gute Kraxen ersetzen schon mal den Kinderwagen.

▶ **Schwenkschieber:** Einige Modelle sind mit einem sogenannten Schwenkschieber (nur bei vierrädrigen Modellen) ausgestattet, durch den die Richtung des Schiebeteils umgekehrt werden kann. Die Kinder können so entweder nach vorne oder in Richtung des Schiebenden gucken. So wird sichergestellt, dass Säuglinge bei längeren Auf- und Abstiegen nicht mit dem Kopf nach unten liegen. Und man kann für die Kinder auch einmal den wohlwollenden Elternblick gegen eine freie Sicht nach vorne tauschen.

▶ **Bremsen:** Siehe Kapitel »Sicherheit«, S. 16.

▶ **Korb unter dem Wagen / Lenkertaschen:** Ein wichtiges Detail ist die Größe und die Stabilität des Korbes unter dem Kinderwagen. Alles, was sich darin unterbringen lässt, muss nicht auf dem Rücken oder anderweitig transportiert werden. Je höher die Einschuböffnung, die sich bei einigen Modellen durch eine Kippfunktion des Korbes noch vergrößern lässt, umso größere Gegenstände lassen sich verstauen, im Idealfall sogar ein Laufrad oder Roller. Zusätzlichen Platz bieten Lenkertaschen, die man als Zubehör kaufen kann. Sie sind ideal für diverses Kleinzeug, welches man schnell zur Hand haben muss, wie Taschentücher, Ersatzschnuller, Getränk oder Kekse.

▶ **Sonnenschutz** ist für die empfindliche Kinderhaut unentbehrlich und damit ist nicht nur das (auch bei Bewölkung) selbstverständliche Eincremen vor und während der Tour sowie ein Sonnenhütchen gemeint, sondern auch der am Kinderwagen selbst angebrachte Schutz. Hier gibt es verschiedene Varianten: Verdecke spenden zwar Schatten, aber nur solange die Sonne von hinten kommt. Fehlt die Möglichkeit, sie seitlich z. B. mittels Reißverschlüssen zu öffnen, staut sich unter ihnen die Wärme. Sonnensegel werden am hochgeklappten Verdeck sowie am Schiebergriff befestigt und schützen vor der hochstehenden Mittagssonne. Beim Kauf eines Sonnensegels ist es ratsam, den Kinderwagen mitzunehmen und auszutesten, ob und wie (stabil) es sich befestigen lässt. Am flexibelsten sind seitlich angebrachte Sonnenschirme, mit denen nicht nur die tieferstehende Nachmittagssonne abgefangen, sondern auch rasch auf veränderte Sonneneinstrahlung reagiert werden kann. Hier ist auf einen stabilen Befestigungsmechanismus sowie mehrfache Verstellbarkeit sowohl an der Verankerung als auch am Schirm selbst zu achten. Beides, Sonnensegel und -schirme, gibt es mit zusätzlichem UV-Schutz.

▶ **Regenschutz:** Da sich in den Bergen und im Voralpenland das Wetter schnell ändern kann, gehört Regenschutz für alle Beteiligten zur Standardausrüstung. Für Kinderwagen gibt es spezielle Regenhauben, am besten mit Sichtfenster (zur Vermeidung eines Luftstaus) und mit Gummizug am Abschluss, damit auch bei stärkerem Wind die Kleinen vor der Nässe von oben sicher sind.

Tragehilfen

▶ **Tücher und Tragebeutel:** Auch wenn man mit dem Kinderwagen unterwegs ist, ist es von Vorteil, zusätzlich noch ein Tragetuch/-beutel im Gepäck zu haben. So kann man den wechselnden Bedürfnissen der Zwerge ganz entspannt gerecht werden oder auch einen Abstecher auf einem mit dem Wagen nicht befahrbaren Weg machen. Gerade Säuglinge haben ein großes Bedürfnis nach Körpernähe und wollen nicht unbegrenzt im Kinderwagen liegen. In diesem Fall leisten Tragehilfen gute Dienste. Klein, leicht, handlich und gut zu verstauen sind sie schnell zur Hand und der Nachwuchs wieder glücklich. Ob man allerdings einem Tragetuch oder einem Tragebeutel den Vorzug gibt, liegt im persönlichen Ermessen. Die 3,50 bis über 4 m langen Tragetücher sind nicht jedermanns Sache, da deren verschiedene Wickel- und Bindemöglichkeiten erst einmal aufwendig geübt werden müssen. Sie sind bereits ab dem ersten Lebenstag geeignet und ermöglichen das Tragen sowohl auf dem Bauch als auch auf der Hüfte oder auf dem Rücken. Tragebeutel sind zwar schneller angelegt, aber obgleich fast alle Modelle mit einer Anhock-Spreizhaltung für Säuglinge aufwarten können, geben einige nicht die stabile Unterstützung im Wirbelsäulenbereich, die gerade Babys noch so dringend benötigen. Unabhängig davon, für welches System oder welche Tragetechnik man sich entscheidet, niemals dürfen Babys mit dem Gesicht nach vorne, also Babyrücken an Elternbauch getragen werden, denn diese Haltung zwingt sie nicht nur in eine unnatürliche Haltung, sondern es prasseln auch allzu viele neue Eindrücke und Geräusche ungehindert auf die Kleinen ein – eine Situation, mit der sie schnell überfordert sind.

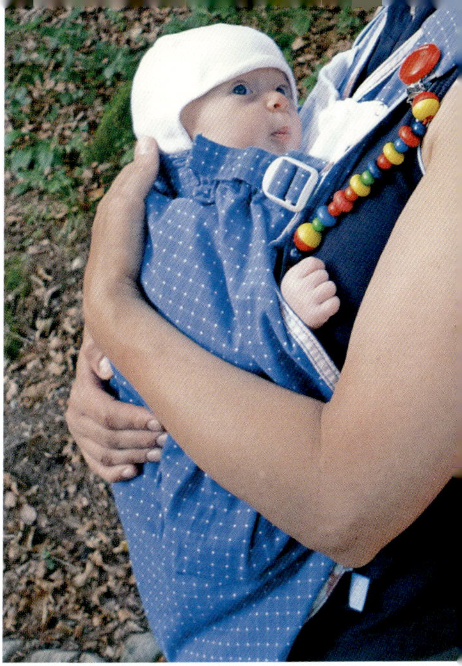

So nahe bei Mama geht's mir gut.

▶ **Kraxe:** Für Kinder ab dem 9. Monat (Kind muss stabil sitzen können) bietet sich auch der Transport in einer Kraxe an, wenn man auch einmal ohne Kinderwagen unterwegs sein möchte oder einen Abstecher vom Kinderwagenweg zu einem Gipfel machen möchte. Die Kraxen sind zwar wesentlich schwerer und sperriger als die Tragetücher/-beutel, bieten aber eine Reihe von Vorteilen. Gute Tragen verfügen über ein Sonnendach und enthalten zusätzlichen Stauraum für Windeln, Flaschen usw. Die Kraxe bietet eine gewisse Sicherheit durch das Gestell bei einem Sturz (dafür liegt aber der Schwerpunkt schlechter) und ist einfacher in der Handhabung (kein Binden erforderlich). Nimmt man die Kraxe vom Rücken ab, kann man sie auf den Boden stellen und so die Kinder weiterschlafen lassen. Da sich die Kinder nicht bewegen, sollten sie bei Temperaturen unter 22 °C mit langer Hose und Jacke ausgestattet sein. Beim Kauf einer Kraxe ist auch auf eine gute Polsterung im Kopfbereich und eine gute Seitenstabilisierung zu achten.

Im Gepäck

Wer mit Babys oder Kleinkindern unterwegs ist, muss im Vorfeld an einiges denken und viele Dinge einpacken, um für alle Eventualitäten gerüstet zu sein. Bitte bedenken Sie, dass man für die Versorgung der Kleinsten unterwegs auf der Wanderung nichts kaufen kann und man auch für eine Ausnahmesituation gerüstet sein muss. Die benötigten Sachen sollten möglichst griffbereit, z. B. in der Kinderwagentasche und im Korb unter dem Wagen ihren Platz finden. Wenn man viel unterwegs ist, hat es sich bewährt, eine extra »Wandertasche« zu packen, die am Ende eines Ausfluges aufgefüllt und bis zur nächsten Wanderung zur Seite gestellt wird. So ein Wanderpaket beinhaltet nicht nur einen Satz Wechselkleidung, eine zusätzliche Jacke, Ersatzschnuller, Sonnencreme – bitte mehrmals täglich Eincremen, besonders in der Höhe ist die Sonneneinstrahlung durch die dünnere Luft wesentlich größer als im Flachland –, Sonnenhut, Decke für den Kinderwagen sowie eine (an der Unterseite beschichtete) Picknickdecke, sondern auch ein extra »Windelpaket«: Moltontuch als Wickelunterlage, Feuchttücher, Müllbeutel und 4–5 Windeln. In der Regel wird man nie mehr als 2–3 Stück pro Wanderung benötigen, aber Ausnahmen bestätigen die Regel. Bitte denken Sie

Riesengaudi am Wassertrog an der Buchrainer Alpe (Tour 16).

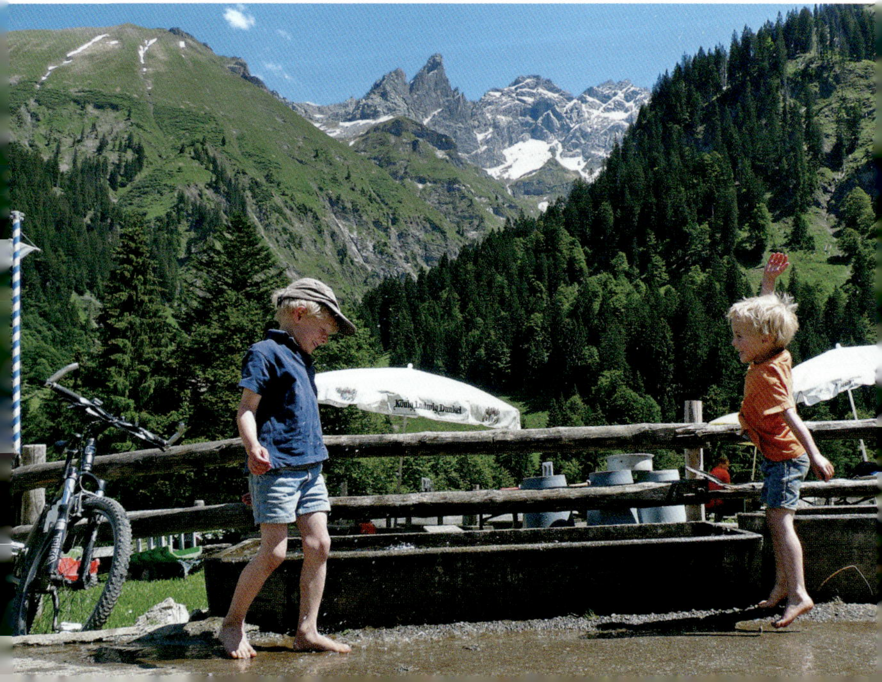

auch an die Sonnenschirme und die Regenhaube. Auch die sonst üblichen Wanderutensilien wie ein Erste-Hilfe-Päckchen, bestückt mit (Blasen-)Pflaster, Nadel, Pinzette und Hautdesinfektionsmittel, Taschenlampe, Taschenmesser sowie Taschentücher warten so bereits auf die nächste Tour. Am Ausflugstag muss dann nur noch für Proviant gesorgt (reichlich! Kinder haben Hunger, sobald der Motor angelassen wird; siehe »Essen und Trinken«, S. 25) und vielleicht an das Lieblingskuscheltier gedacht werden (eventuell am Kinderwagen festbinden, damit es nicht verloren gehen kann). Je jünger die Babys, umso stärker ist ihr Bedürfnis nach Nähe und Getragenwerden. Dem kann man durch Mitnahme eines Tragebeutels/-tuchs (siehe S. 21) leicht gerecht werden. Kommt man bei der Tour mit Wasser in Berührung, empfiehlt es sich, auch für größere Begleitkinder Wechselkleidung mitzunehmen. Geht es steil bergauf, ist man als Erwachsener oft für ein Wechsel-T-Shirt dankbar.

Anregungen für unterwegs

Besonders wenn die Kinder schon sitzen können, sind sie meist sehr gern unterwegs und schauen begeistert, was es alles in der ungewohnten Umgebung zu entdecken gibt. So interessiert der Nachwuchs dann ist, so schnell kann die Stimmung der Kleinen umschlagen. Dann hilft es die Kinder aus dem Wagen zu nehmen, sie ein Stück laufen zu lassen und sie nach dem Zurücksetzen in den Wagen mit etwas zu beschäftigen. Dies können ihr Lieblingskuscheltier oder -spielzeug, aber auch Dinge aus der Natur sein, wie ein Zweig mit Blättern, der stolz als Fahne in der Hand gehalten wird, oder ein Stock. Bei Steinen ist bei kleinen Kindern, die noch alles in den Mund nehmen, größte Vorsicht geboten. Die Steine müssen groß genug sein, damit sie nicht verschluckt werden können. An scharfkantigen Gräsern besteht die Gefahr sich zu schneiden.

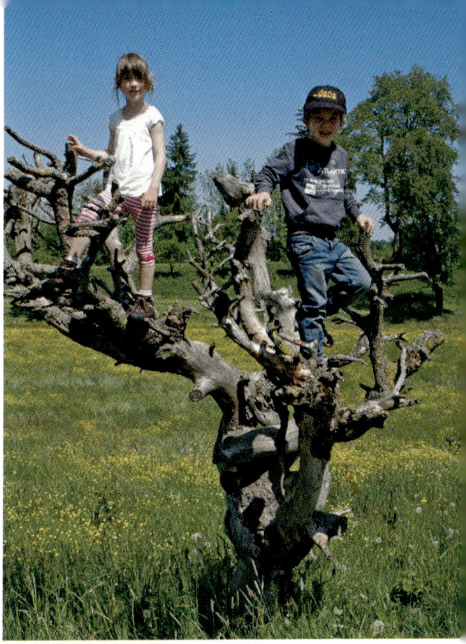

Solche Kletterbäume muss man einfach erobern.

▶ **Pausen:** Um neue Kraft zu tanken, sind regelmäßige Pausen für Kinder besonders wichtig. Als Faustregel gilt, mindestens jede Stunde eine Rast, denn auch im Kinderwagen kutschiert zu werden kann ganz schön anstrengend sein. Am Ziel sollte unbedingt ausreichend Zeit zur Verfügung stehen, bevor der Rückweg wieder in Angriff genommen wird.

▶ **Beschäftigungstherapie:** Nachdem die Kinder bei der Rast gegessen und getrunken haben, sind sie meist zufrieden und man kann sie gut mit einfachen Utensilien be-

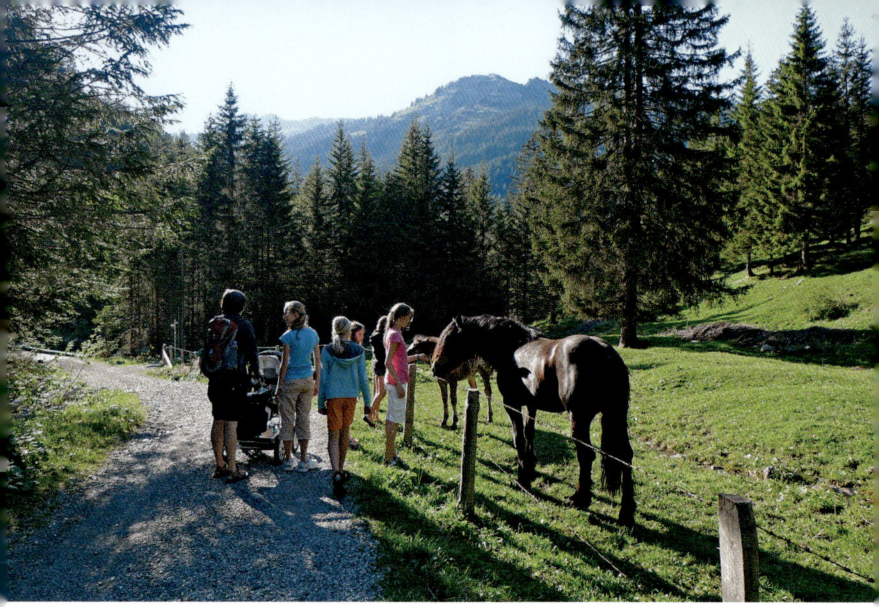

Tiere begeistern Kinder jeden Alters immer wieder neu (hier Tour 14).

schäftigen. Steinchen oder Sand werden dann unermüdlich von einem Plastikschälchen in das andere geschüttet, mit einem Stock stochern die Kleinen begeistert im Untergrund herum und mit einem Löffel und einem Schälchen lassen sich die leckersten Gerichte aus Sand, Steinen, Gras und Blättern für die Eltern kredenzen. Mit einem Becher kann man herrlich gegen alles klopfen und, wenn Wasser in der Nähe ist, Blumen gießen oder einfach das geschöpfte Wasser auf den Boden gießen – dann braucht man aber unbedingt ein trockenes Set an Wechselkleidung. Kleinkinder lieben Fingerspiele und Mitmachlieder, es ist sehr hilfreich, wenn man ein größeres Repertoire immer parat hat.

▶ **Ein Stück tragen:** Um ein wenig schneller voranzukommen, dürfen die Kleinen, die momentan partout nicht in den Kinderwagen zurückwollen, ruhig auch mal ein Stückchen getragen werden. Dies ist besonders wichtig, wenn ältere Geschwister mit von der Partie sind, um ihnen durch das extrem langsame Tempo des Geschwisterchens nicht den Wanderspaß zu verderben. Aber auch in diesem Fall sind klare Abmachungen, wie etwa »Ich trage dich bis zu dem Jägersteig dort drüben«, wichtig, um den Nachwuchs nach einem Schulterritt wieder in den Kinderwagen bugsieren zu können. Nach wie vor macht das seit Generationen bekannte »Engelein, Engelein flieg!« fitte Elternarme müde und müde Kinderbeine munter und steht auch bei größeren Kindern noch hoch im Kurs.

▶ **Suchspiele:** Zur Verkürzung der Wanderzeit sind auch Suchspiele sehr beliebt. Wer entdeckt als Erster eine gelbe Blume, die nächste Rastbank, eine lila Kuh usw.

▶ **Hüpfspiele:** Ideal sind Hüpfspiele (z. B. auf einem Bein hüpfen), bei denen man gleichzeitig weitergehen kann. Hüpfen macht Spaß, aber auch schnell müde, sodass die Kinder bald von selbst wieder in den Wagen wollen.

▶ **Für die Größeren:** Auch die größeren Begleitkinder lieben gemeinsames Singen, sie gehen aber auch gern mal ein Stück an der Hand. Besonders interessant ist ein Fernglas oder eine Becherlupe. Bei Letzterer empfiehlt es sich, auch einen kleinen weichen Pinsel mitzunehmen, denn dann kann man die vielen kleinen Tierchen, die sich im Bach auf der Unterseite der Steine festhalten, vorsichtig in das wassergefüllte Behältnis streifen. Später geben wir die kleinen Lebewesen selbstverständlich wieder in den Bach zurück.

Essen und Trinken

Babys haben zwar einen Schlaf-, Wach- und Essensrhythmus, aber dieser ist gerade in den ersten Monaten – hervorgerufen durch Wachstums- und Entwicklungsschübe – starken Schwankungen unterworfen, sodass man sich nur bedingt darauf verlassen kann. Plötzlich hereinbrechende Unwetter fesseln einen auf der Alpe oder ein Stau auf der Autobahn. Daher gilt insbesondere für Milchfläschchen oder Gläschen: Lieber zwei Mahlzeiten für den Notfall zusätzlich einpacken, so ist man für alle Eventualitäten gerüstet. Bei Stillbabys und Gläschenkost stellt das kein größeres Problem dar, aber Fläschchen sollten aufgrund der Keimgefahr frisch zubereitet werden. Daher empfiehlt es sich, das Milchpulver portionsweise in leere Babyflaschen einzufüllen und frisch aufgekochtes und auf Trinktemperatur abgekühltes Wasser in einer Thermoskanne mitzunehmen; so ist die Milch bei Bedarf schnell zubereitet. Kleine Leckereien, wie frische Obst- oder Gemüseschnitze, erfrischen nicht nur Groß und Klein, sondern verleihen zudem wahre Energieschübe und sollten daher immer griffbereit im Schiebernetz oder der Seitentasche des Rucksacks zu finden sein. Gleiches gilt auch für (sparsam eingesetzte) Belohnungen wie Gummibärchen oder Kekse. Als Durstlöscher stehen Wasser, Tees, verdünnte Fruchtsäfte und -schorlen zur Verfügung. Nach dem Sitzen im Kinderwagen kann eine Einkehr auf der Alpe mit quirligen Kleinkindern recht anstrengend sein; entspannter ist hingegen ein Picknick auf einer Wiese. Dank Kinderwagen stellt auch der Transport der benötigten Utensilien kein größeres Problem dar: aufgeschnittene Semmeln, zum Belegen in Streifen geschnittene Paprika, Gurkenscheiben, Käse, Schinken, Salami. Kleine Fleischpflanzerl, Kirschtomaten, vielleicht zum krönenden Abschluss einen kleinen Kuchen und als wichtigste Zutat: Zeit. Zeit zum Essen, aber auch Zeit zum Erzählen, Vorlesen, Zuhören, Spielen und Toben.

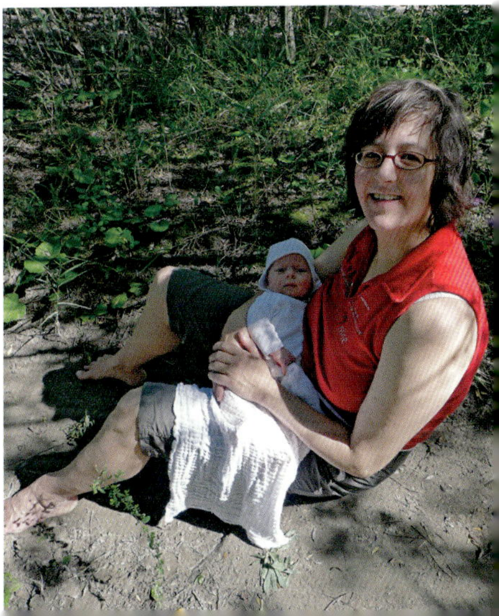

Entspannte (Still-)Pause im kühlen Schatten.

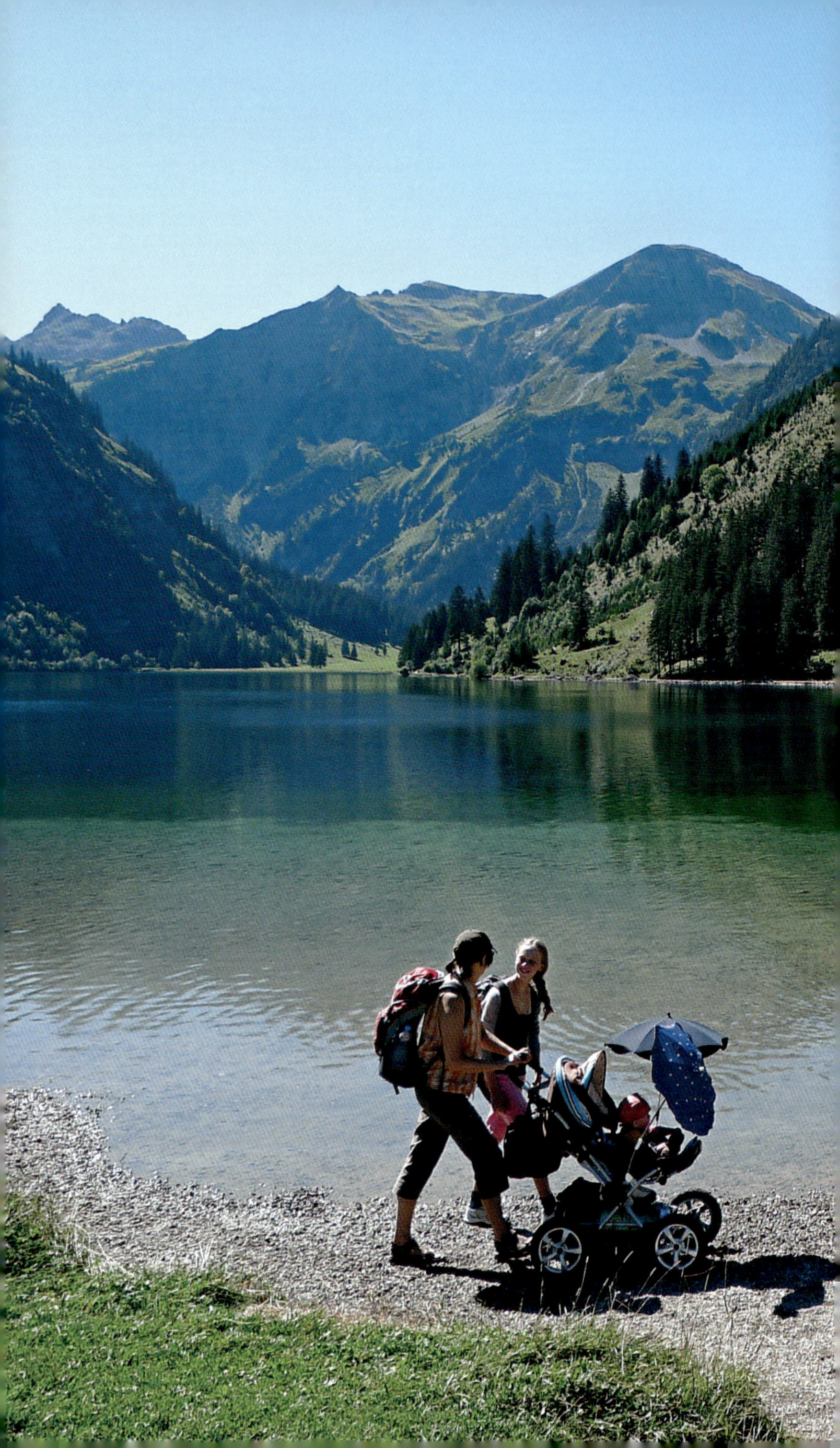

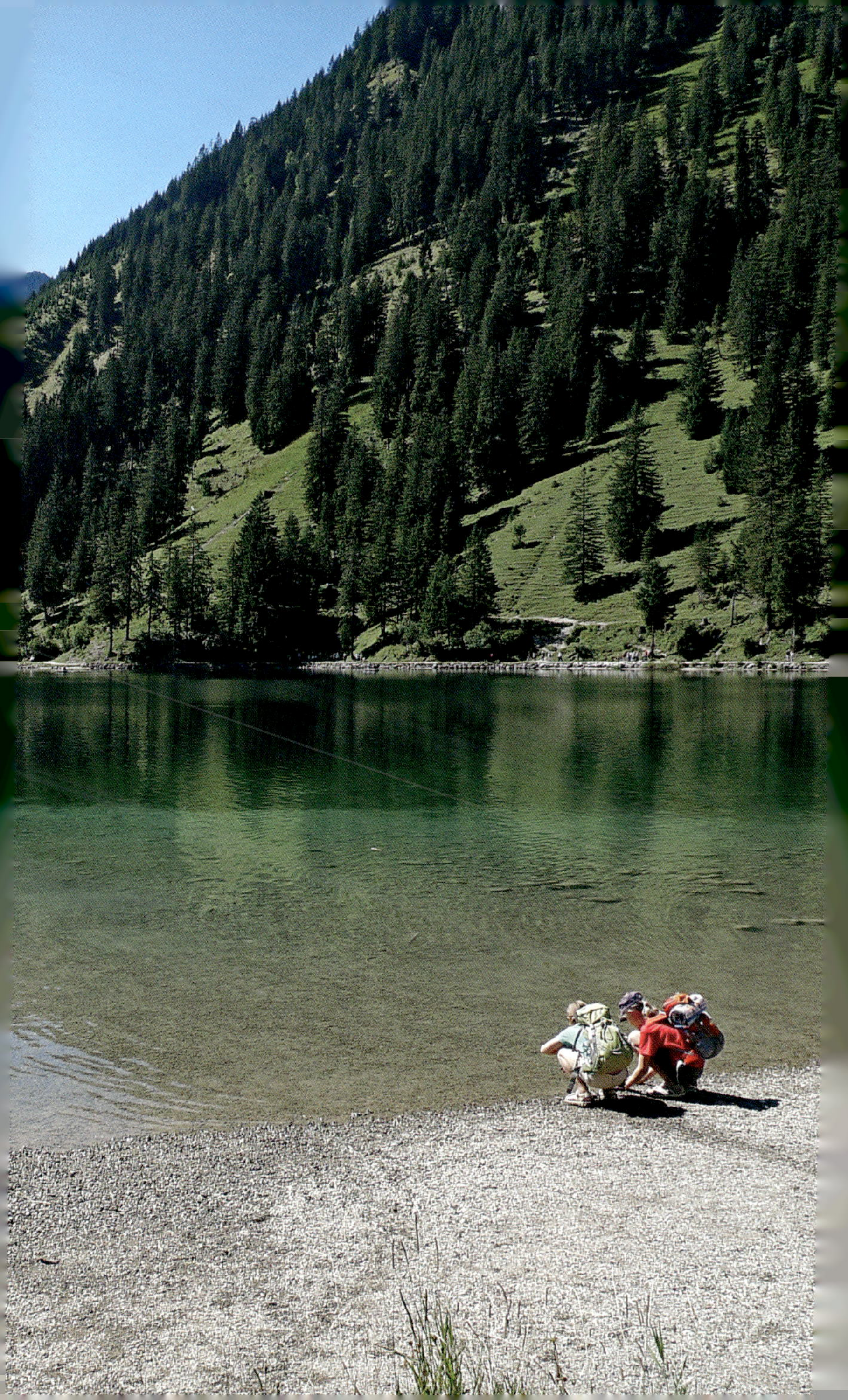

1 Scheidegger Wasserfälle

Rundweg vom Waldsee in Lindenberg ★★

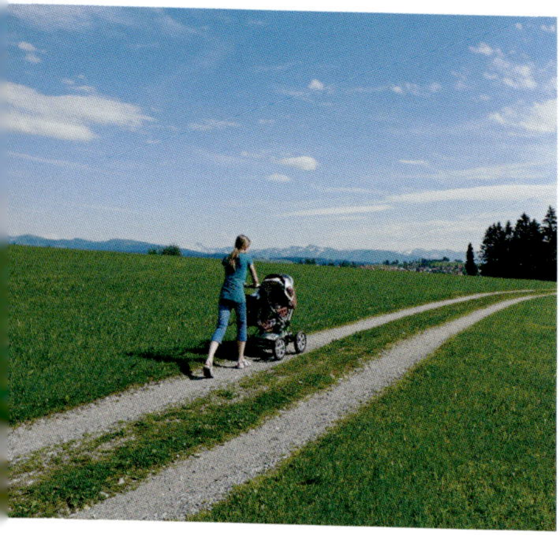

Hinter Allmannsried über freie Wiesen mit Blick auf die Berge.

Wasserspaß im Westallgäu

Der Waldsee bei Lindenberg – unser Start- und Endpunkt – wurde bereits im Mittelalter zur Fischzucht angelegt und vor über 100 Jahren mit der Errichtung eines Seebades und eines Gasthauses für die einheimische Bevölkerung und den aufkeimenden Tourismus erschlossen. Von hier wandern wir teilweise auf kleineren Pfaden zu den Scheidegger Wasserfällen, die im Jahr 2004 in die Liste »Bayerns schönste Geotope« aufgenommen wurden. Die vom Rickenbach gespeisten Wasserfälle selbst sind allerdings nicht mit dem Kinderwagen zu besichtigen, am besten man parkt den Kinderwagen an der Kasse oder am (Wasser-) Spielplatz und Tiergehege und macht sich mit einem Tragebeutel die wenigen Minuten zum Wasserfall und zum Aussichtspunkt auf den Weg. Hinter den Wasserfällen gräbt sich der Rickenbach dann tief in die Rohrachschlucht, daher ist auf den Schildern bisweilen auch von den »Rohrach-Wasserfällen« die Rede.

KURZINFO

Ausgangspunkt: Parkplätze am Waldsee in Lindenberg, 773 m (Navi: 88161 Lindenberg / Austraße 27 bzw. 40). Von der B 308 von Oberstaufen kommend rechts der Beschilderung über die Staufner Straße nach Lindenberg folgen. Am Kreisverkehr die zweite Abfahrt nehmen und die nächste links (»Hauptstraße«) einbiegen. Nach ca. 300 m rechts in die Austraße und nach ca. 500 m links zum ersten Parkplatz oder noch ein Stück weiterfahren, der Straße nach rechts folgen und direkt am See parken.
Mit Bahn und Bus: Vom Bahnhof Röthenbach mit dem Bus 11 bis Lindenberg Busbahnhof. Von dort der Bismarckstraße in Fahrtrichtung (die Sedanstraße überquerend) bis zur Hauptstraße folgen und rechts einbiegen, die nächste rechts in die Austraße und auf dieser bis zum Ausgangspunkt.

Gehzeit: 3.00 Std. Bitte zusätzliche Zeit für den Besuch der Wasserfälle und des Waldsees einplanen.

Distanz: 10,3 km.

Höhenunterschied: 190 m.

Höchster Punkt: 818 m.

Anforderungen: Die nur mit einem geländegängigen Kinderwagen befahrbare Runde verläuft größtenteils auf breiteren Kies- und Asphaltwegen, aber auch an einigen Stellen über kleine, bisweilen holprige Pfade. Für die Anstiege ist etwas Kondition erforderlich.

Hinweise: Nicht für Zwillingswagen geeignet. Die Wasserfälle selbst können nur ohne Kinderwagen (Abstellmöglichkeit an der Kasse/am Spielplatz) besichtigt werden. Unterwegs nur einige wenige Sitzbänke, an den Scheidegger Wasserfällen mehrere Bänke.

Ausrüstung: Gut profilierte Trekkingschuhe (für denjenigen, der nicht zu den Wasserfällen hinabsteigen möchte, reichen Trekkingsandalen aus), eventuell Wechselkleidung (Wasserspielplatz), Baby-Tragebeutel für die Besichtigung des Tobelrundweges und der Scheidegger Wasserfälle.

Einkehr: **Restaurant »bacalau«** am Waldsee, Ruhetage siehe Website, Wickeltisch, Austraße 41, 88161 Lindenberg, Tel. +49 8381/92610, hotel-waldsee.de. **Kiosk im Waldseebad. Kiosk** mit Sitzmöglichkeit an der Kasse zu den Wasserfällen.

Variante: Wer etwas schneller und auf einem breiteren Weg zu den Wasserfällen gelangen möchte, schwenkt in Allmannsried nach links (Wegweiser »Bieslings«) und wandert die wenig befahrene Straße bei herrlichem Blick auf die Berge hinunter zur B 308. Hier wendet man sich links, geht am Restaurant entlang und überquert dann die B 308. Nun noch ein paar Meter die Straße weiter, dann weist uns ein Wegweiser nach rechts über den Ort Bieslings in einer Viertelstunde zu den Wasserfällen. Genauso kann man auf dem Rückweg nach dem Scheidegger Reptilienzoo an der Gretenmühle diese Variante hinauf nach Allmannsried wählen. Von dort auf dem Hinweg wieder zurück zum Waldsee.

Tipps: Der Eintritt in das **Waldseebad** ist kostenlos, das Bad verfügt über zwei Liegewiesen, Beachvolleyballplatz, Spielrasen, Tischtennisplatten, Kiosk und einen schönen Kinderspielplatz mit tollem Piratenschiff mit Sandspielfläche.

Die **Scheidegger Wasserfälle** (geringer Eintritt) sind erst wieder seit Mai 2021 zu besichtigen. Seit der Neueröffnung können sie auch wieder direkt angefahren werden (Navi: N 47.590977 / E 9.841325): Auf der B 308 von Oberstaufen kommend am Kreisverkehr von Scheidegg die erste Abfahrt in Richtung Sigmarszell nehmen und nach ca. 1,3 km links hinunter zum ausgeschilderten Parkplatz. Geöffnet täglich bei gutem Wetter 9–19 Uhr.

Bei der Gretenmühle befindet sich der **Reptilienzoo Scheidegg** – täglich geöffnet außer freitags von Feb. bis Nov. (mindestens 10–17 Uhr), reptilienzoo-scheidegg.com.

Unter dem kleinsten der drei Wasserfälle führt ein Weg entlang.

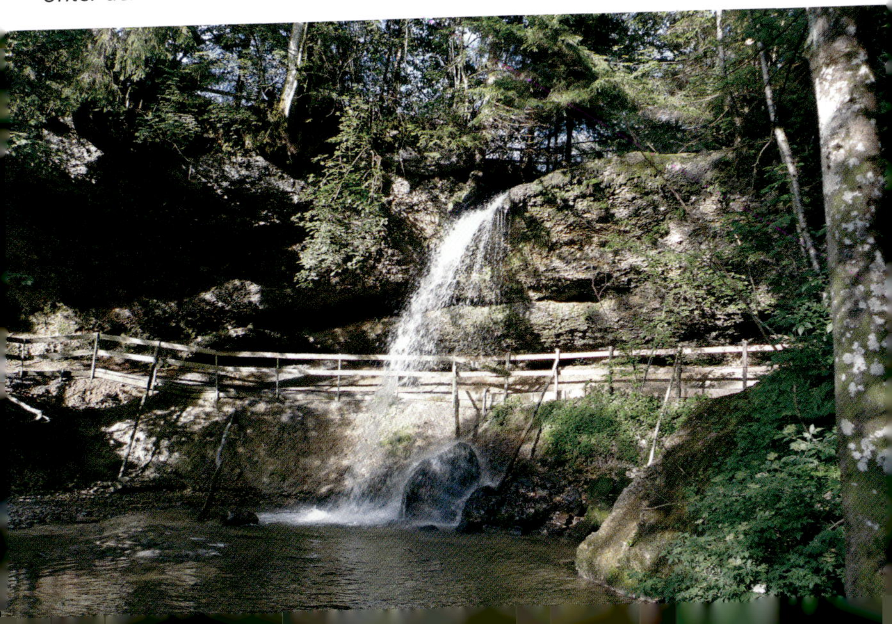

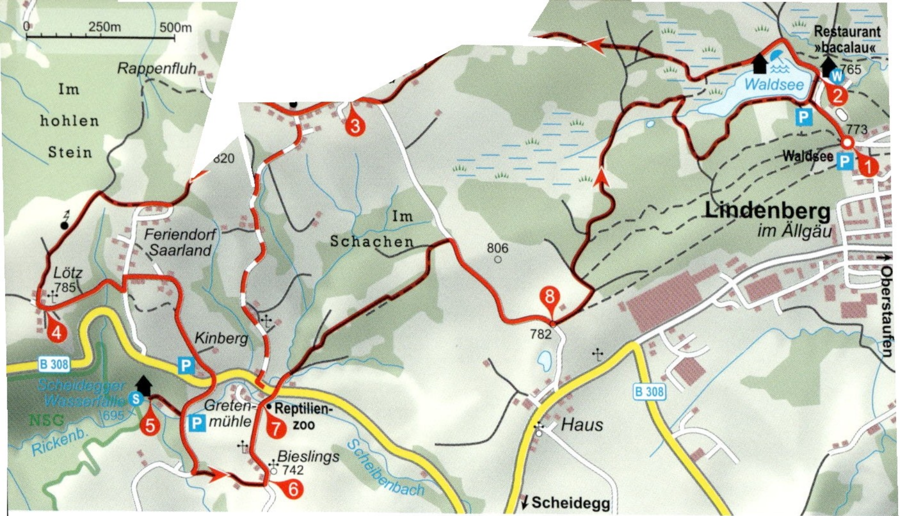

Vom **Parkplatz Waldsee** ❶ wandern wir nach Westen (Beschilderung »Waldsee«), biegen bei nächster Gelegenheit in die Teerstraße rechts ein, kommen bald an einem weiteren Parkplatz vorbei und stehen bereits direkt an dem schön gelegenen **Waldsee**. Wir halten uns rechts und marschieren am Hotel Waldsee mit seinem **Restaurant »bacalau«** ❷ vorbei, wenden uns gleich dahinter nach links, passieren das einladende, kostenlose Strandbad und biegen an der nächsten Verzweigung nach links Richtung Allmannsried (Schild) ein. Der Weg führt weiter am See entlang, bald kommen wir an einem Moorgebiet mit einigen Holzstegen vorbei; hier kann man auch mit dem Kinderwagen einen kleinen Abstecher ins Innere der Filze machen. Wieder auf dem Weg erreichen wir schnell einen Schilderbaum, spazieren auf einem Waldweg geradeaus weiter, kommen wieder ins Licht und lassen uns von einem Wegweiser nach rechts leiten. Abwechselnd über Wiesen, am Waldrand entlang und durch Wald erreichen wir 20 Minuten später das lang gezogene Örtchen **Allmannsried** ❸, 815 m. An einem an einem Gebäude angebrachten Wegweiser müssen wir uns entscheiden, ob wir links hinunter auf einer kaum befahrenen Asphaltstraße den kürzesten Weg zu den Wasserfällen wählen wollen (Beschilderung »Bieslings«, siehe Variante) oder ob wir einen kleinen Umweg – dafür ohne motorisierten Verkehr und mit herrlichem Bodenseeblick – in Kauf nehmen wollen. Wir entscheiden uns für Letzteres, gehen geradeaus weiter Richtung Lötz und biegen bei nächster Gele-

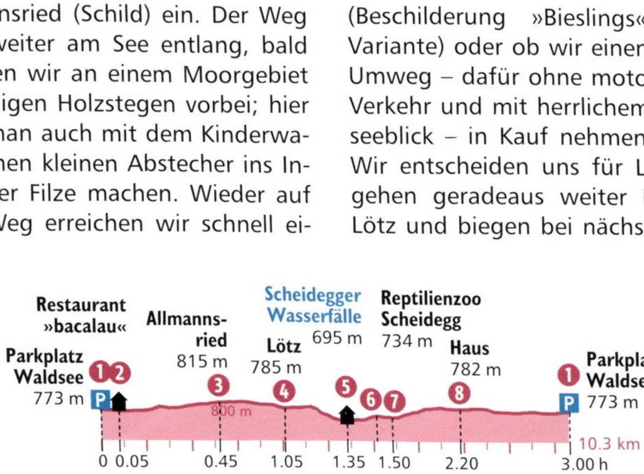

genheit links in einen Feldweg ein. Wenige Minuten später wandern wir über eine Wiese bei gutem Bergblick auf den Wald zu und ein Stück durch diesen hindurch, bis wir auf einen abzweigenden Asphaltweg oberhalb einer nicht mehr bewirtschafteten Ferienanlage treffen. Hier folgen wir aber dem gelb-weißen Pfeil geradeaus – ebenfalls auf Asphalt – weiter, bleiben also oberhalb der Anlage. Bald dreht der Weg nach links zu den verlassenen Bungalows, wir folgen aber wiederum der gelb-weißen Markierung nach rechts in einen kleinen Wiesenpfad, der mit einem geländegängigen Kinderwagen problemlos zu meistern ist. Schnell sind eine feuchte Stelle und ein paar Wurzeln passiert, dann stoßen wir auf einen Feldweg, wenden uns nach links (»Lötz«) und staunen nach kurzer Zeit über den unerwarteten Blick auf den Bodensee mit den dahinterliegenden Bergen. Wir kommen nach **Lötz** ❹, wenden uns nach links (»Rohrach-Wasserfälle«) und stoßen nach etwa 350 m auf eine querende Teerstraße. In diese müssen wir nun unbedingt mit dem Kinderwagen (entgegen der gelb-weißen Markierung) nach links aufwärts einbiegen, um sie sogleich wieder nach rechts in eine breite Asphaltstraße zu verlassen. Diese Straße führt uns in einem Rechtsbogen hinunter zur B 308, die wir hier ganz vorsichtig (leider unübersichtliche Stelle) überqueren. Auf der anderen Straßenseite führt eine Asphaltstraße abwärts. Unten an den Parkplätzen wenden wir uns rechts hinunter in den kleinen Asphaltweg, der zum Eingangskiosk der **Scheidegger Wasserfälle** ❺, 695 m, führt. Hier warten ein (Wasser-)Spielplatz mit Vogelnestschaukel, ein Streichelgehege mit Ziegen,

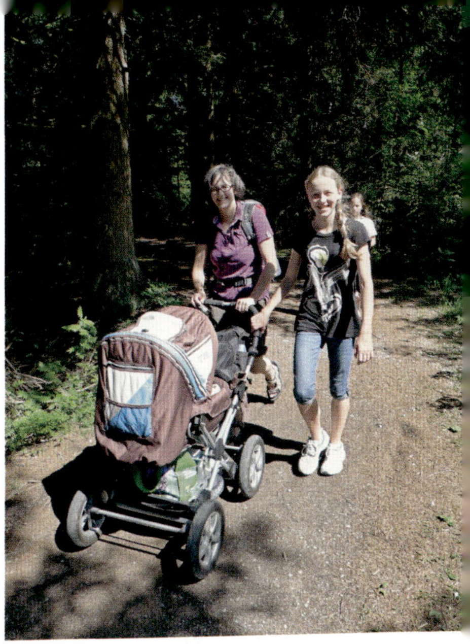

Sonne und Schatten erwarten uns bei dieser abwechslungsreichen Tour.

ein kurzer Rundweg entlang eines sehenswerten Tobels mit Zugang zum Wasser, ein Aussichtspunkt mit Blick auf die beiden großen Wasserfälle und die Möglichkeit, über 200 Stufen zu den großen Wasserfällen (rutschig, nur mit gut profilierten Trekkingschuhen) hinunterzugehen. Rundweg, Aussichtspunkt und die großen Wasserfälle sind nicht mit dem Kinderwagen anzusteuern. Alle Attraktionen werden aber in wenigen Minuten erreicht, sodass man die Kinder auf den Arm oder in einen Tragebeutel nehmen kann.
Für den Rückweg wandern wir wieder den kleinen Asphaltweg zu den untersten Parkplätzen direkt oberhalb der Wasserfälle hinauf, wenden uns nach rechts, folgen der Straße über den Bach und schwenken am nächsten Schilderbaum links (»Bieslings, Reptilienzoo«) in einen aufwärtsführenden Kiesweg. Schnell

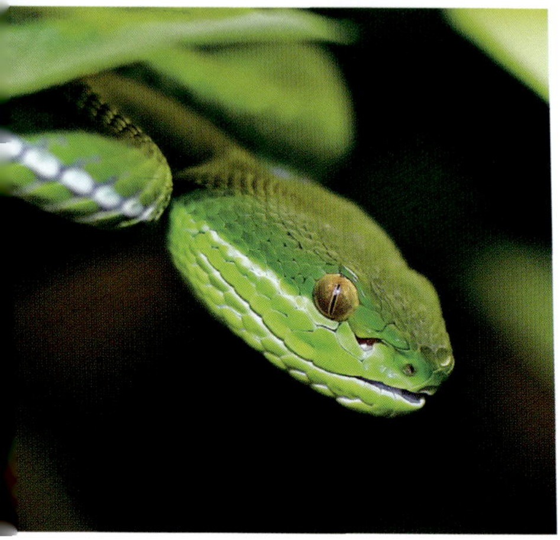

Grüne Bambusotter im Reptilienzoo Scheidegg.

erreichen wir das malerische, kleine Bauerndorf **Bieslings 6**, halten uns an der nächsten Verzweigung links und kommen fünf Minuten später an dem rechts des Weges liegenden **Reptilienzoo Scheidegg 7** an der Gretenmühle vorbei. Wir gehen nach der Überquerung der B 308 geradeaus weiter und wandern (Beschilderung »Haus«) links neben dem Haus weiter, auch wenn der Weg auf den ersten Blick eher wie ein Zugang zu dem Anwesen aussieht. Der Weg wird zum Wirtschaftsweg und führt uns bergan zu einer Wiese. Wir folgen nun nicht dem Wegweiser nach rechts, der in einen kleinen wurzeligen Pfad führt, sondern wandern auf dem zunehmend grasiger werdenden Wirtschaftsweg weiter, bis er sich in der Wiese verläuft. Nun gehen wir noch ein paar Meter geradeaus über die Wiese, wenden uns nach rechts und wechseln auf einem kleinen Verbindungsstück zu dem parallel verlaufenden Pfad hinüber, in den wir nach links einbiegen. Jetzt sind nur noch wenige Wurzeln zu überwinden, dann wird der Pfad zwar recht schmal, kann aber mit einem geländegängigen Kinderwagen problemlos befahren werden. An einer Wegverzweigung wenden wir uns rechts, stoßen auf eine Teerstraße und biegen in diese nach rechts Richtung »Haus« ein (links geht es wieder nach Allmannsried). Zehn Minuten später weist uns in **Haus 8**, 782 m, ein Schild links in einen Wirtschaftsweg (»Waldsee«). Kurz darauf gehen wir an einer Verzweigung geradeaus, dann schwenken wir unmittelbar vor dem Waldrand nach links. Wenige Meter später kommen wir an einen Schilderbaum. Hier könnten wir – uns nach rechts wendend – auf schnellstem Weg durch den Wald (»Variante Waldsee«) immer geradeaus entlang eines Trimm-dich-Pfades in einer halben Stunde zum Parkplatz zurückkehren. Wir marschieren hier indes geradeaus weiter (»Waldsee 20 Min.«), schwenken bald mit dem Weg nach rechts in den Wald und kommen zu einem weiteren Schilderbaum, der uns nach links oder rechts zum Waldsee weist. Wir halten uns links und an der nächsten Weggabelung rechts, kommen durch eine schöne Feuchtwiese mit einem Bachlauf und biegen bald darauf rechts in einen Wiesenpfad (»Waldsee 10 Min.«) ein. An der nächsten Weggabelung müssen wir uns entscheiden, ob wir geradeaus weitergehen und dann rechts zum südlichen Seeufer mit seinem Seebad wandern oder uns nun rechts halten, über eine Brücke gehen und bei nächster Gelegenheit links abbiegen. Wir wählen die zweite Möglichkeit und kommen so über die schöne Nordseite des Sees mit ihrem Holzsteg wieder zurück zum **Parkplatz 1**.

Tipp: Allgäuer Ponyhof

Vor oder nach der Tour kann man dem nur wenige Autominuten entfernten Allgäuer Ponyhof einen Besuch abstatten (Eintritt Kinder ab 2 Jahren/Erwachsene 2 €). Dort gibt es vor einer fantastischen Alpenkulisse ein großes Streichelgehege und viele Tiere, wie Hasen, Meerschweinchen, Schafe, Ziegen, Lamas, Enten, Gänse und Schweine, sowie einen Abenteuerspielplatz mit Schaukel, Seilbahn, Baumhaus, Wellenrutsche, Heustadl und großem Trampolin. Gegen eine Extragebühr werden eine geführte Ponyreitrunde oder kurze Reitstunden, jeweils ohne Voranmeldung, geboten. Nach dem Reiten und Spielen lockt nicht nur die Sonnenterrasse, auf der man direkt neben dem Spielbrunnen Eis und hausgemachten Kuchen verzehren kann, sondern im Sommer auch das nur 500 m entfernte AlpenFreibad.

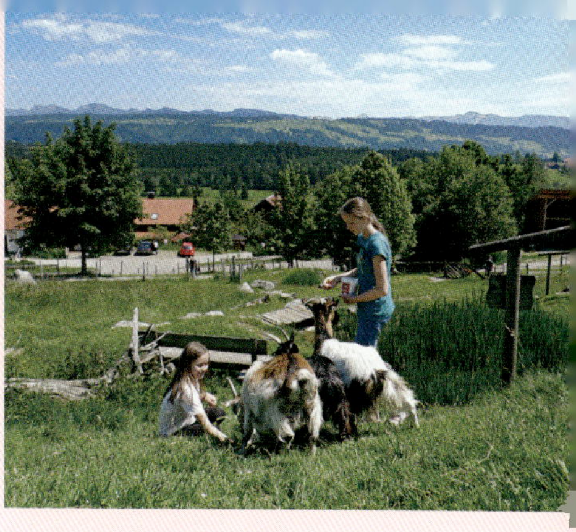

Großes Streichelgehege.

Adresse: Denzenmühle 3, 88175 Scheidegg, Tel. +49 8381/83680, erlebnisponyhof.de.
Öffnungszeiten: Im Sommerhalbjahr täglich 13–18 Uhr geöffnet, Ponyreiten bis 17 Uhr.
Anfahrt: Von Scheidegg kommend Richtung Scheffau, etwa 250 m nach dem AlpenFreibad rechts abbiegen zum kostenfreien Parkplatz.

Unterwegs auf einer geführten Reitrunde vor fantastischem Bergpanorama.

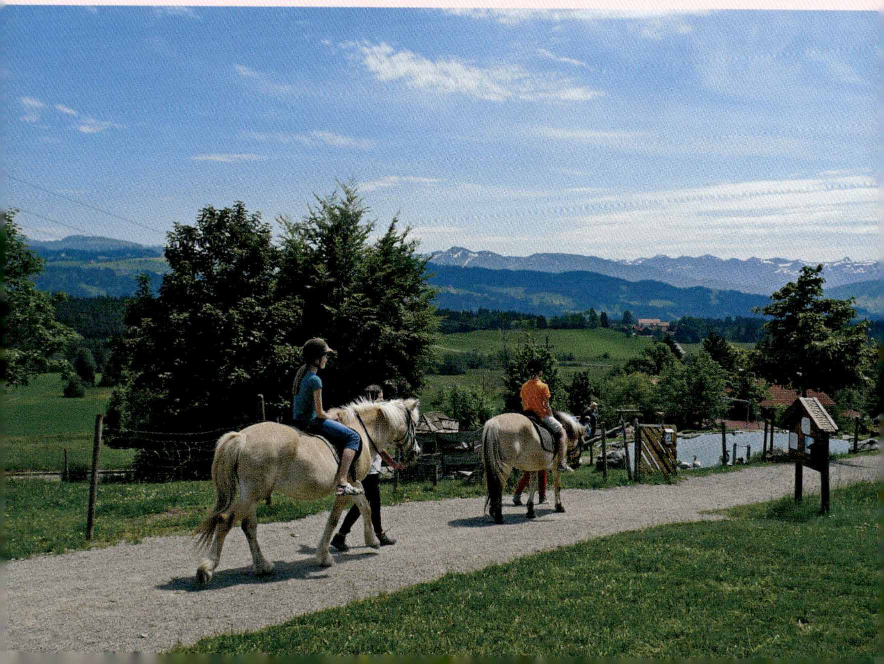

2 Alperlebnispfad am Imberg

Rundweg durchs Lanzenbachtal ★★

Kurzweilige Runde mit vielen Einkehrmöglichkeiten
Der Imberg ist wie gemacht für Kinderwagenschieber mit einem geländegängigen Kinderwagen. Das fängt schon bei der Fahrt mit den 8er-Gondeln an, die so groß sind, dass man den Kinderwagen nicht zusammenzuklappen braucht. Auf gut gepflegten Kieswegen – die nur an einigen wenigen Stellen etwas schwieriger zu befahren oder holprig sind – kann man dann von der Bergstation der Imbergbahn den immerhin 6,7 Kilometer langen Alperlebnispfad in einem stetigen Auf und Ab erwandern. Nicht weniger als 47 interessante Stationen führen uns durch das moorige Lanzenbachtal, das mit seinen umliegenden Bergen eher Mittelgebirgscharakter aufweist. Für mitlaufende Begleitkinder sind besonders die Mitmachstationen interessant, wie Steineklopfen mit einem Meißel, Drahtseile zum Kletternüben im Fels, Holzsägen, das Überqueren einer Hängebrücke oder ein Barfußabstecher in das batzige Moor. Die informativen Schautafeln (teilweise mit Klappmechanismus) finden bei Kindern wie Erwachsenen Anklang. Es gibt zwei Abkürzungsmöglichkeiten auf dem Alperlebnispfad; wer eine von diesen wählt, verringert die Wegstrecke auf 2,3 bzw. 5,3 Kilometer. Auch für das leibliche Wohl ist unterwegs bestens gesorgt, nicht weniger als fünf Alpen und Gasthäuser befinden sich direkt am Weg. Da dieser fast ausschließlich in der Sonne liegt, ist im Hochsommer mit Babys und Kleinkindern von einer Begehung abzuraten. Wir empfehlen daher, die Tour am besten an kühleren Tagen im Frühling, Spätsommer oder Herbst durchzuführen.

Diese Viehtore lassen sich einfach öffnen und wieder schließen.

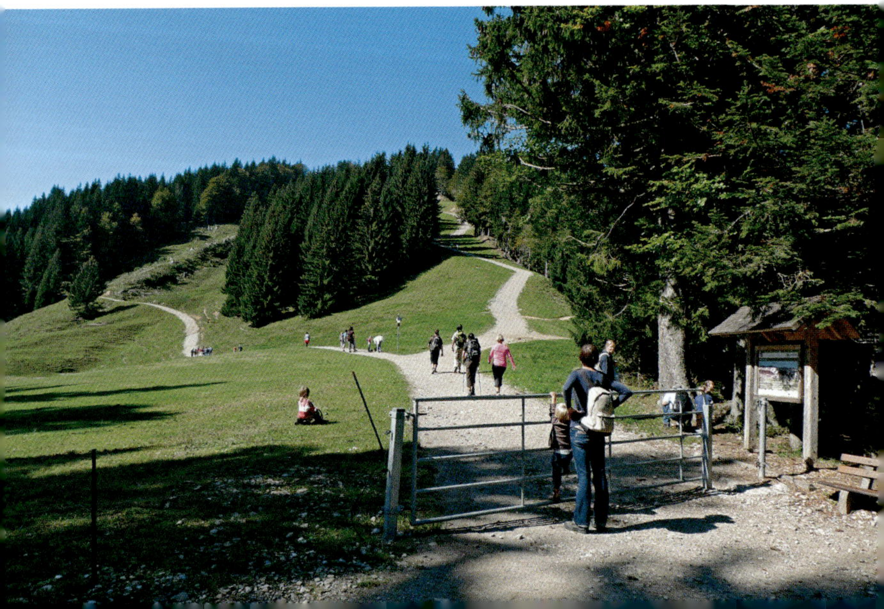

KURZINFO

Ausgangspunkt: Kostenloser Parkplatz an der Imbergbahn-Talstation, 908 m (Navi: 87534 Oberstaufen / In der Au 4). Von Immenstadt auf der B 308 kommend verlässt man die Bundesstraße auf der Höhe von Oberstaufen nach links Richtung Steibis. Nun kurvenreich abwärts, nach dem Ortsteil Weißach links abbiegen, durch Steibis hindurch und am Ortsende rechts zur Imberg-Talstation.
Mit Bahn und Bus: Vom Bahnhof Oberstaufen mit der Buslinie 95 bis zur Imbergbahn.

Bergbahn: Imbergbahn, in der Sommersaison in Betrieb vom 1. Mai bis Anfang Nov. 9–16.30 Uhr, bei guter Wetterlage eventuell auch an weiteren Novemberwochenenden, Informationen unter Tel. +49 8386/8112 und auf huendle-imberg.de. Kinderwagen werden kostenlos transportiert und brauchen nicht zusammengeklappt zu werden (auch Doppelkinderwagen), die Türöffnungen sind ausreichend groß.

Gehzeit: 2.30 Std.

Distanz: Große Runde 6,7 km; kann auf 2,3 oder 5,3 km abgekürzt werden.

Höhenunterschied: 220 m.

Höchster Punkt: 1290 m.

Anforderungen: Runde über Kies- und Asphaltwege mit stellenweise steilen Auf- und Abstiegen. Die Kieswege sind gut mit einem geländegängigen Kinderwagen befahrbar.

Hinweise: Für Doppelkinderwagen geeignet. Auf dem Alperlebnispfad viele Einkehrmöglichkeiten, aber leider keine Rastbänke. Unterwegs ist eine schöne Krabbel- und Picknickwiese vorhanden.
Von Mitte Mai bis Oktober kann man auch von der Bushaltestelle in der Nähe der Alpe Hochwies und direkt von der Alpe Hochbühl mehrmals täglich mit dem Bus zurück zur Imberg-Bergstation fahren. Um 9 Uhr fährt der Bus auch vom Parkplatz zur Bergstation und um 17.45 Uhr wieder zurück (Stand 2020, Infos unter Tel. +49 8245/1434 oder Tel. +49 160/456 6026).

Ausrüstung: Profilierte Schuhe, eventuell Wechselkleidung (Bach, Barfußmoorpfad) und Picknickdecke.

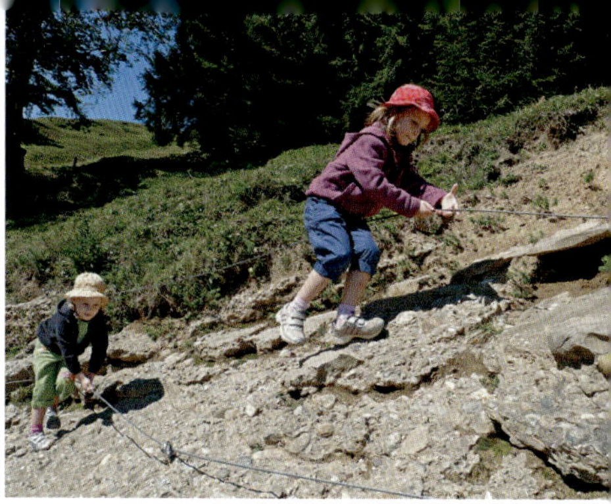

Kleine Kraxeleinlage am Seil an der Kletterstation.

Einkehr: **Imberghaus**, 1225 m, bei der Bergstation, ganzjährig geöffnet, Sommerbetrieb Anfang Mai bis Anfang Nov. (Ende bayerische Herbstferien), im Mai, Juni und Juli Montag Ruhetag, im Aug., Sept. und Okt. kein Ruhetag, Wickeltisch, Tel. +49 8386/8106, imberghaus.de. **Alpe Häuslers Gschwend**, 1280 m, nur während des Alpsommers (ca. Anfang Juni bis Anfang Sept.) geöffnet, kein Ruhetag. **Alpe Glutschwanden**, 1211 m, Tel. +49 8386/8042 oder 8143, ganzjährig geöffnet, kein Ruhetag. **Alpe Hochwies**, 1230 m, geöffnet von Anfang Mai bis 1. Nov., Montag Ruhetag, Spielplatz, Tel. +49 8386/8137. **Berggasthof Alpe Hochbühl**, 1191 m, ganzjährig geöffnet, Mittwoch Ruhetag, Spielplatz, Wickeltisch, kleiner Wildpark, Tel. +49 8386/8138, berggasthof-hochbuehl.de.
An der Variante: **Waltners Alpe**, 1115 m, geöffnet Mitte Mai bis Sept., Tel. +49 8386/8149, alpkaeserei-gmeiner.de.

Variante: Aufstieg mit dem Kinderwagen (»schwarze« Tour, Handbremse und Sicherungsschlaufe erforderlich) von der Talstation der Imbergbahn über die Asphaltstraße zur Bergstation: Vom Parkplatz auf der Zufahrtsstraße 300 m zurück, dann dreimal links haltend und über Waltners Alpe sich wiederum links haltend zur Bergstation (Gehzeit einfach 1 Std.). Der Weg direkt unter der Gondelbahn ist nicht für Kinderwagen geeignet (sehr steil, loses Gestein).

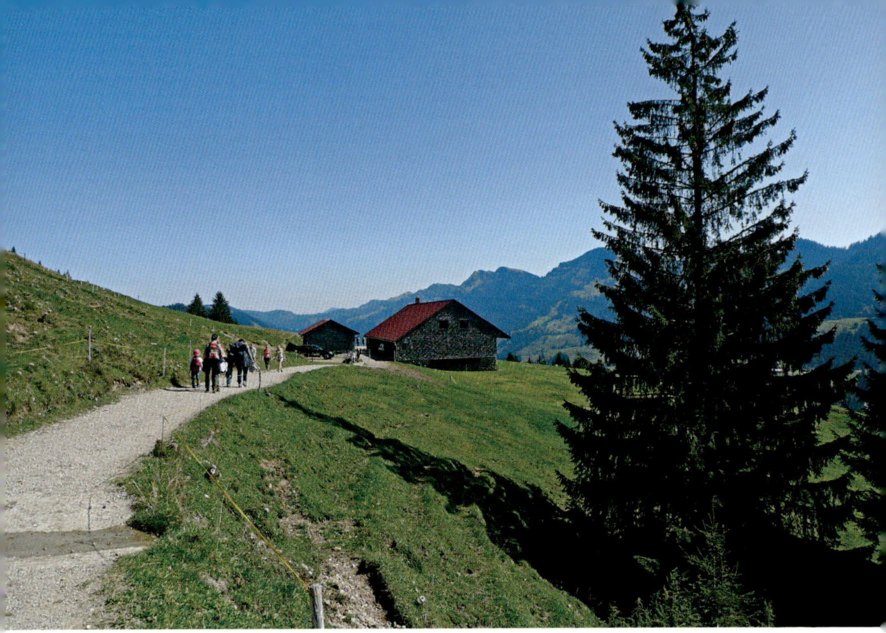

Blick zurück zur Alpe Häuslers Gschwend.

An der **Bergstation** ❶ wenden wir uns nach rechts, folgen an der nächsten Wegeinmündung dem Schild »Alperlebnispfad« nach links und kommen bald zur ersten Station, einer interessanten Drehtafel, die uns nicht nur die gegenüberliegenden Berge benennt, sondern auch erklärt, woher die parallel verlaufenden Linien auf Buralpkopf, Rindalphorn oder Hochgrat stammen. Bald geht es nun durch angenehm kühlen Wald. Links und rechts des Weges sind die Böden feucht – wir wandern durch ein Moosgebiet. An einer Wegverzweigung wählen wir links den mittleren Weg (auf dem unteren kommen wir auf dem Rückweg). Wir gehen durch ein Eisengatter, das mit einem ebenso einfachen wie sicheren System geöffnet und geschlossen werden kann, und wandern leicht bergan. Der Weg wird steiler; an einer Stelle, an der eine Wasserrinne den Weg kreuzt, sind wir froh, dass wir mit einem Kinderwagen mit großen Rädern unterwegs sind, und kommen schnell zu einer weiteren Mitmachstation, an der die größeren Kinder Hammer und Meißel in die Hand nehmen (bitte die bereitliegende Schutzbrille aufsetzen) und versuchen können, ein Stück aus dem harten Nagelfluhgestein herauszumeißeln. Wem das gelingt, der darf sich das Stück als Andenken mit nach Hause nehmen.

Der Weg wird jetzt eben und wir kommen nach wenigen Minuten zur nächsten Attraktion – nun gilt es, die eigenen Kletterkünste (Kinder ab 4 Jahren) im Fels an einem Übungsdrahtseil zu erproben. Unmittelbar dahinter könnte man links den ersten Abkürzungsweg einschlagen, der steil hinunter zur Alpe Hochbühl führt. Wir wenden uns indes rechts, nun steigt der Weg ein Stück steil an, dann führt er eben am Berghang, an unzähligen Silberdisteln vorbei, weiter. Bald erreichen wir die nur von Anfang Juni bis Anfang September bewirtschaftete Grenzhütte **Alpe Häuslers Gschwend** ❷, 1280 m, können uns kurz darauf im Melken an einer lebensgroßen Plastikkuh versuchen und kommen auf dem jetzt ausschließlich in der Sonne liegenden Weg zu einer schönen Wiese, auf der man herrlich picknicken kann. Nach der Rast geht es auf einem Kiesweg bei angenehmem Gefälle und einem schönen Blick ins Hochgebirge hinunter zur **Alpe Glutschwanden** ❸, 1211 m, an der es auch Eis und eine Holzsägestation gibt. Hier kann man versuchen, zu zweit mit einer echten Säge ein Holzscheit durchzusägen. Direkt hinter der Alpe besteht die Möglichkeit, wiederum nach links abzukürzen, was aber schade wäre, da man dann zwei interessante Mitmachstationen verpasst. Wir schieben den Kinderwagen deshalb geradeaus weiter, schwenken aber bereits nach etwa 200 m nach links. (Geradeaus könnte man einen 15-minütigen Abstecher zur schön in den Filzen gelegenen Moosalpe mit kleinem Spielplatz machen; das ebenfalls geradeaus ausgeschilderte »Steinerne Tor« ist nicht mit dem Kinderwagen erreichbar, aber auch nicht besonders sehenswert.)

Entlang eines kleinen Baches, an dem man ebenfalls schön rasten kann, gehen wir hinunter und können diesen nun auf einer schmalen Hängebrücke (mit dem Kinderwagen auf dem Weg daneben) über-

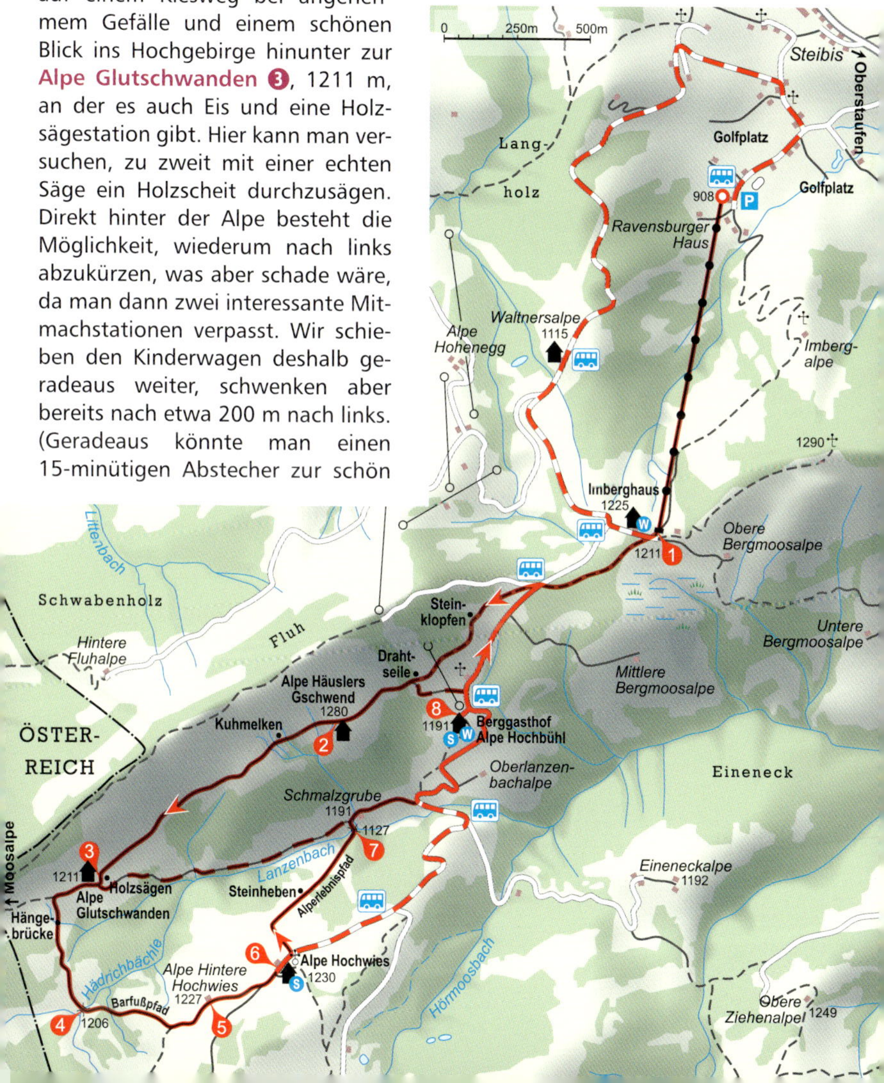

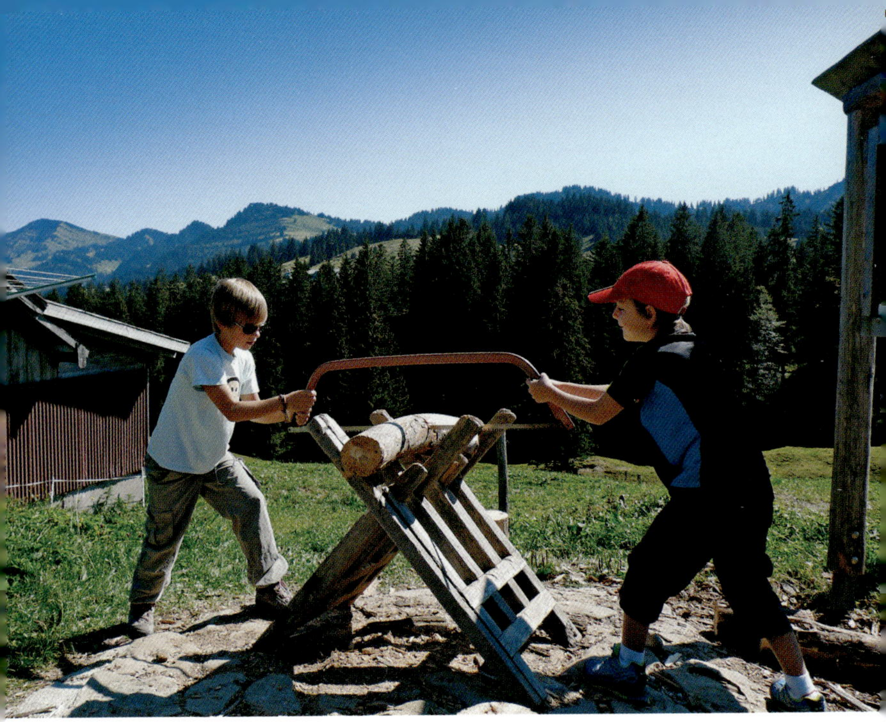

An der Alpe Glutschwanden wartet die Holzsägestation.

queren. Da man sich auf dem dicken Seil rechts und links gut festhalten kann, werden schon viele Kleinkinder nicht müde, immer wieder die Bachüberquerung begeistert zu wagen. Weiter geht es durch eine Moorlandschaft, wir überqueren das **Hädrichbächle ❹** und können nach der nächsten Kurve barfuß in das batzige Moor steigen (Fußwaschmöglichkeit am Hädrichbächle in einer kleinen Wanne).

Wir stoßen auf den Weg, der von rechts vom ca. 1 km entfernten Parkplatz Hochhädrich kommt (Anfahrt über Österreich auf Mautstraße möglich), biegen links ein und wandern nun etwas ansteigend vorbei an der unbewirtschafteten **Alpe Hintere Hochwies ❺**, 1227 m, um gleich darauf zur **Alpe Hochwies ❻**, 1230 m, zu gelangen. Hier kann man hinter dem Haus gemütlich im Wirtsgarten sitzen, im vorderen Be-

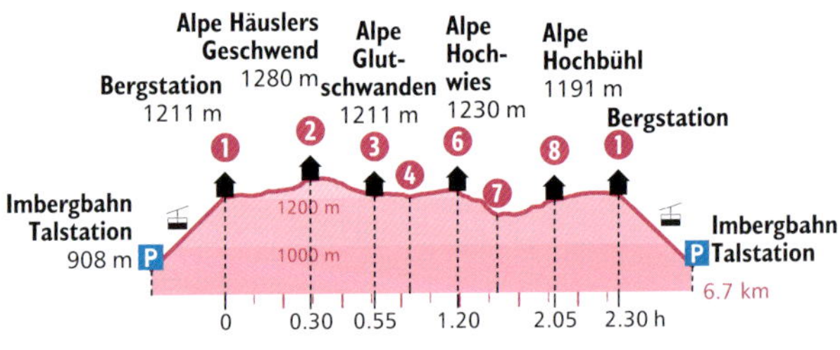

reich gibt es einen kleinen Spielplatz und ein Hasengehege. 50 m nach der Alpe zweigt links – unbeschildert – der Alperlebnispfad durch eine kleines Weidetor ab, man kann aber auch geradeaus auf dem etwas weniger steilen Teersträßchen weitergehen (hier kommt man auch zur Bushaltestelle; siehe »Hinweise« in der Kurzinfo). Beide Wege laufen unten wieder zusammen. Haben wir uns für den abzweigenden Kiesweg entschieden, können Papa oder Mama an einer Station ihre Kräfte unter Beweis stellen und mittels eines anzuhebenden Steines das Gewicht eines Kalbes nach oben stemmen. Kurz darauf gilt es zu raten, in welches Meer der **Lanzenbach** fließt, den wir auf einer Holzbrücke überqueren ❼. Kurz nach dem Zusammentreffen beider Wege können wir wieder zwischen einem links abzweigenden, allerdings sehr steil aufwärtsführenden Kiesweg und einer in größeren Kehren nach oben führenden Asphaltstraße wählen. Hier entscheiden wir uns für Letztere und kommen zur **Alpe Hochbühl** ❽, 1191 m, mit ihrem neuen großen Kinderspielplatz samt rasanter Rutsche und Trampolin sowie einigen Tieren.

Von dort folgen wir der Straße aufwärts. Oben an der Bushaltestelle schwenken wir rechts und gehen auf dem Hinweg zur **Bergstation der Imbergbahn** ❶ zurück, wo wir noch die Esel bestaunen und uns auf der Holzterrasse des **Imberghauses**, 1225 m, vor der Talfahrt mit der Gondel stärken können.

Spannende Hängebrücke – daneben ist ein Weg für den Kinderwagen.

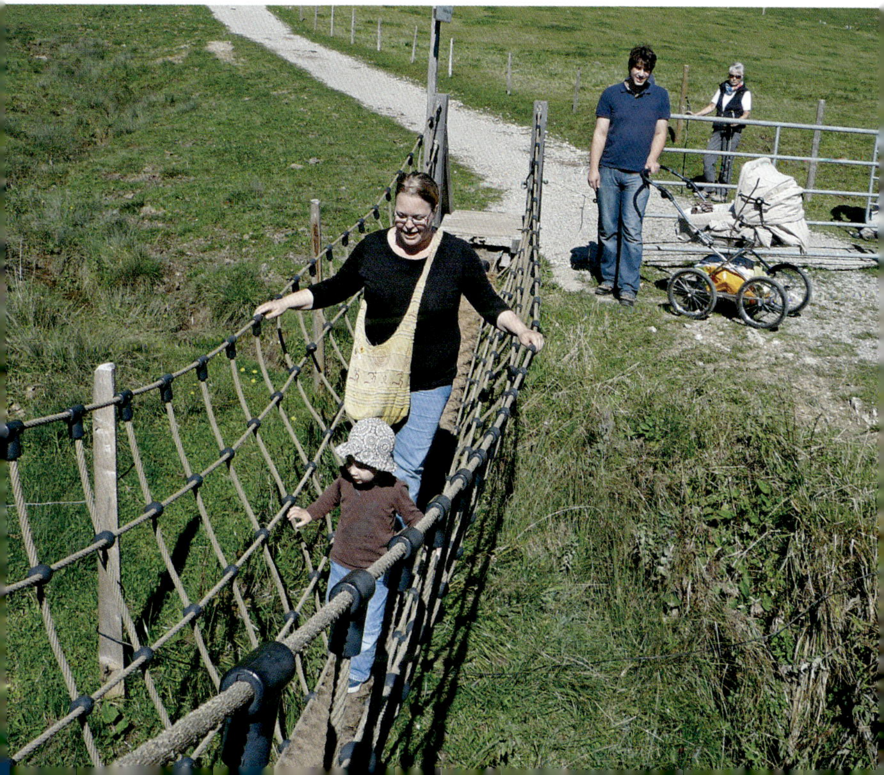

3 Hündle-Erlebnisweg

Rundweg von der Hündle-Bergstation ★★

Alpseeblick und spannende Mitmachstationen
Mit der Hündle-8er-Gondelbahn schwebt man gemütlich hinauf auf 1060 Meter Höhe zur Hündle-Bergstation. Dort beginnt der sechs Kilometer lange Mounteens Detektivweg (ab ca. 6 Jahren; Begleitheft für 4 € an der Kasse), der uns bis zur Talstation begleitet (Hinweis: Zu Beginn andere Wegführung des Detektivweges über den nicht kinderwagentauglichen Hündlekopf, Wege laufen aber wieder zusammen. Im 2. Teil der Wanderung warten auf alle noch viele Ratetafeln und ein paar Stationen, die noch von dem alten Hündleerlebnisweg stammen wie Riesenxylophon und Baumtelefon.

KURZINFO

Ausgangspunkt: Kostenloser Parkplatz an der Hündlebahn, 769 m (Navi: 87534 Oberstaufen / Hinterstaufen 10). Von Immenstadt auf der B 308 Richtung Oberstaufen. Kurz vor Oberstaufen links zum Parkplatz direkt an der B 308.
Mit Bahn und Bus: Vom Bahnhof Oberstaufen oder vom Bahnhof Immenstadt mit dem Bus 39 zur Hündlebahn.
Bergbahn: Die Hündle-8er-Gondelbahn ist von ca. Mitte April bis Anfang Nov. täglich in Betrieb, die Sommerrodelbahn (Kinder unter 8 Jahren dürfen nur in Begleitung eines Erwachsenen fahren) nur bei trockener Witterung, Tel. +49 8386/ 2720, huendle-imberg.de.
Gehzeit: 2.15 Std.
Distanz: 6,8 km.
Höhenunterschied: 240 m.
Höchster Punkt: 1087 m.
Anforderungen: Wanderung auf Kieswegen mit einem steileren Abstieg zum Brotzeit-Stüble Schwändle und steilem 20-minütigem Abstieg zur Talstation. Kurzer 5-minütiger steiler Gegenanstieg. und Ausdauer sowie Handbremse und Fangriemen empfehlenswert.
Hinweise: Für Doppelkinderwagen nicht geeignet. Unterwegs Rastbänke.
Ausrüstung: Profilierte Schuhe.
Einkehr: Hündle-Stub'n, 769 m, an der Talstation, Montag Ruhetag, Wickeltisch, Tel. +49 8386/7753. Berggaststätte »s'Hündle«, 1050 m, Wickeltisch, Tel. +49 8386/1720 oder -2720. Sennalpe »Obere Hündle«, 1060 m, täglich geöffnet von Mai bis Okt., Tel. +49 8386/ 962402. Brotzeit-Stüble Schwändle, 926 m, im Sommer Montag Ruhetag, geöffnet von ca. Anfang/Mitte April (Beginn der Krokusblüte) bis Mitte Nov., Wickeltisch, Tel. +49 8325/638.
Variante: Von der Talstation kann man auch über die Teerstraße beschildert zur Bergstation hinaufwandern. Im gesamten Bereich sehr steil, »schwarze Tour«, Handbremse und Sicherungsschlaufe erforderlich. 2 km und 1.15 Std. Gehzeit zusätzlich.
Tipps: Anfang/Mitte April sind die Hänge am Hündle mit Krokussen überzogen. An der Talstation der Hündlebahn 850-m-Sommerrodelbahn, Erlebnisspielplatz, Elektroautos, Streichelzoo und Minigolfanlage. Auf der Sennalpe »Obere Hündle« kann von Ende Mai bis Mitte Sept. zwischen 9 und 10 Uhr beim Käsen zugesehen werden.

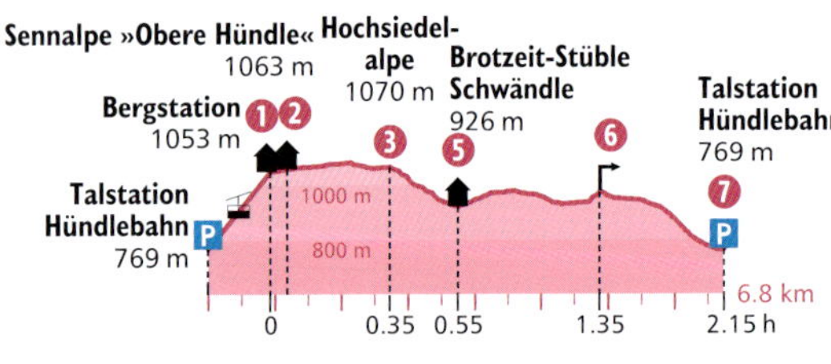

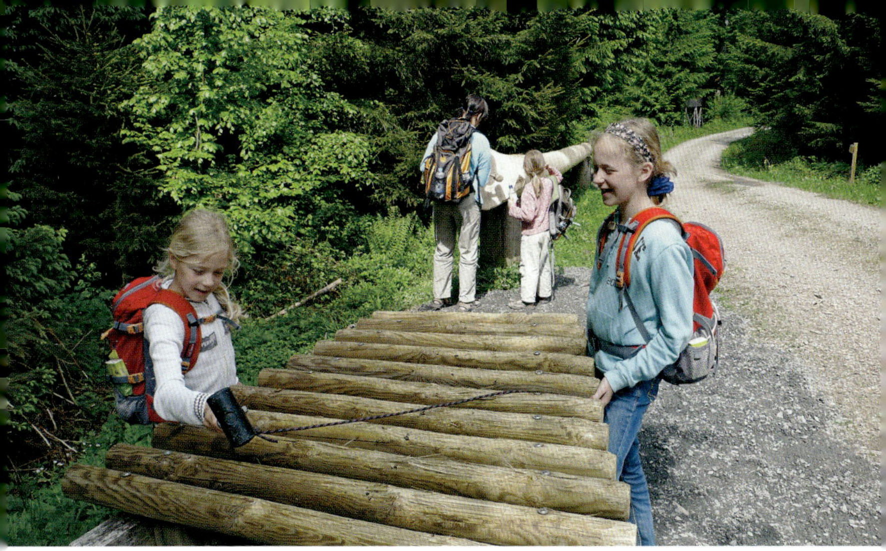

Riesenxylophon an der Klangstation.

Der bis auf den Abstieg zur Talstation gekieste Rundweg führt uns von der **Bergstation ❶** über die **Alpe »Obere Hündle« ❷** – bei einem fantastischen Blick auf den großen Alpsee – und über die **Hochsiedelalpe ❸** auf einem Panoramaweg hinunter in den Wald ❹. Hier kann man geradeaus einen Abstecher zum **Brotzeit-Stüble Schwändle ❺** machen. Wieder zurück an der Verzweigung ❹ wandern wir nun über einen Waldweg mit vielen Stationen in leichtem Auf und Ab weiter. An einer Verzweigung halten wir uns rechts ❻ und müssen bald kräftig schieben, da der Weg erst noch einmal ansteigt, bevor wir dann in Gondelnähe auf einer Teerstraße hinunter zur **Talstation ❼** wandern können. Dort wartet auf die größeren Kinder noch eine Sommerrodelbahn, ein toller Abenteuerspielplatz, ein Minigolfplatz, Elektroautos sowie ein Streichelzoo mit Hasen, Ziegen und Eseln.

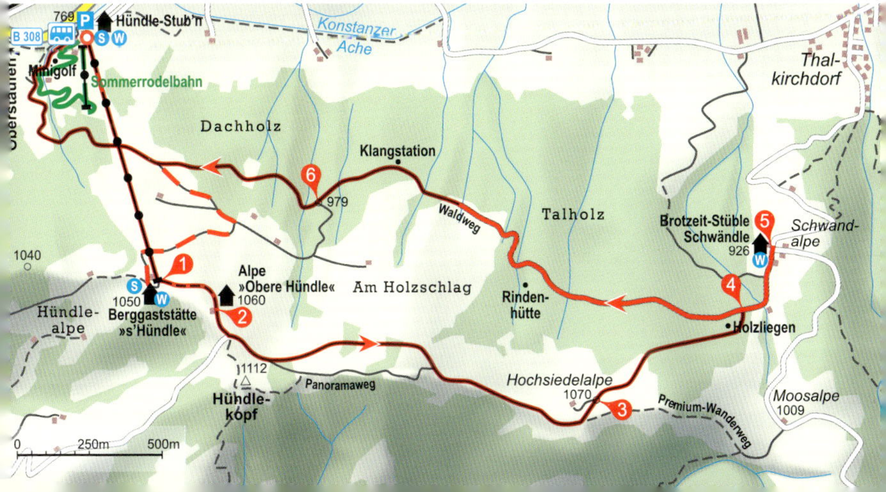

4 Eschacher Weiher

Vom Freizeitgelände in Buchenberg ★★

Moorseen und Wasserschmeckerweg

Eine abwechslungsreiche Rundtour erwartet uns westlich von Kempten: Wir starten am schönen Freizeitgelände in Buchenberg und wandern mit dem Kinderwagen über einen Teil des sogenannten Wasserschmeckerweges, auf dem wir mit einer Wünschelroute ausprobieren können, ob wir sensibel auf Wasseradern reagieren, hinauf zum Eschacher Weiher. Unterwegs erfreuen wir uns an dem schönen Bergblick und können am Ziel in dem sich schnell erwärmenden, natürlich entstandenen Moorsee (Textil- und getrennter FKK-Bereich) ein erfrischendes Bad nehmen. Im Anschluss machen wir noch einen Abstecher zu einer herrlichen Almweide und wandern dann über Steckenried wieder zum Freizeitgelände in Buchenberg mit einem weiteren Moorsee, Spielplatz, Moorpfad und Einkehrmöglichkeit zurück.

KURZINFO

Ausgangspunkt: Parkplätze am Freizeitgelände Buchenberg an der Eschacher Straße, 890 m (Navi: 87474 Buchenberg / Eschacher Straße 35 bzw. Am Weiher 4). Anfahrt über Isny oder Kempten z. B. über die B 12 Ausfahrt Buchenberg und von dort der Beschilderung folgen. Im Ort nach Nordwesten in die Eschacher Straße (Richtung Eschach) und nach ca. 750 m links zu den Parkplätzen. **Mit Bahn und Bus:** Vom Bahnhof Kempten mit dem Bus 50 bis »Buchenberg Rathaus«. Von dort der Lindauer Straße in Fahrtrichtung folgen und nach 150 m rechts in die Eschacher Straße schwenken.
Gehzeit: 3.00 Std.; zusätzliche Zeit für den Eschacher Weiher (Baden!) und das Freizeitgelände Buchenberg einplanen.
Distanz: 11,3 km.
Höhenunterschied: 175 m.
Höchster Punkt: 1020 m.
Anforderungen: Rundwanderung auf Kieswegen und einigen kurzen Asphaltstrecken. Etwas Kondition erforderlich.
Hinweise: Für Doppelkinderwagen geeignet. Unterwegs gibt es keine Rastbänke (erst gegen Ende der Tour).
Ausrüstung: Profilierte Schuhe, Badesachen und eventuell Wechselkleidung (Moorweg).
Einkehr: **Gasthaus Krone** in Eschach, Dienstag Ruhetag, Tel. +49 8378/7417. **Gletscher Alpe Eschach**, Eschach 114, im Sommerhalbjahr Donnerstag bis Sonntag geöffnet, Tel. +49 8378/1222. **Kiosk** am Moorweiher in Buchenberg. **Landgasthof Hotel Sommerau** in Buchenberg, kein Ruhetag, Wickeltisch, Tel. +49 8378/940930, landhaus-sommerau.de. An der Variante: **Schneiders Brotzeitstube**, Dienstag und Mittwoch Ruhetag, Tel. +49 8378/7874.
Variante: Wer unabhängig vom Kinderwagen ist (z. B. Tragebeutel) und eine kleine Tour zum See, zur Almweide und/ oder zur Brotzeitstube machen möchte, kann am Parkplatz des Eschacher Weihers oberhalb von Eschach parken (durch den Ort hindurch und ca. 500 m nach dem Ortsschild zum Parkplatz), die Straße ein Stück Richtung Eschach hinuntergehen und rechts in einen Pfad mit Bergsicht einbiegen, der in 5 Min. durch zwei nicht für Kinderwagen passierbare Zaundurchlässe zu den Badestellen hinunterführt. Links um den See zum Almgelände und zur ausgeschilderten Brotzeitstube (insgesamt hin und zurück 1.15 Std.).
Tipp: Wünschelrouten kann man in der Touristinfo Buchenberg für 4 € kaufen; zudem werden Führungen auf dem Wasserschmeckerweg angeboten (Rathaussteige 2, Tel. +49 8378/920222).

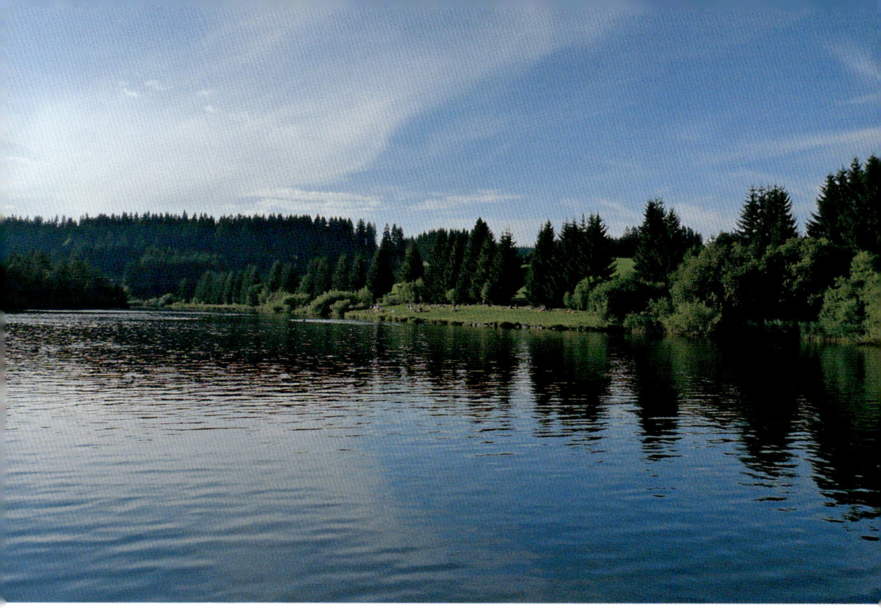

Eschacher Weiher mit Blick auf die Liegewiesen.

Vom Parkplatz am **Freizeitgelände Buchenberg ❶** gehen wir auf dem Fußweg neben der Straße die Eschacher Straße nach Nordwesten ganz leicht ansteigend Richtung Eschach (Beschilderung auch »Eschacher Weiher, Wasserschmeckerweg«) hinauf. Bald wechseln wir auf die rechte Straßenseite, da der Gehweg nun auf dieser weiterführt, und spazieren weiter leicht bergan. 200 m später zweigt auf der anderen Straßenseite links der **Wasserschmeckerweg ❷** ab. Hier biegen wir ein und werden auf Tafeln unter anderem immer darauf hingewiesen, wenn wir uns über einer Wasserader befinden. Nun kann man mit einer Wünschelrute (erhältlich in der Touristinfo, siehe Tipp) ausprobieren, ob man zu denjenigen Menschen gehört, die eine solche Wasserader spüren können.

Nach einer Weile zweigt der Wasserschmeckerweg rechts ab, hier gehen wir aber geradeaus weiter. Bald darauf erreichen wir im Weiler **Einöde**, 955 m, einen Schilderbaum, der uns zum Eschacher Weiher nach links in einen kleinen Weg weisen möchte. Dieser schöne Pfad ist aber für handelsübliche Kinderwagen leider nicht geeignet, daher müssen wir einen kleinen Umweg in Kauf nehmen und gehen geradeaus weiter. Wir kommen durch einen Weiler und erreichen bald wieder die Straße nach **Eschach**, überqueren diese

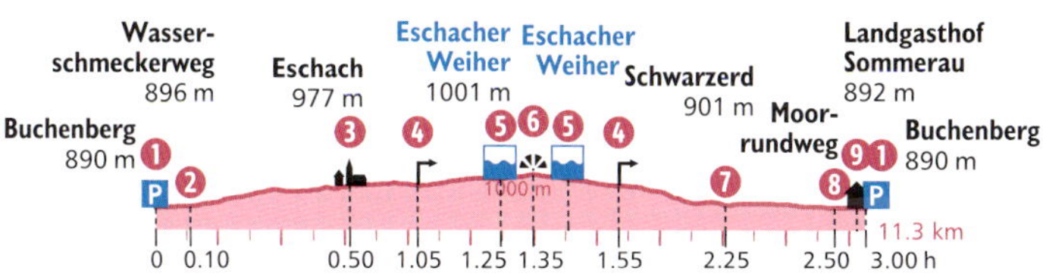

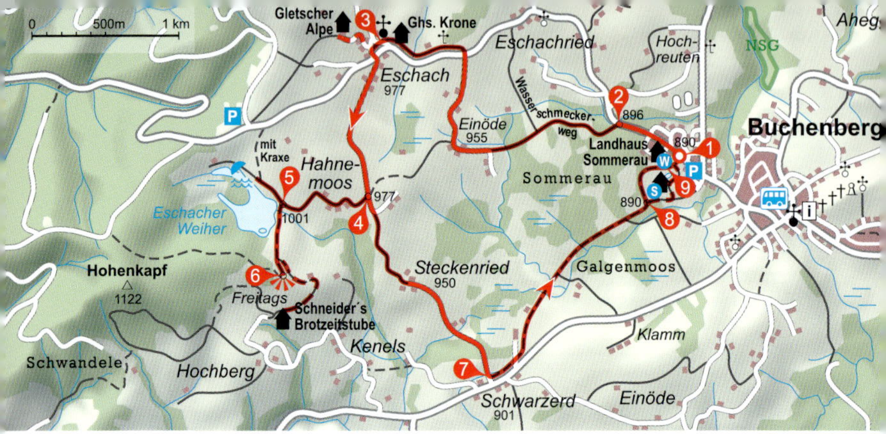

und gehen auf dem Fuß-/Radweg neben der Straße hinauf in den Ort ❸, 977 m. Am Ortseingang kann man im Gasthof Krone einkehren.(Hinweis: Geht man beim Linksknick der Hauptstraße kurz nach dem Gasthof Krone geradeaus weiter, links an der Kirche vorbei und folgt dann der Straße, erreicht man nach etwa 400 m mit der Gletscher Alpe Eschach eine weitere Einkehrmöglichkeit.)

Weiter auf der Hauptstraße, weist uns bald ein Schild nach links zum Eschacher Weiher. Wir wandern nun auf einer kleinen Asphaltstraße bei einer fantastischen Sicht auf die Berge erst ansteigend, dann fallend weiter und erreichen nach zehn Minuten an einer Verzweigung einen **Schilderbaum** ❹. Von links führt hier der nicht kinderwagentaugliche Pfad herauf, auf dem Weg geradeaus bestreiten wir später unseren Rückweg. Wir biegen jetzt aber nach rechts ein und schieben unseren Kinderwagen weiter bergan.

Eine gute Viertelstunde später stehen wir an einer Verzweigung unmittelbar am **Eschacher Weiher** ❺, 1001 m. Wer baden möchte, geht geradeaus weiter und erreicht zuerst eine Textilbadestelle, unmittelbar daneben liegt ein FKK-Badeplatz. An beiden Bademöglichkeiten wartet eine schöne Liegewiese mit herrlichem Blick auf den wunderschönen See, 999 m.

An der Abzweigung weist aber auch ein Schild nach links zur Brotzeithütte. Nach wenigen Minuten versperrt uns aber leider ein Zaun mit Durchlass nur für Wanderer ohne Kinderwagen den Weg. Zur Brotzeithütte wären noch drei weitere nicht für Kinderwagen ausgelegte Viehsperren zu passieren (nur für Wanderer mit Kraxe oder Tragebeutel sinnvoll – siehe auch Variante). Wir können aber bei schönem Wetter und guter Sicht allen nur empfehlen, den ersten Zaun irgendwie (drüberheben, zusammengeklappt unten durchschieben, Kinderwagen vor dem Zaun stehen lassen) zu überwinden, denn dahinter führt ein herrlicher, kinderwagengeeigneter Wiesenweg über eine wunderschöne Almweide in etwa zehn Minuten hinauf zu einer **Anhöhe** ❻, 1020 m, unterhalb des Hohen Kapf, von der man eine fantastische Bergsicht hat. Der Wiesenweg ist wunderbar weich, hier lohnt es sich, die Schuhe auszuziehen und barfuß hinauf- und hinunterzuspazieren. Das macht auch allen Kindern, die schon laufen können, großen Spaß.

Unseren Rückweg bestreiten wir erst einmal auf dem Hinweg bis zu dem bereits erwähnten **Schilderbaum** ❹ (an dem der Pfad nach Buchenberg abgeht), wenden uns hier rechts und erreichen zehn Minuten später den Weiler **Steckenried**, 950 m. Von dort geht es weiter hinunter nach **Schwarzerd** ❼, 901 m. Unten an der Straße wenden wir uns links, spazieren auf dem Fußweg ein kurzes Stück neben der Straße entlang, dann zieht der Weg von der Straße weg (Beschilderung Buchenberg) und führt uns in 25 Minuten zu einem Schilderbaum, der uns zum **Moorrundweg** ❽ nach links weist. Nach ein paar Metern zweigen wir nochmals links (beschildert) zum Moorrundweg ab und wandern auf einem gekiesten Pfad durch die Filze (mit Zwillingskinderwagen gehen wir den Rundweg in die andere Richtung). So kommen wir nach wenigen Minuten zum vorbildlich angelegten **Freizeitgelände Buchenberg** mit seinem kostenlosen Moorsee mit Liegewiese, dem schönen Spielplatz mit perfektem Meerstrandsand und einem Kiosk, bei dem die Wirtin die Maßkrüge in die Gefriertruhe stellt, um den Gästen ein besonders erfrischendes Bier, Radler, Cola oder Limo zu bieten.

Wer will, kann auch noch den Moorpfad erkunden, der rechts des Moorsees in die Filze führt. Hier erreicht man ein großes Moorloch, muss dann aber (außer mit einem geländegängigen schmalen Kinderwagen) wieder umkehren. Oberhalb des Moorsees befindet sich der **Landgasthof Sommerau** ❾, in dem man drinnen wie draußen sitzen und den ereignisreichen Tag ausklingen lassen kann. Die Kinder können die vielen Fische in einem im Boden eingelassenen Becken bestaunen, bevor man gleich um die Ecke wieder den **Parkplatz** ❶ erreicht.

Urlaubsgefühle: feiner Sand am Spielplatz im Freizeitgelände Buchenberg.

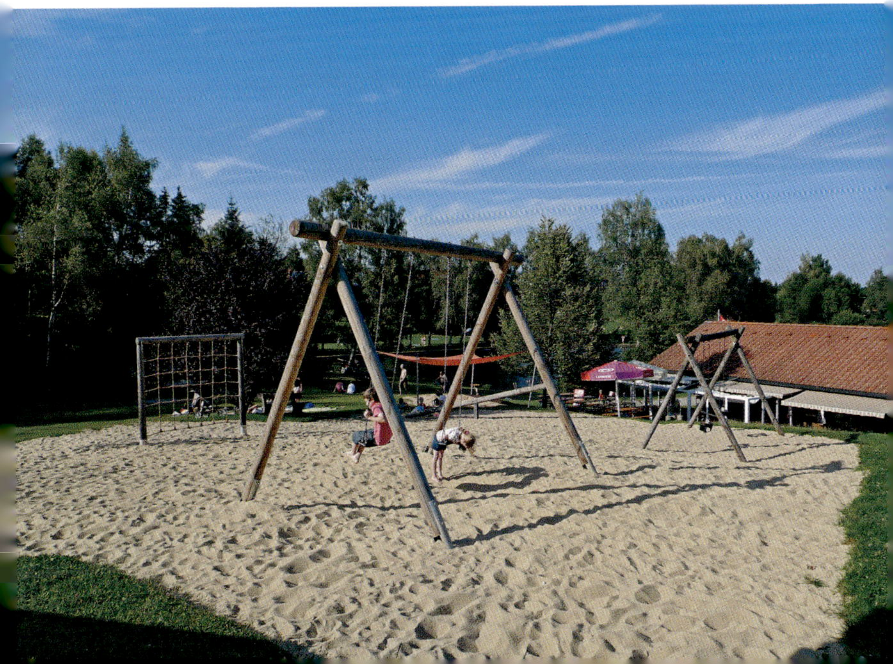

5 Niedersonthofener See

Vom Parkplatz zwischen Zellen und Niedersonthofen ★

Schöne Rundwanderung mit Badeplätzen

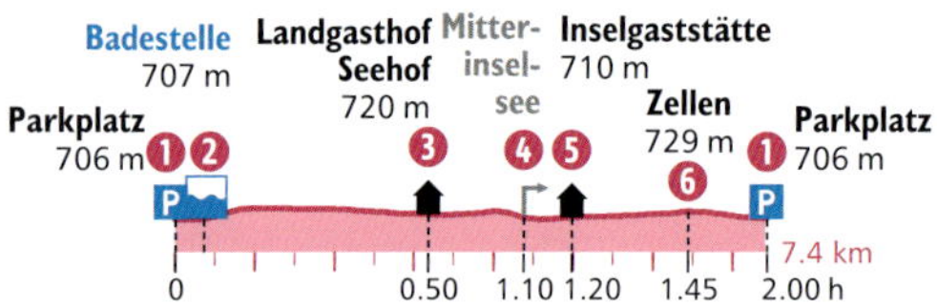

Der Niedersonthofener See ist ein Eiszeitsee, der aus einer Zunge des Illergletschers entstanden ist. Der nördliche Teil des Sees ist durch eine etwa 100 m breite Engstelle etwas vom übrigen Teil des Sees abgesetzt und trägt deshalb interessanterweise mit »Oberinselsee« einen eigenen Namen. Auf dem abwechslungsreichen Rundweg erwarten uns neben selten gewordenen Pflanzen wie Sonnentau und Wasserschlauch schöne Blicke auf den See und die Berge und zwei flach abfallende Badeplätze mit Einkehrmöglichkeit.

KURZINFO

Ausgangspunkt: Parkplatz, 706 m, in Seenähe zwischen Zellen und Niedersonthofen (Navi: N 47.634627 / E 10.251467). Von Norden (Kempten) auf der B 19 kommend zur Ausfahrt Niedersonthofener See und weiter auf der OA 22 über Gerats; etwa 600 m nach Zellen links zum großen Parkplatz. Kommt man auf der B 19 aus Süden von Sonthofen, nimmt man die Ausfahrt Niedersonthofen und fährt weiter über Thanners bis Zellers. Dort rechts über Eckarts auf der OA 2 an Niedersonthofen vorbeifahren, durch eine Rechtskurve und 300 m nach dem Landgasthof Sonne rechts.

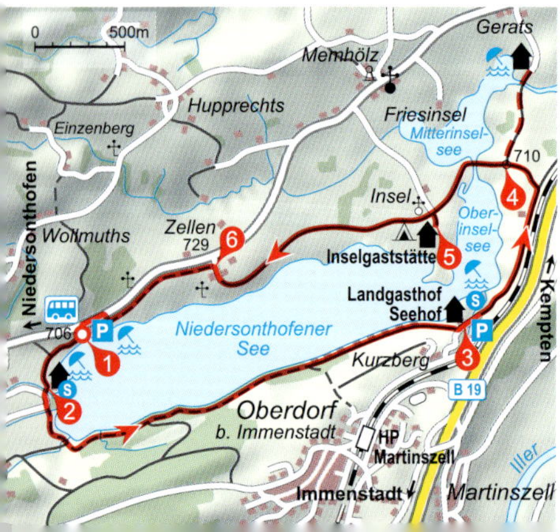

Mit Bahn und Bus: Vom Bahnhof Kempten mit der Buslinie 65 bis Haltestelle »Niedersonthofen, See«.
Gehzeit: 2.00 Std.
Distanz: 7,4 km.
Höhenunterschied: 70 m.
Höchster Punkt: 740 m.
Anforderungen: Die Rundwanderung verläuft auf Kieswegen und einigen kurzen Asphaltstrecken ohne große Steigungen, lediglich am Ende der Tour geht es auf einem Asphaltweg steil abwärts zum Parkplatz.
Hinweise: Für Doppelkinderwagen geeignet. Einzelne Bänke.
Ausrüstung: Profilierte Schuhe, Badesachen.
Einkehr: Kiosk am Badeplatz bei Niedersonthofen, geöffnet zur Badezeit, Spielplatz. Landgasthof Seehof, geöffnet Mitte März bis Mitte Nov., Dienstag Ruhetag (im Juli und Aug. kein Ruhetag), Tel. +49 8379/341. Inselgaststätte, Dienstag Ruhetag (zur Ferienzeit kein Ruhetag), Mittwoch ab 17 Uhr, Tel. +49 8379/1232. An der Variante: Kiosk am Mitterinselsee, während der Badesaison geöffnet.
Tipp: Am Südrand von Niedersonthofen wartet ein interaktiver Kinderwagenpfad (10 Stationen) und in der Sonnenstraße der Spielplatz »Kräutererlebnisraum«.

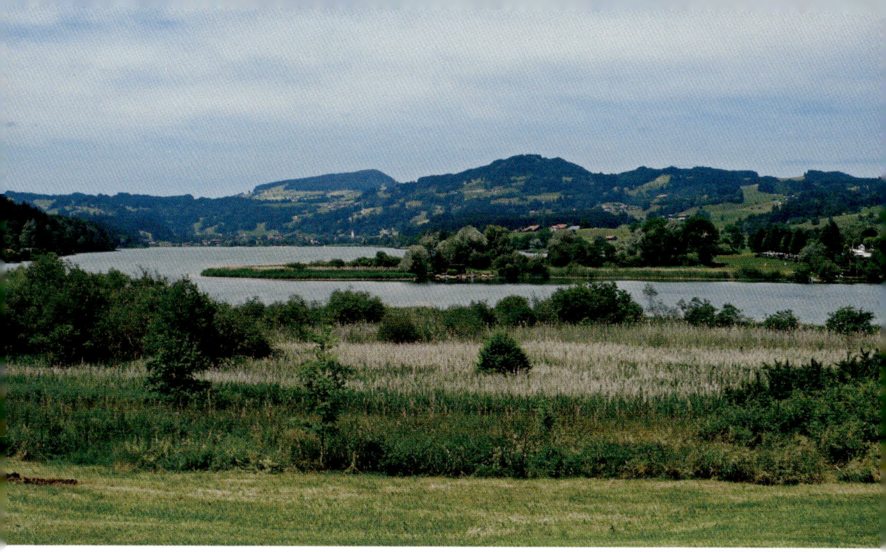

Blick auf den Niedersonthofener See und den Oberinselsee (im Vordergrund).

Vom **Parkplatz ❶** wandern wir gegen den Uhrzeigersinn auf einem Kiesweg in Ufernähe los und erreichen bereits nach wenigen Minuten die erste schöne **Badestelle ❷** (kostenlos) mit einem ganz flach abfallenden Sand-/Kiesstrand, einer gepflegten Liegewiese, einer Schaukel und einer Wippe neben einem Beachvolleyballfeld und Einkehrmöglichkeit am Kiosk (mit Tischen und Bänken). Es bietet sich an, später nach der Seeumrundung noch einmal hierherzukommen, für Babys und Kleinkinder ist der Seezugang wirklich perfekt.

Der Seerundweg ist gut ausgeschildert, wir spazieren nun bald entlang eines Schilfgürtels und kommen kurze Zeit später in den Wald. Im Sommer ist es hier angenehm kühl, und wir wandern auf einem nicht allzu breiten Kiesweg in Ufernähe weiter. Geht man an einer Stelle ein paar Meter nach links hinunter, kann man direkt am Wasser auf einer schattigen Bank Pause machen.

Nach 1,5 Kilometern kommen wir wieder ins Licht, wenden uns fünf Minuten später an der Straße, auf die wir stoßen, nach links und errei-

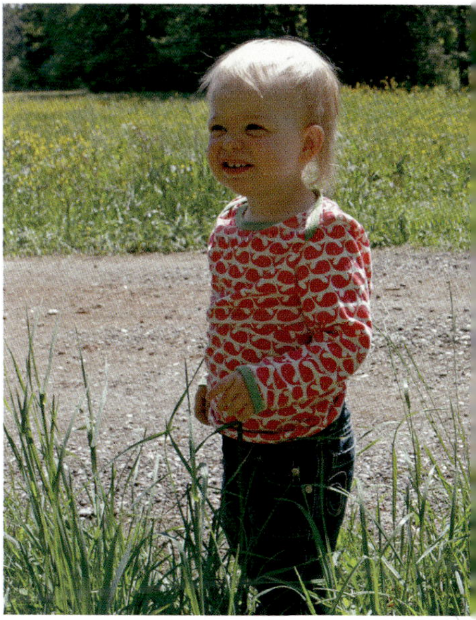

Kleinkinder wollen auch selbst auf Entdeckungstour gehen.

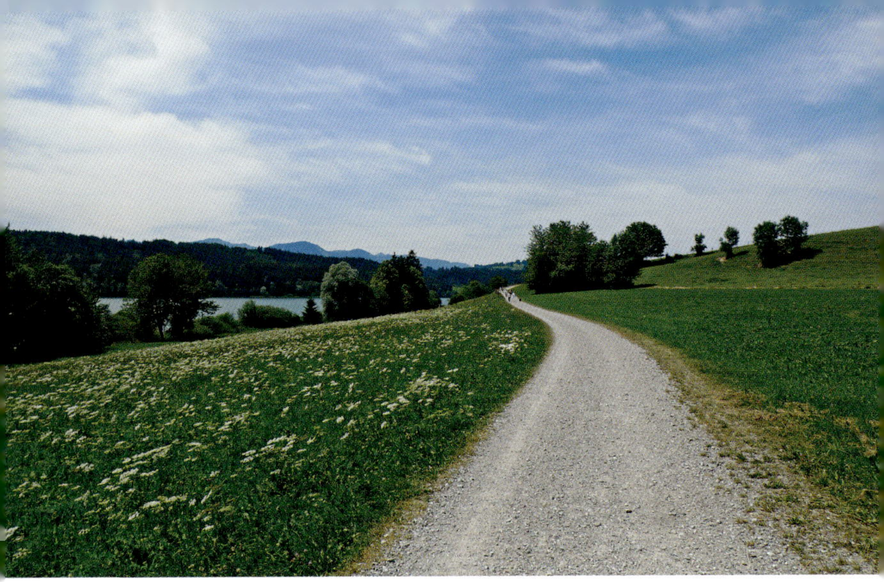

Seeblick und blühende Wiesen auf dem Wegstück Richtung Zellen.

chen schnell den **Landgasthof Seehof** ❸ und das dahinterliegende große Badegelände (kostenlos) mit einem Spielplatz, der aber mangels Sandkasten und von seiner Art her eher etwas für größere Begleitkinder ist. Die großen Liegeflächen fallen zum Ufer hin ab, vom Kiesstrand geht es auch hier recht seicht ins Wasser.

Weiter wandern wir auf einem Kiesweg, haben bald von dem etwas erhöhten Weg einen herrlichen Blick auf den See und halten uns am nächsten Schilderbaum links (»Seerundweg, Niedersonthofen«). 300 m später ❹ könnte man nach rechts einen Abstecher zum Mitterinselsee mit einer schönen Badegelegenheit und Kiosk (hin und zurück 20 Minuten) machen. Wir gehen aber geradeaus weiter, spazieren zwischen dem Oberinselsee und dem Mitterinselsee hindurch und kommen bald zu einer Wegkreuzung. Links geht es hier in zwei Minuten zur **Inselgaststätte** ❺, der Seerundweg verläuft indes ansteigend geradeaus weiter. Nun marschieren wir bei einem wunderschönen Blick auf den See erst etwas abwärts, dann leicht ansteigend hinauf nach **Zellen** ❻. An der Straße OA 22 wenden wir uns links und wandern auf dem breiten Fußweg neben der Straße in einer Viertelstunde wieder hinunter zum **Parkplatz** ❶.

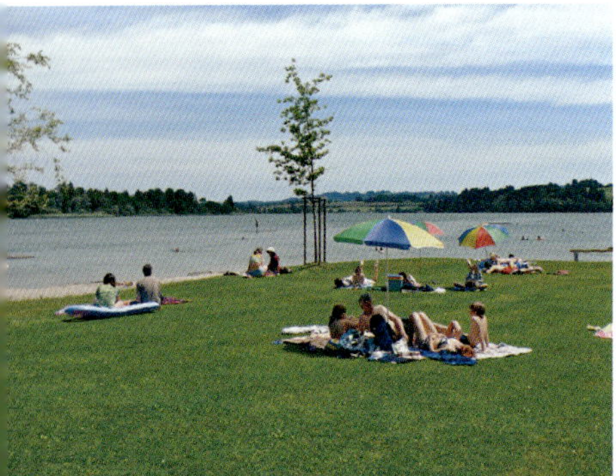

Schöne Badestelle mit flach abfallendem Ufer zu Beginn der Tour.

Alpe Schönesreut

Von Bühl am Alpsee

★★★

Entlang des Großen und des Kleinen Alpsees

Der Große und der Kleine Alpsee waren lange Zeit in Privatbesitz, erst 1971 erwarb der Freistaat Bayern die beiden Gewässer samt Uferbereichen. Nur der Große Alpsee ist ein echter Eiszeitsee und wurde durch eine Zunge des Illergletschers ausgeschürft. Die nach dem Eiszerfall entstandene Hohlform des Kleinen Alpsees wurde erst durch einen Durchbruch des Großen Alpsees bei Bühl mit Wasser befüllt und wäre sicher schon verlandet, würde nicht die Konstanzer Ach den Bereich durchfließen. Mit der heutigen Tour stellen wir eine große Runde vor, die uns zu einer auch mit dem Kinderwagen nicht allzu schwer (kurzer Anstieg auf einem Asphaltweg) zu erreichenden wunderschönen Alm und entlang beider Seen sowie über die Konstanzer Ach führt. Es bestehen mehrere Möglichkeiten, die Wanderung abzukürzen (siehe Kurzinfo unter Variante und im Text), man kann aber auch nur den Alpsee besuchen und dort auf der schönen Seepromenade mit mehreren Einkehrmöglichkeiten entlangschlendern, mit den Kindern am flach abfallenden Ufer spielen, ein erfrischendes Bad in dem Natursee nehmen oder dem tollen Abenteuerspielplatz mit einem gestrandeten Piratenschiff einen Besuch abstatten.

Spielpause an der Seepromenade in Bühl.

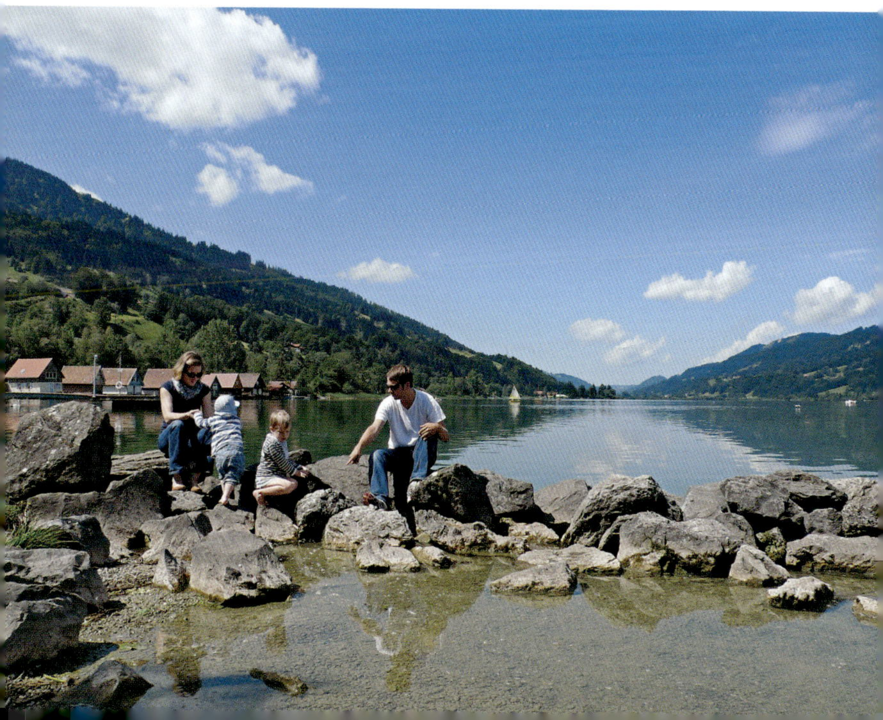

KURZINFO

Ausgangspunkt: Gebührenpflichtiger »Parkplatz Alpsee« an der B 308 kurz vor Bühl am Alpsee, 732 m (Navi: 87509 Immenstadt/Badeweg 26). Von Immenstadt auf der B 308 kommend auf Höhe des Kleinen Alpsees rechts zum großen beschilderten Parkplatz.

Mit Bahn und Bus: Einstieg in den Rundweg in Bühl: Vom Bahnhof Immenstadt mit dem Bus 39 Richtung Oberstaufen bis »Bühl, Gästeamt«.

Gehzeit: 3.15 Std.

Distanz: 12,1 km.

Höhenunterschied: 130 m.

Höchster Punkt: 817 m.

Anforderungen: Bis auf den kurzen steilen Anstieg (Handbremse und Fangriemen empfehlenswert) auf einer kleinen Teerstraße zur Alpe Schönesreut fast ebener, überwiegend in der Sonne liegender Weg. Wechsel zwischen Asphalt- und Kieswegen, kurzes Stück Hackschnitzelunterlage. Ohne den Aufstieg zur Alpe Schönesreut handelt es sich um eine »blaue« Tour.

Hinweise: Für Doppelkinderwagen und größtenteils für Laufrad geeignet (außer Abstecher zur Alpe Schönesreut). Unterwegs Bänke zum Stillen und Rasten.

Ausrüstung: Badesachen und Picknickdecke.

Einkehr: Gasthaus »Zum Alpsee«, Dienstag Ruhetag, Wickelmöglichkeit im Nebenzimmer, Tel. +49 8323/6321. **Strand Café Bühl** an der Seepromenade, kein Ruhetag, Tel. +49 8323/969119. **Café Restaurant »Del Lago«**, bei schönem Wetter (kein Regen) von Anfang Mai bis Ende Oktober täglich geöffnet, Wickeltisch, Spielplatz, Tel. +49 151/28445575. **Café-Restaurant Hauser**, ganzjährig geöffnet, Wickeltisch, Tel. +49 8323/6341. **Alpe Schönesreut**, geöffnet von Anfang Mai bis Mitte Okt., dienstags Ruhetag, Spielplatz, Tel. +49 8323/969742, alpe-schoenesreuth.de.

Varianten: Verkürzung der Tour, indem man direkt in Bühl (Navi: 87509 Immenstadt/Seestraße) oder am Strandbad Hauser (Navi: 87509 Immenstadt/Seepromenade 31) parkt und jeweils dort die Wanderung beginnen und enden lässt. Beim Start vom Parkplatz Strandbad Hauser muss man die Gleise durch eine Fußgängerunterführung unterqueren.

Tipps: Auf der Tour gibt es viele Bademöglichkeiten: kostenlos am Großen Alpsee in Bühl, kostenpflichtig im schönen Strandbad Hauser am Großen Alpsee mit flach abfallendem Sandstrand, kostenlos zwischen Alpseewies und Trieblings (nur FKK), kostenpflichtig im Kleinen Alpsee mit angeschlossenem Freibad. Tretboot und Ruderbootverleih an der Seepromenade am Großen Alpsee.

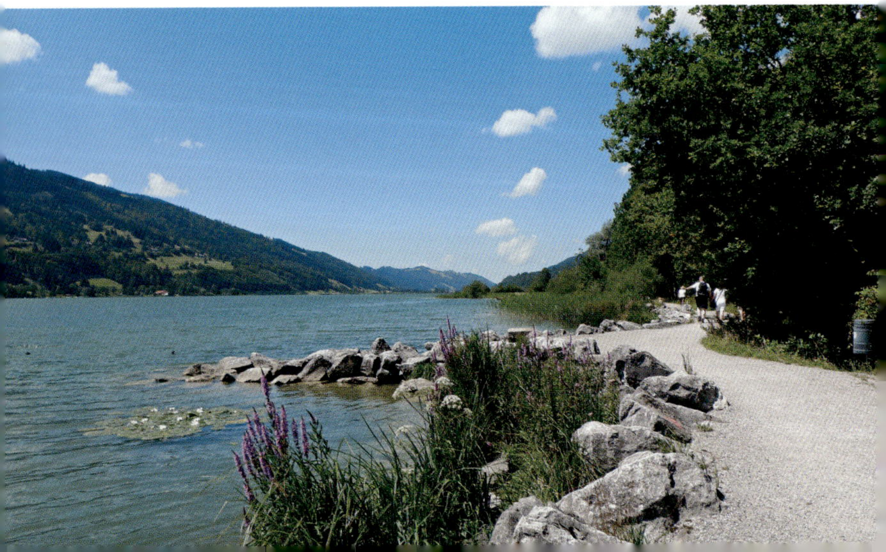

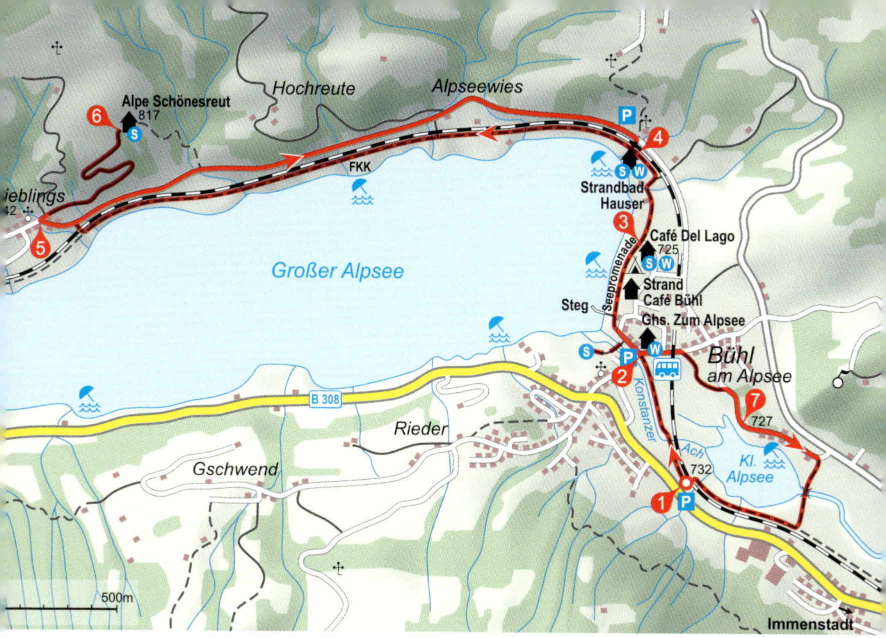

Direkt neben dem **Parkplatz Alpsee ❶** nimmt uns ein geteerter Fußweg auf und führt uns in nordwestlicher Richtung bald auf einer Brücke über die Konstanzer Ach und dann weiter nach **Bühl ❷**. Wir stoßen auf den Fischerweg, gehen hier halblinks in die Seestraße und kommen – vorbei am Gasthaus »Zum Alpsee« – zur Seepromenade mit der dort meist vor Anker liegenden »Santa Maria Loretto«. Sind wir mit größeren Begleitkindern unterwegs, können wir jetzt gleich, oder aber wenn wir nachher wieder hier vorbeikommen, einen Abstecher zu einem tollen Spielplatz (Entfernung 5 Min.) machen. Hierzu halten wir uns vor dem Ankerplatz (Schild) der »Santa Maria Loretto« links, spazieren auf einer kleinen Brücke über die Konstanzer Ach, gehen am Minigolfplatz vorbei, wenden uns nach rechts und erreichen schnell das Piratenspielschiff und den Wasserspielplatz mit der langen Rutsche auf der anderen Seite des Weges.

Links: Der Weg führt teilweise direkt am Großen Alpsee entlang.

Wieder auf der Seepromenade passieren wir das **Strand Café Bühl**, können auf einem langen Holzsteg einen Abstecher in den See machen und wandern dann am Ufer entlang, an dem man an einem schmalen Rasenstreifen seine Decke aus-

Das Segelschiff »Santa Maria Loretto« an der Seepromenade.

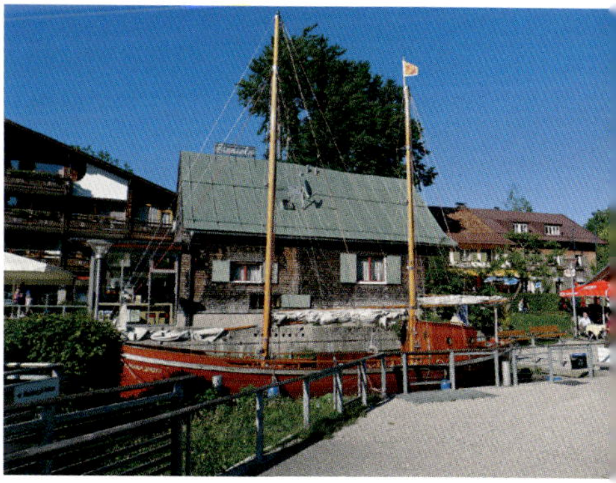

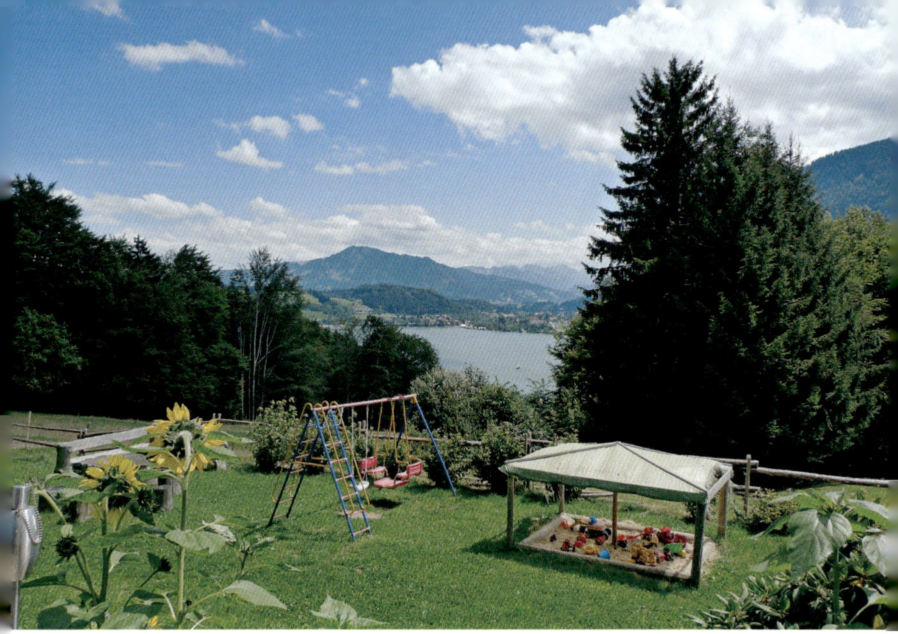

Herrlicher Blick von der Alpe Schönesreut auf den Großen Alpsee.

breiten kann. Bald tut sich rechts des Weges eine große Liegefläche auf, hier befinden sich auch das **Café Restaurant »Del Lago« ❸**, ein Kiosk und ein schöner Kinderspielplatz mit Kletterturm und großem Trampolin. Wir kommen an einer WC-Anlage vorbei und erreichen einen Strandabschnitt mit Sanduntergrund, auf dem es ganz flach abfallend ins Wasser geht. Allerdings wird dieser Abschnitt nicht regelmäßig von den angeschwemmten Holzstücken usw. gereinigt, wesentlich gepflegter findet man den Strand im angrenzenden **Strandbad Hauser ❹** vor, in dem es auch einen kleinen Spielplatz, einen Kiosk und ein Restaurant gibt.

Unser Weg dreht nun nach Westen und wir wandern auf einem wunderschönen Weg direkt am mit Schilf und Seerosen bewachsenen Ufer bei einem schönen Blick auf die Berge der Nagelfluhkette weiter. Bänke direkt am See laden zu einer Pause ein. Bald führt der Weg etwas vom Seeufer weg, wir spazieren nun an der Bahnlinie weiter und kommen zu dem Bahnübergang beim Weiler Alpseewies. Hier könnte man die Tour abkürzen und auf der anderen Gleisseite wieder zurück zum Strandbad Hauser gehen. Wir folgen indes dem Schild »Seeuferweg Trieblings« und gehen auf der linken Bahnseite geradeaus weiter, obwohl uns ein Schild über den Bahnübergang zur Alpe Schönesreut weisen möchte (Anmerkung: Der ausgeschilderte Weg ist nicht kinderwagengeeignet). Wir kommen wieder direkt an den See, dann leitet uns der Weg wieder etwas vom Ufer weg und geht in einen Hackschnitzelweg über. Bald darauf führt vom Weg ein kleiner Pfad durch die Büsche zu einer Liegewiese direkt am See, hier kann man ein hüllenloses Bad nehmen (ausschließlich FKK).

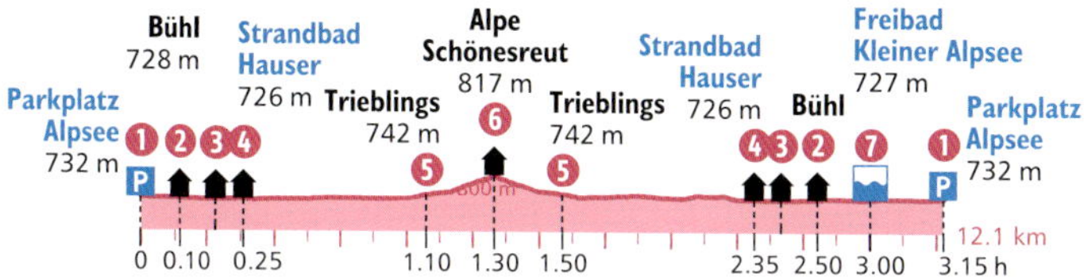

15 Minuten später erreichen wir den Bahnübergang bei **Trieblings**, gehen über die Gleise und marschieren links die Straße hinauf in den kleinen Ort ❺. Dort wenden wir uns rechts und wandern (»Alpe Schönesreut«) die erst nur gemächlich, später steil ansteigende Asphaltstraße hinauf und erreichen nach gut 15 Minuten die herrlich gelegene, liebevoll in jeder nur erdenklichen Nische mit Blumen geschmückte **Alpe Schönesreut** ❻, 817 m, mit ihren vielen Tieren. Neben einem großartigen Blick auf den See und die dahinter aufragenden Berge, einer guten Brotzeit, Wiener Würstel oder selbst gebackenem Kuchen warten ein überdachter Sandkasten mit allerlei Spielsachen und ein Klettergerüst mit zwei Schaukeln auf die Besucher.

Nach der Stärkung wandern wir zurück zum Bahnübergang in **Trieblings**, überqueren nun aber nicht die Bahnlinie, sondern spazieren mit schönem Seeblick auf der Straße auf der anderen Gleisseite über Alpseewies in Richtung Bühl. An den großen Parkplätzen beim **Strandbad Hauser** ❹ wechseln wir – da ab hier der Verkehr auf der Straße stark zunimmt – mittels Unterführung wieder auf die andere Bahnseite und wandern auf dem Hinweg wieder zurück nach **Bühl** ❷. Dort biegen wir nach Verlassen der Strandpromenade in den Fischerweg nach links ein, überqueren an einem Bahnübergang die Gleise und biegen unmittelbar dahinter in einen gekiesten Fußweg nach rechts ein (»Freibad Kleiner Alpsee«), der uns schön über die Wiesen auf den Kleinen Alpsee zuführt. Wir stoßen auf einen Asphaltweg, biegen rechts ein, kommen am **Freibad Kleiner Alpsee** ❼ vorbei und biegen kurz darauf – nach einer Steigung – rechts in einen Weg ein (»Badeweg nach Bühl«). Auf einer Holzbrücke überqueren wir bei schönem Blick auf den Kleinen Alpsee die Konstanzer Ach, halten uns an dem querenden Weg rechts und biegen nach den Tennisplätzen links ein, um über die Bahngleise direkt zum **Parkplatz Alpsee** ❶ zurückzukommen.

Nach der Tour lohnt ein Abstecher zum Piratenspielplatz.

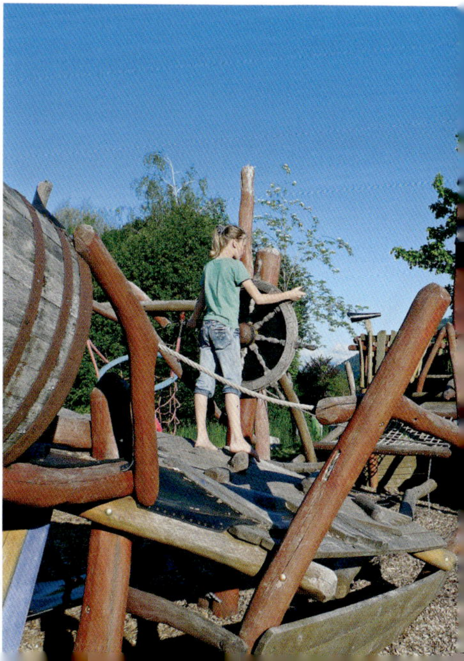

7 Erlebnispfad Rettenberg

Rundweg vom Freibad

★★

Spielstationen am Galetschbach

Der schon für Kinder ab zwei Jahren interessante Erlebnispfad am Fuße des Grüntens ist knapp drei Kilometer lang und beinhaltet 12 spannende Mitmachstationen entlang des Galetschbaches, darunter ein Tierstimmenquiz, ein Wasserspielplatz oder der Naturspielplatz Hasengarten mit Zugang zum Wasser. Am Ende der Tour lockt ein Besuch im Rettenberger Freibad.

KURZINFO

Ausgangspunkt: Kostenloser Parkplatz am Rettenberger Freibad, 795 m (Navi: 87549 Rettenberg/Bichelweg 6). Von der Ausfahrt der B 19 Immenstadt-Süd/Rettenberg nach Rettenberg, durch den Ort fahren und gegen Ortsende rechts in den Lärchenweg und gleich wieder rechts in den Ahornweg.
Mit Bahn und Bus: Vom Bahnhof Immenstadt mit Buslinie 81 (verkehrt nur zeitweise) bis zur Haltestelle »Rettenberg Ort«. Von dort ein Stück der Hauptstraße folgen und rechts über den Bichelweg zum Freibad.
Gehzeit: 1.15 Std.
Distanz: 2,7 km.
Höhenunterschied: 50 m.
Höchster Punkt: 802 m.
Anforderungen: Leichte Tour auf breiten Asphalt- und Kieswegen.
Hinweise: Für Buggy (bedingt) und Doppelkinderwagen geeignet. Unterwegs Rastbänke.
Ausrüstung: Wechselkleidung und Badesachen. Im Café Viventus im Freibad (Tel. +49 178/2362439) kann ein Forscherrucksack (u. a. mit Becherlupe) gemietet werden.
Einkehr: Café Viventus (viventus-cafe.de) im Freibad Rettenberg, Kuchen und kleine Mittagsgerichte im Sommer. Zusätzliche Einkehrmöglichkeiten in Rettenberg.

Vom **Freibad Rettenberg** ❶ folgen wir der Beschilderung der Wasseramsel Burgel den Ahornweg hinauf zum Lärchenweg. Hier biegen wir links ein, wenden uns an der Haupstraße rechts und laufen ein kurzes Stück auf dem Fußweg neben der Straße Richtung Kranzegg. Bei nächster Gelegenheit biegen wir rechts ein, marschieren an der Brauerei vorbei steil hinunter und überqueren den **Galetschbach**. Gleich nach der Brücke wenden wir uns nach rechts ❷, und schon erwartet uns die erste Station: Auf einer Tafel wird durch das Drücken der roten Knöpfe eindrucksvoll veranschaulicht, wie viel Wasser z. B. zum Herstellen einer Jeans oder eines Autos vonnöten ist.

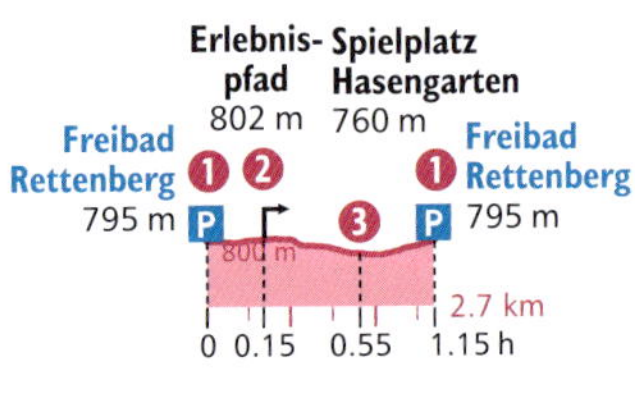

Begleitet vom Rauschen des Baches erreichen wir schnell den **Wasserspielplatz**. Begeistert schöpfen die größeren Kinder mit einem Holzkübel Wasser aus dem Bach und füllen das kleine Holzbecken am Anfang der Holzrinne, bevor sie die Stöpsel ziehen und das angestaute Wasser sich auf zwei kleine Wasserräder ergießen kann.

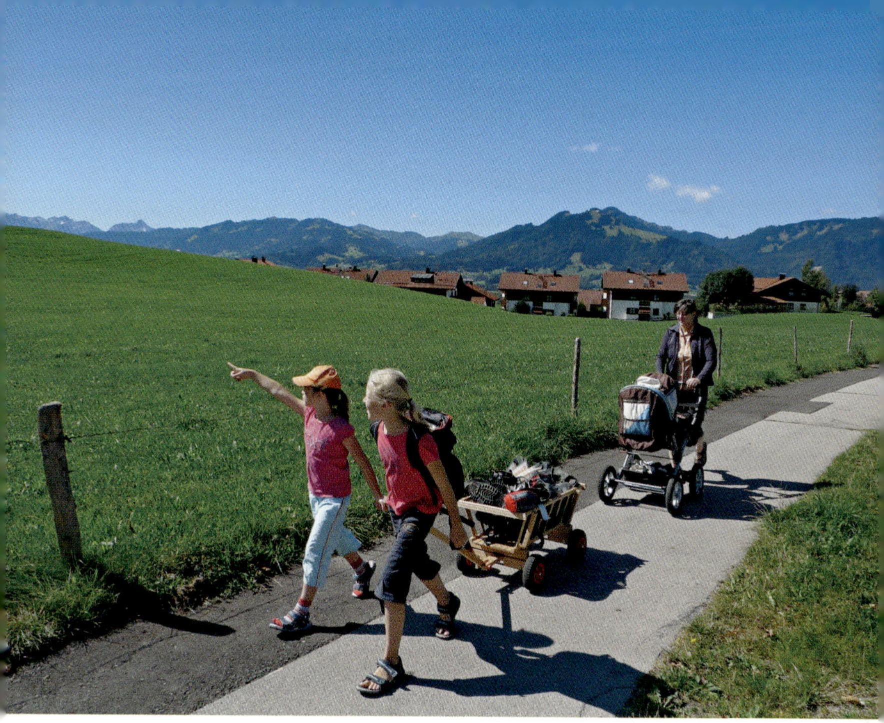

Unterwegs zum Galetschbach mit Kinder- und Leiterwagen.

Wir gehen über eine Brücke und können am Tierweitsprung schön in der Sonne picknicken. Hier gibt es auch einen flachen Zugang zum Bach (sogenannte **Forscherstation** – ohne Hinweisschild), an dem man unter den Steinen im Bach nachgucken kann, welche kleinen Lebewesen sich unter den Steinen verstecken. Mit einem feinen Pinsel kann man die Tierchen in ein wassergefülltes Behältnis geben und sie mittels einer Becherlupe genau ansehen (Hinweis: ein sogenannter Forscherrucksack mit all diesen Utensilien kann im Café im Freibad ausgeliehen werden).

Nach der spannenden Rast schlängelt sich der Kiesweg eben weiter am Bach entlang und führt vorbei an einer weiteren Station zum liebevoll gestalteten **Naturspielplatz Hasengarten** ❸. Hier verlassen wir den Bach und wenden uns an der nächsten Verzweigung rechts in den Bichelweg, der uns schließlich zurück zum **Freibad Rettenberg** ❶ bringt.

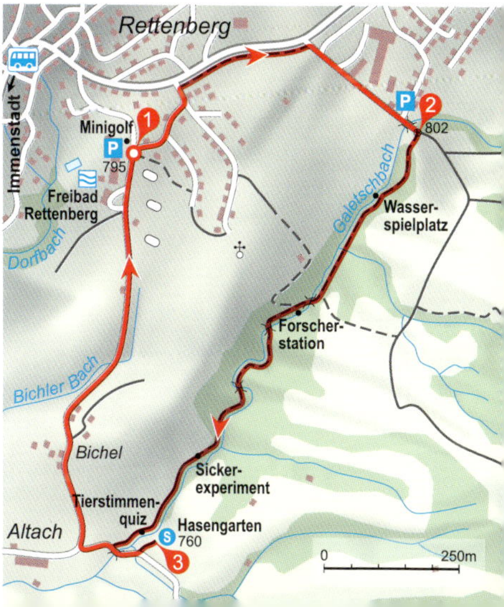

8 Eichhörnchenwald Fischen

Vom Parkplatz Grundbachweg ★★★

Zahme Eichhörnchen und seltene Vögel im Weidach-Naturpark
Im Weidach-Naturpark am östlichen Ortsausgang von Fischen im Ortsteil Au können Kinder und Eltern etwas ganz Besonderes erleben: Im sogenannten Eichhörnchenwald fressen einem die kleinen, zutraulichen Nager direkt aus der Hand und springen einem dabei – wenn man am Boden sitzt – sogar auf den Schoß. Bei Haselnüssen, Bucheckern, Walnüssen oder Eicheln verlieren die Tiere ihre Scheu und stibitzen schnell die auf der flachen Hand ausgebreiteten Leckereien. Verzehrt wird die Baumfrucht dann später im Versteck in aller Ruhe, gerade im Herbst vergräbt das Eichhörchen aber auch gern die gesammelten Schätze, um sich einen Vorrat für den Winter anzulegen. Die Nüsse (von zu Hause mitnehmen!) braucht man nicht zu öffnen, Haselnüsse und Walnüsse können Eichhörnchen innerhalb weniger Sekunden knacken, indem sie mit ihren unteren Zähnen erst einmal ein Loch in die Nuss nagen und dann die unteren Zähne wie einen Hebel einsetzen, um ein Stück Schale herauszubrechen. Wer sichergehen möchte, dass die Eichhörnchen auch Hunger haben, besucht den Eichhörnchenwald, der übrigens nicht eingezäunt und auch nicht als solcher ausgeschildert ist, am besten vormittags (besonders in der Hochsaison). Es gibt aber auch viele zutrauliche Vögel im Wald, die ebenfalls Nüsse lieben. Mit etwas Geduld kommen die mit 35 Zentimeter Körperlänge recht großen Eichel- und Tannenhäher ganz nah an einen heran, Meisen und Drosseln holen sich Nüsse sogar im Tiefflug von der ausgestreckten Hand. Den Besuch des Eichhörnchenwaldes kann man in eine kleine Runde durch den Kurpark einbetten, in dem noch weitere kleine Attraktionen warten. Wer eine größere Wanderung bevorzugt, kann zum Illerursprung und der Schöllanger Burgkirche weitermarschieren – diese Wanderung ist als Tour 9 ab Seite 60 beschrieben.

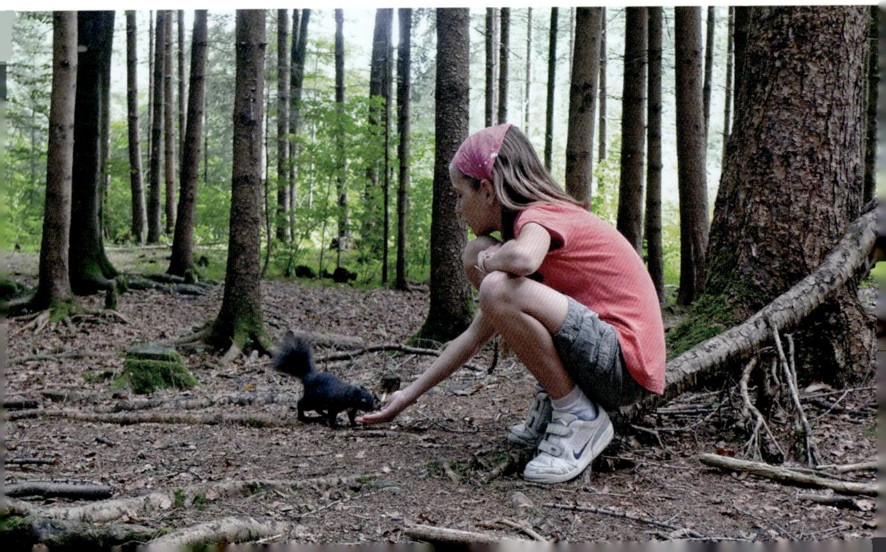

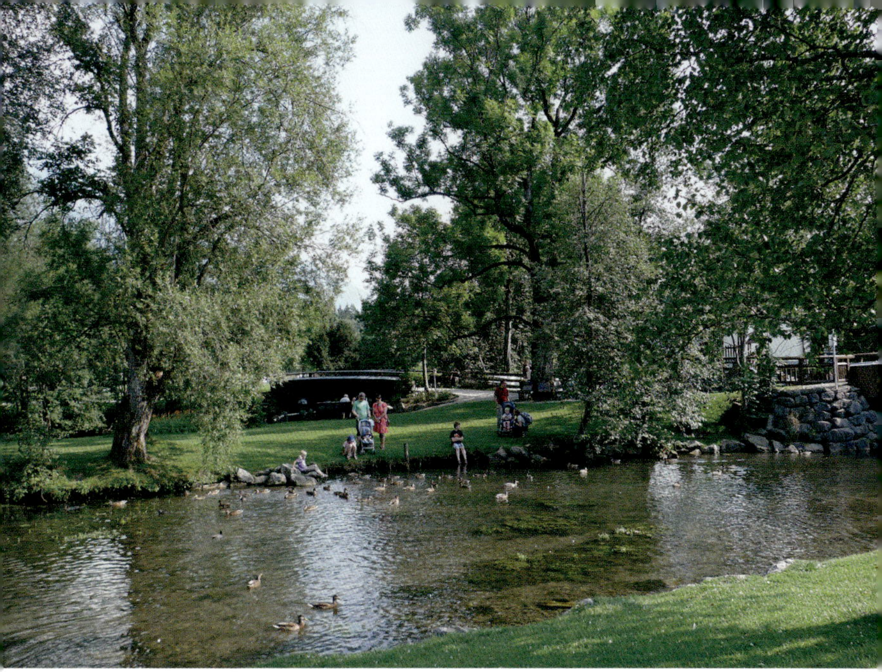

Der schön angelegte Park wird gern von Familien mit Kindern besucht.

KURZINFO

Ausgangspunkt: Kostenloser Parkplatz in Fischen im Grundbachweg, 758 m (Navi: 87538 Fischen/Grundbachweg). Von Norden über Immenstadt und Sonthofen auf der B 19 kommend am Ortseingang von Fischen links in den Berger Weg und nach ca. 600 m, nach Überqueren der Bahngleise, links in den Grundbachweg. An dessen Beginn darf man werktags mit Parkscheibe 2 Std. (ab Samstagmittag und sonntags keine Zeitbeschränkung) parken. Einen weiteren Parkplatz (kostenlos ohne Zeitbeschränkung) erreicht man, wenn man dem Grundbachweg 300 m folgt und dann rechts über den Grundbach fährt.
Mit der Bahn: Am Bahnhof Fischen am Bahnsteig entlang nach Norden, an der Schranke halblinks (nach Norden) in die Straße »Am Anger«, die über einen Bach führt. Nach 50 m rechts der Beschilderung zum Minigolfplatz folgen. Nach Überquerung der Gleise stößt man auf diejenigen, die vom Parkplatz entlang des Grundbaches kommen.
Gehzeit: Kurzer Halbtagesausflug (reine Gehzeit 0.30 Std.).
Distanz: 1,8 km.
Höhenunterschied: Unbedeutend.
Höchster Punkt: 760 m.
Anforderungen: Leichter Spaziergang über Asphalt- und Kieswege.
Hinweise: Für Buggy, Doppelkinderwagen und Laufrad bestens geeignet. Viele Bänke zum Stillen und Rasten.
Ausrüstung: Nüsse für die Eichhörchen, Wechselkleidung (Kneippbecken).
Einkehr: Kiosk am Minigolfplatz. Gasthäuser in Fischen.

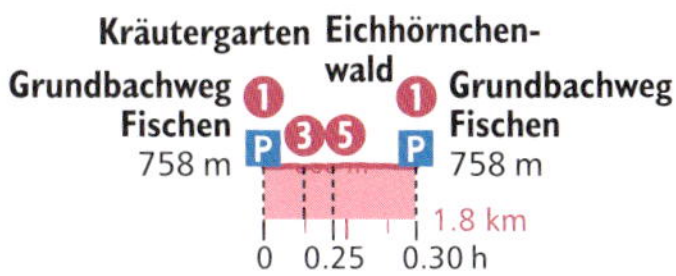

Links: Die Eichhörnchen holen sich die Nüsse direkt aus der Hand.

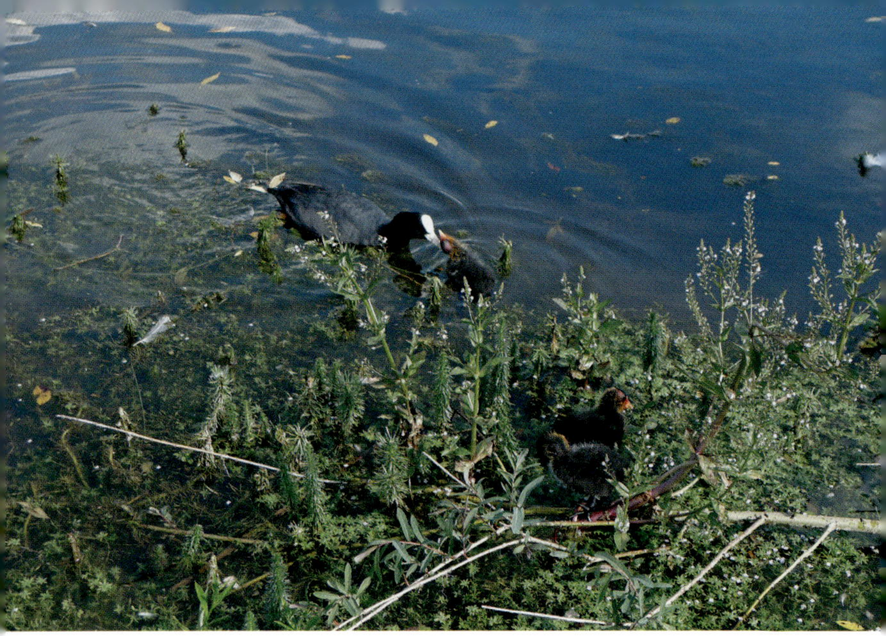

Am Grundbach kann man die Fütterung der Blesshuhnküken beobachten.

Vom **Parkplatz Grundbachweg ❶** gehen wir die Zufahrtsstraße zurück, überqueren die Burgstraße und spazieren geradeaus weiter auf dem kleinen Asphaltweg zwischen Bahnlinie und dem Grundbach entlang. Hier tummeln sich viele Enten

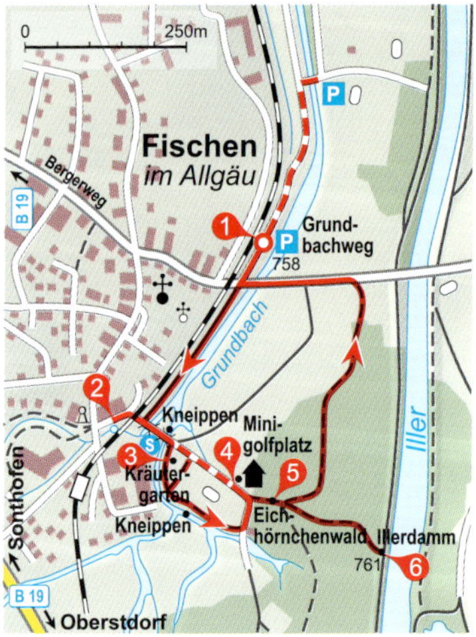

und Blesshühner, im Frühling und Sommer oft mit ihren Jungen im Schlepptau. Schnell kommen wir zu der Stelle, an der ein anderer Bach in den Grundbach fließt; hier warten besonders viele Wasservögel darauf, gefüttert zu werden. Zwischen den beiden Bächen gibt es ein schönes Delta mit einem gepflegten Rasen und Bänken – ein nettes Picknick-Plätzchen für später.

An der Bahnschranke können wir einen kurzen Abstecher über die Gleise zu einem schönen **Brunnen ❷** mit zwei wasserspeienden Fischen machen. Weiter geht es aber nach links (bzw. vom Brunnen kommend geradeaus) auf einer Brücke über den Grundbach. Gleich rechts dahinter befindet sich ein schöner Spielplatz, der für kleine und größere Kinder etwas zu bieten hat. Links des Weges wartet eine sehr schöne Naturkneippanlage im Bach, links kommt man auch auf das Delta zwischen den beiden Bächen. Der Weg führt uns indes geradeaus weiter über eine zweite Brücke, dahinter halten wir uns rechts und kommen zu dem kleinen, aber sehr schön angelegten **Kräutergarten ❸**. Gehen wir den Weg weiter, erreichen wir eine weitere Naturkneippanlage in einem Bach. Links befindet sich eine große Wiese mit zwei Toren, hier kann man mit den älteren Kindern, wenn man einen Ball dabeihat, Fußball spielen. Auf der anderen Seite der Wiese führt der Hauptweg am **Minigolfplatz ❹** vorbei, an dem es auch einen Kiosk (Eis, Getränke, kleine Brotzeiten) gibt.

Geradeaus weiter kommen wir direkt in den **Eichhörnchenwald ❺**. Setzt man sich ganz ruhig auf den Boden oder geht in Hockstellung mit einer Nuss in der ausgestreckten Hand, dauert es nicht lange, bis die possierlichen, dunkelbraunen Kerlchen zu einem kommen und die Nuss direkt aus der Hand nehmen. Das kitzelt ein bisschen, macht aber allen Kindern Spaß.

Der eigentliche Weg biegt im Wald links ab zurück nach Fischen, wir sollten aber erst noch geradeaus in wenigen Minuten zum **Illerdamm ❻** hinaufspazieren, von dem man einen schönen Blick auf den Fluss, die im Süden liegenden Berge und auf die direkt gegenüber auf der anderen Uferseite hoch am Steilhang thronende Schöllanger Burgkirche hat (siehe Tour 9).

Wieder im Wald erreicht man in zehn Minuten die Burgstraße, wendet sich nach links und kommt nach zehn Minuten zurück zum Grundbachweg und zum **Parkplatz ❶**.

Schöner Kräutergarten mit dem Rubihorn (Bildmitte) im Hintergrund.

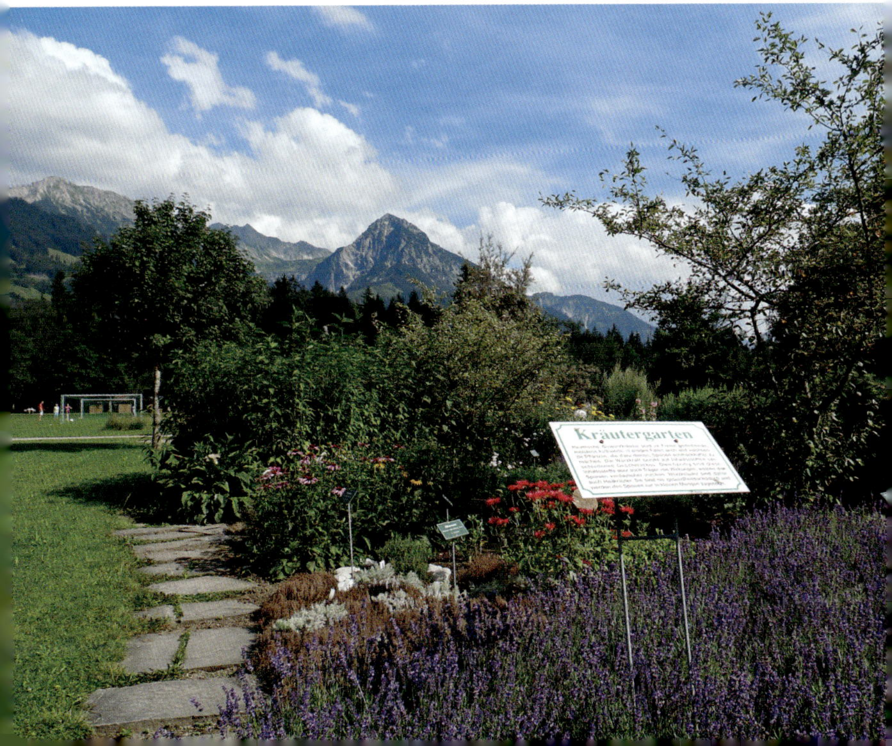

9 Illerursprung und Schöllanger Burgkirche

Von Fischen

★★

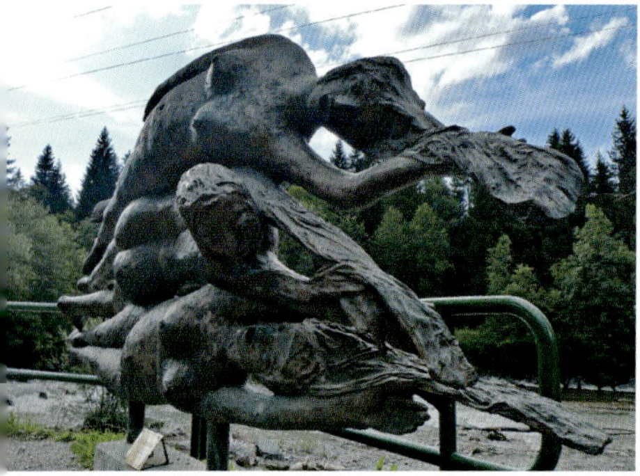

Bronzestatue »Illerursprung«.

Zusammenfluss mit Bronzestatue

Die Quelle eines Flusses zu suchen, den Ursprung des Wassers zu ergründen, von dem es sich auf seine lange Reise bis zum Meer begibt, ist etwas ganz Besonderes. Beim Illerursprung müsste man aber gleich drei Quellen aufsuchen, »entspringt« doch die Iller aus dem Zusammenfluss dreier bereits »gestandener« Flüsse, denen wir in den Oberstdorfer Tälern noch mehrfach begegnen werden. Südlich von Fischen fließen am Illerursprung Breitach, Stillach und Trettach an einer Stelle zusammen. Dies hat den Oberstdorfer Künstler Walter Kalot zu einer Bronzestatue mit drei nackten Damen inspiriert, die ineinander zu verschmelzen scheinen. Die Auftragsarbeit fand allerdings nicht die Zustimmung des Gemeinderates und wurde deshalb viele Jahre lang in einem Oberstdorfer Park versteckt. Erst neun Jahre nach Kalots Tod wurde die Plastik an ihren ursprünglich vorgesehenen Platz gebracht und kann nun am Illerursprung bestaunt werden. Über den kleinen Ort Rubi mit Einkehrmöglichkeit geht es nach einem Auf und Ab steil hinauf zur Schöllanger Burgkirche, die hoch über der Iller an einem Steilhang thront. Bis zum Jahr 1804 war diese Kirche die Pfarrkirche von Schöllang, heute dient sie noch als Friedhofskapelle.

KURZINFO

Ausgangspunkt: Kostenloser Parkplatz am Sportplatz in Fischen, 757 m (Navi 87538 Fischen/Grundbachweg 2). Anfahrt wie Tour 8, aber am ersten Parkplatz im Grundbachweg vorbeifahren (Parkzeit dort mit Parkscheibe nur 2 Std., außer Samstagnachmittag und sonntags, dann keine Zeitbeschränkung) und nach 300 m rechts über den Grundbach zum Parkplatz am Sportplatz.
Mit der Bahn: Vom Bahnhof Fischen in 5 Min. zum Grundbach (siehe Tour 8).
Gehzeit: 3.30 Std.
Distanz: 11,5 km.
Höhenunterschied: 190 m.
Höchster Punkt: 890 m.

Anforderungen: Die Tour verläuft (bis auf ein paar wenige Asphaltstücke) auf guten Kieswegen. Steiler Anstieg und Abstieg hinter Rubi und bei der Schöllanger Burgkirche. Kondition erforderlich, Handbremse und Fangriemen empfehlenswert.
Hinweise: Für Doppelkinderwagen bedingt geeignet (Gewicht!). Unterwegs einige Bänke zum Stillen und Rasten.
Ausrüstung: Profilierte Schuhe, Wechselkleidung (Illerstrand).
Einkehr: Gasthof Rubihorn, Mittwoch und Donnerstag Ruhetag, Spielplatz, Wickeltisch, Tel. +49 8322/4590, rubihorn-oberstdorf.de. Gasthof »Der Almenhof«, Montag u. Dienstag Ruhetag, Spielplatz, Wickeltisch, Kinderklo, Tel.+49 8322/ 96410, almenhof-oberstdorf.de.

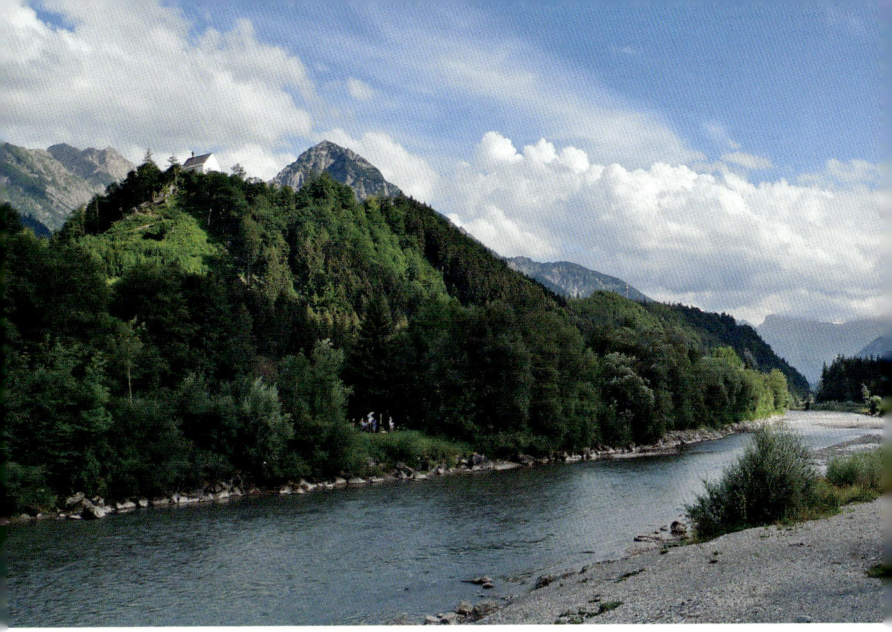

Blick vom Illerdamm auf die hoch oben thronende Schöllanger Burgkirche.

Vom **Parkplatz am Sportplatz ❶** gehen wir die Zufahrtsstraße zurück bis zur Burgstraße, überqueren diese, wandern geradeaus weiter auf dem Fußweg direkt neben dem Bach und schwenken bei nächster Gelegenheit nach links, um den Bach zu überqueren. Vorbei am Spielplatz und am Minigolfplatz kommen wir direkt in den **Eichhörnchenwald ❷** (siehe auch bis hierher Beschreibung und Detailkarte Tour 8). An einem Schilderbaum müssen wir uns entscheiden, ob wir in fünf Minuten geradeaus zum Illerdamm (Beschilderung »Illerdamm 5 Min., Iller-Ursprung 50 Min.«) gehen und dann nach rechts flussaufwärts auf der breiten Kiesstraße des Illerdamms mit einigem Fahrradverkehr weiterwandern oder ob wir uns lieber am Schilderbaum rechts halten (»Rubi«) und auf einem gemütlichen kleinen Weg durch den Wald spazieren wollen. Wir wählen die

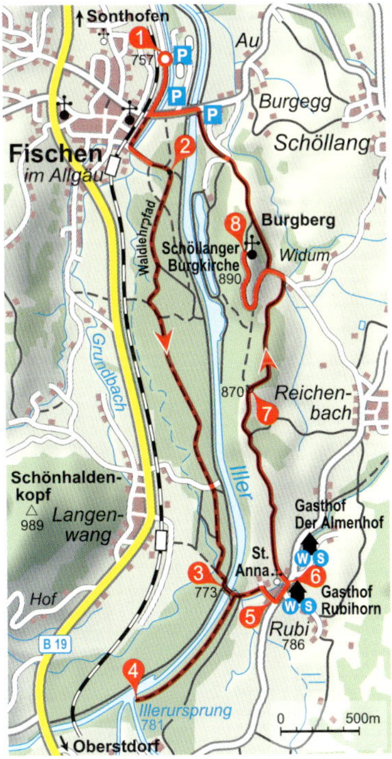

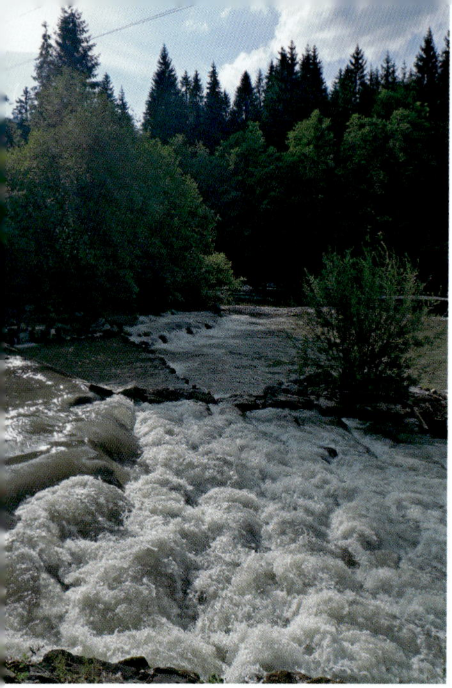

Am Illerursprung fließen Breitach, Stillach und Trettach zusammen.

schattigere Alternative durch den Wald und wandern entlang eines alten, in die Jahre gekommenen Waldlehrpfades weiter. Wir folgen nun immer geradeaus der Beschilderung nach Rubi – auch wenn uns nach etwa zehn Minuten noch einmal ein Schild nach links zum Illerursprung auf den Damm verweisen möchte – und kommen nach etwa 35 Minuten durch lichten Wald auf einen Weg, der uns nach links nun doch noch auf den Illerdamm führt. Hier marschieren wir ein Stück flussaufwärts, um dann links über die leicht schwankende **Illerbrücke** ❸ zu gehen. Wir wenden uns nach rechts, wandern auf der anderen Flussseite noch etwa 15 Minuten flussaufwärts und schon stehen wir am **Illerursprung** ❹, 781 m, und können uns davon überzeugen, dass sich hier tatsächlich drei Flüsse an einem Punkt zu einem neuen vereinen.

Nach einer Rast auf der Bank oder am Kiesstrand der Iller wandern wir zurück zur **Illerbrücke** ❸, überqueren den Fluss aber nicht, sondern wandern rechts nach **Rubi** ❺, 786 m. Dort stoßen wir auf den Gasthof Rubihorn, in dessen Wirtsgarten es einen schönen Kinderspielplatz gibt. Wir wenden uns nach links und wandern die Straße ein Stück hinauf. Nach 150 m biegen wir an einem Schild (»Fischen/Schöllanger Burgkirche«) links in den **Kapellenweg** ❻ ein. (Hinweis: Geht man in Rubi erst noch etwa 150 m weiter geradeaus die Straße hinauf, kommt man zum großen Gasthof »Der Almenhof«, bei dem es ebenfalls einen Spielplatz gibt.)

Nach der Kapelle St. Anna zweigt vom Kapellenweg rechts ein Kiesweg ab, der uns ein Stück aufwärtsführt. Wenn wir nun zurückblicken, haben wir einen herrlichen Blick auf Oberstdorf und die dahinterliegenden Berge. In leichtem Auf und Ab geht es weiter, wir ignorieren einen Abzweig nach Reichenbach und kommen 250 m später an eine unbeschilderte **Weggabelung** ❼. Mit

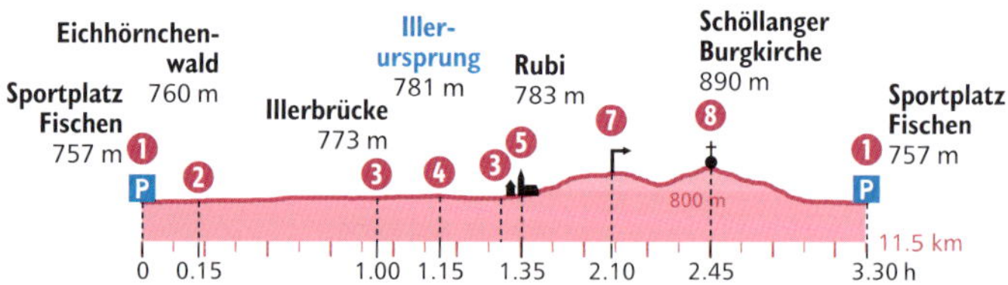

dem Kinderwagen wählen wir hier unbedingt den rechten Weg, der zwar etwas weiter ist, dafür aber wesentlich weniger steil abwärtsführt. Unten halten wir uns links (»Fischen–Au«) und können uns nun überlegen, ob wir noch einen Abstecher (einfache Gehzeit 15 Min.) zur hoch über der Iller am Steilhang liegenden **Schöllanger Burgkirche** ❽, 890 m, machen wollen, zu der uns eine geteerte Straße recht steil nach links hinaufbringt. Die etwa 500 Jahre alte, sehenswerte Kirche, um die herum viele Gräber platziert sind, ist meist offen. Geht man um die Kirche herum, kann man zwischen den Bäumen auf den Ort Fischen blicken.
Diejenigen, die gleich wieder nach Fischen wollen, halten sich unten rechts und wandern nun bald auf einem Kiesweg weiter abwärts bis zu einem Schilderbaum. Hier gehen wir erst ein Stück geradeaus weiter, biegen aber nach etwa 50 m nach links in einen kleinen Weg ein, der uns auf einen parallel verlaufenden Schotterweg hinaufführt. Dort wenden wir uns nach rechts und kommen direkt zu einer Brücke. Auf dieser überqueren wir die Iller, gehen geradeaus weiter und biegen nach 250 m rechts in den Grundbachweg zum **Parkplatz** ❶ ein.

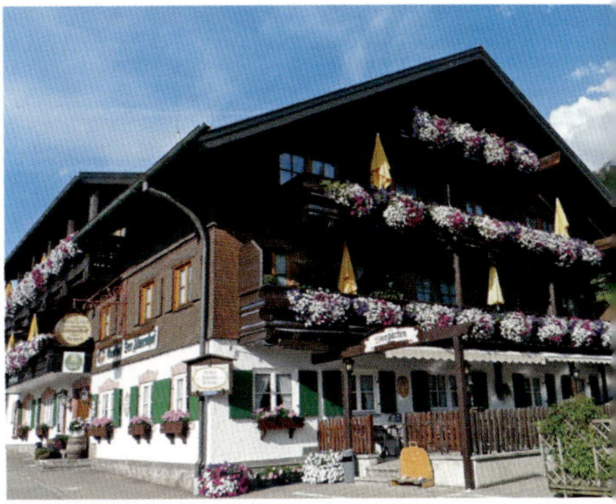

Am Gasthof »Der Almenhof« gibt es auch einen Spielplatz.

Die sehenswerte Schöllanger Burgkirche dient heute als Friedhofskapelle.

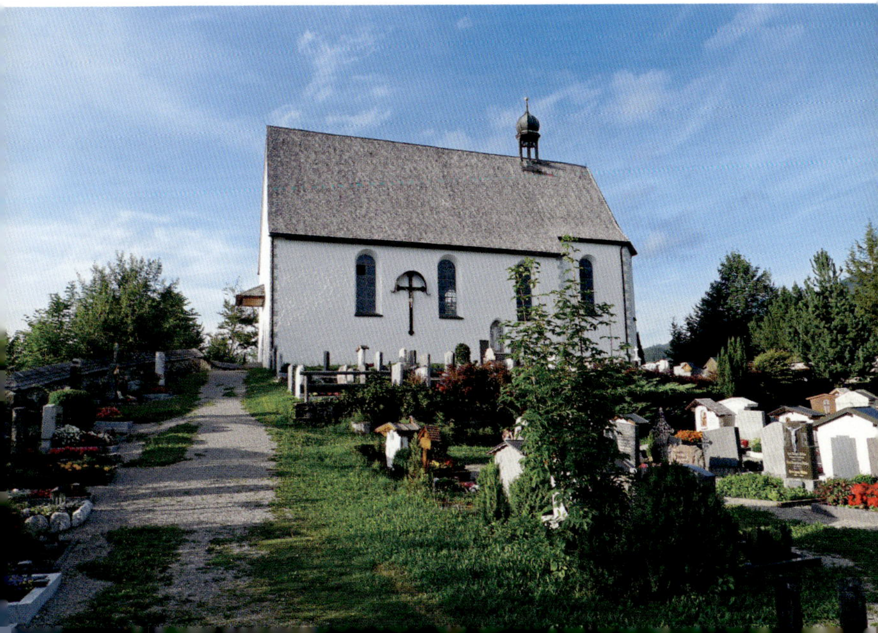

10 Freibergsee

Von der Söllereck-Talstation ★

Badevergnügen und Skiflugschanze
Unsere heutige Wanderung führt uns zum Freibergsee, dem mit 18 Hektar Wasseroberfläche größten Allgäuer Gebirgssee. Der Stillachgletscher mit seinen mehrere hundert Meter hohen Eismassen schürfte das Seebecken in der letzten Eiszeit aus. Heute ist der sich im Sommer bis auf 25 Grad erwärmende See noch ca. 25 Meter tief. Einen besonders beeindruckenden Blick auf das Gewässer kann man von der Heini-Klopfer-Skiflugschanze werfen, die zurzeit die drittgrößte Skiflugschanze der Welt ist und einen Schanzenrekord von 242,5 Metern vorzuweisen hat. Auf der anderen Seeseite wartet das schöne Strandbad, in dem man sich im Sommer gut abkühlen kann (leider ohne Kleinkinderbecken). Der Weg Richtung See verläuft überwiegend leicht abwärts auf einem mit dem Kinderwagen gut zu befahrenden Weg. Lediglich zur Flugschanze und hinunter zum See sind steilere Wege zu meistern. Der Rundweg um den See (siehe Variante) ist wegen des großen Gefälles nur mit Handbremse und Fangriemen anzuraten.

Blick vom Naturbad auf den Freibergsee und die Skiflugschanze.

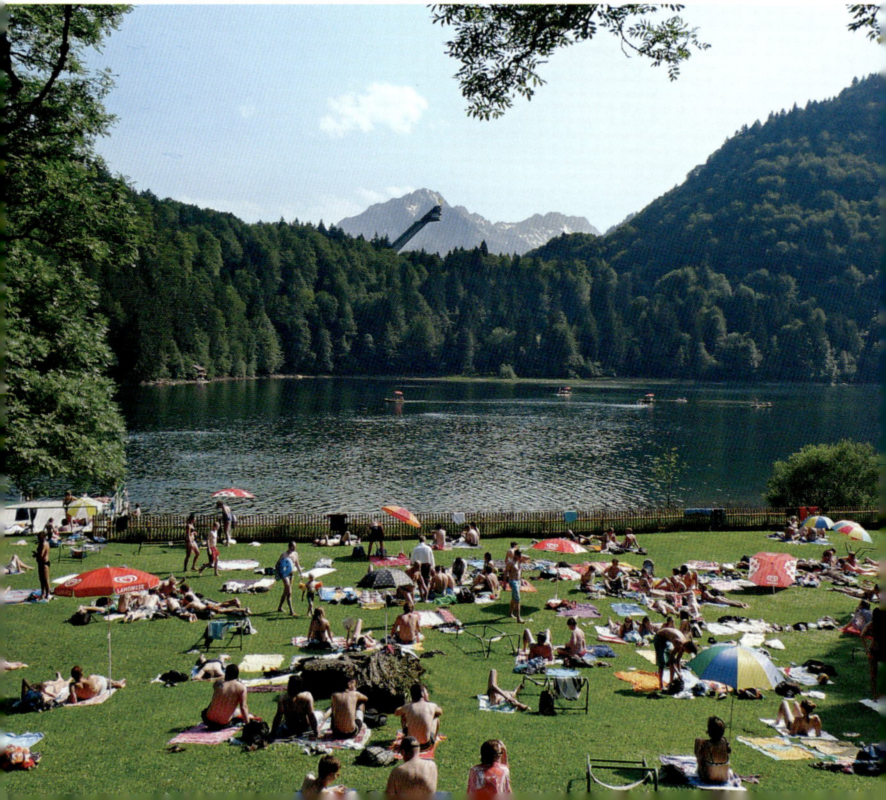

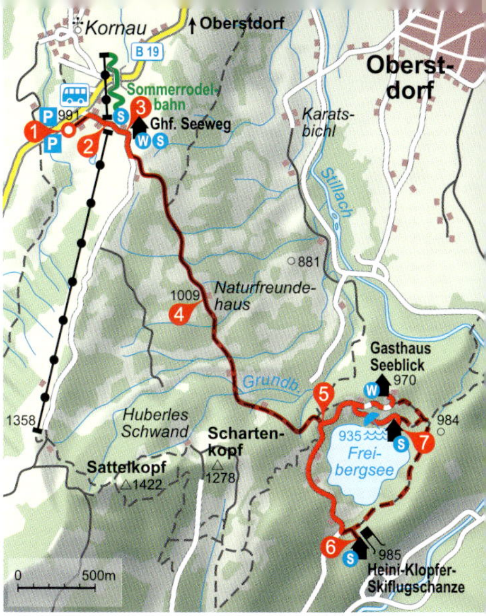

KURZINFO

Ausgangspunkt: Großer kostenloser Parkplatz der Söllereckbahn links und rechts der B 19, 991 m (Navi: 87561 Oberstdorf/Kornau-Wanne). Von Sonthofen auf der B 19 kommend am Kreisverkehr kurz vor Oberstdorf (unmittelbar nach dem McDonald's) rechts ins Kleinwalsertal abbiegen, auf der B 19 nach ca. 3 km unter der Sommerrodelbahn hindurchfahren und ca. 400 m später zum Parkplatz.

Mit Bahn und Bus: Mit dem Zug bis Oberstdorf und weiter mit dem Walserbus 1 im 10- bis 20-Minuten-Takt bis zur Haltestelle »Söllereckbahn« (Fahrzeit Bus 10 Min.).

Gehzeit: 2.45 Std. (ohne Auffahrt zur Skiflugschanze).

Distanz: 9,6 km.

Höhenunterschied: 210 m.

Höchster Punkt: 1035 m.

Anforderungen: Die Wanderung zum Freibergsee verläuft – bis auf den Anstieg vom Parkplatz zur Talstation der Söllereckbahn – leicht fallend auf ausreichend breiten Kieswegen, zum Bad geht es steil hinunter. Handbremse und Fangriemen empfehlenswert.

Variante: Der Weg um den See ist ein Wechsel aus stark ansteigenden und stark fallenden Passagen auf breiten Kieswegen. Kondition, Handbremse/Fangriemen sind hier unbedingt erforderlich.

Hinweise: Für Doppelkinderwagen geeignet. Einige wenige Rastbänke. Die **Heini-Klopfer-Skiflugschanze** ist von Mitte Mai bis Anfang Nov. 9.30–16.45 Uhr, im Winter von Mitte Dez. bis Anfang April 9.30–16.15 Uhr geöffnet, Änderungen bei Schlechtwetter und Veranstaltungen, Infotelefon +49 8322/ 3891 oder 2855.

Ausrüstung: Profilierte Schuhe, Badesachen.

Einkehr: **Berggasthof Seeweg**, 1013 m, kein Ruhetag, Sommerbetrieb von Anfang/Mitte Mai bis Anfang Nov., Wickeltisch, Spielplatz, Tel. +49 8322/2245, seeweg.de. **Berggasthof Bergkristall**, 1047 m, Montag Ruhetag, Tel. +49 8322/7059940, berggasthof-bergkristall.de. **Gasthaus Seeblick**, 970 m, kein Ruhetag, Ferienwohnungen, Wickelraum, Tel. +49 8322/5408, freibergseeblick.de. **Kiosk** an der Skiflugschanze, geöffnet und Tel. wie Flugschanze (siehe Hinweise), Spielplatz.

Naturbad Freibergsee, 935 m, kein Ruhetag, Tel. +49 8322/6069495.

Variante: Von der Skiflugschanze kann man auch auf der anderen Seeseite weiterwandern und so ebenfalls zum Strandbad kommen (»schwarze« Tour). Der Weg führt aber so steil hinunter, dass man ihn nur mit Handbremse und Fangriemen begehen sollte. Von der Skiflugschanze gehen wir ein kleines Stück am Spielplatz vorbei – zurück und schwenken zwischen den Holzbaracken nach rechts. Nun spazieren wir auf einem schönen Weg durch den Wald, verlieren bald auf dem steilen Weg an Höhe und kommen nach ca. 15 Min. auf eine breite Kiesstraße. Nun müssen wir gut aufpassen und dürfen nicht in der Rechtskurve der Markierung geradeaus in einen schmaleren Weg folgen, sondern müssen uns unbeschildert nach links halten. Nach ca. 50 m stoßen wir auf eine Verzweigung. Links geht es steil hinunter zum Strandbad, rechts hinauf zum Gasthaus Seeblick.

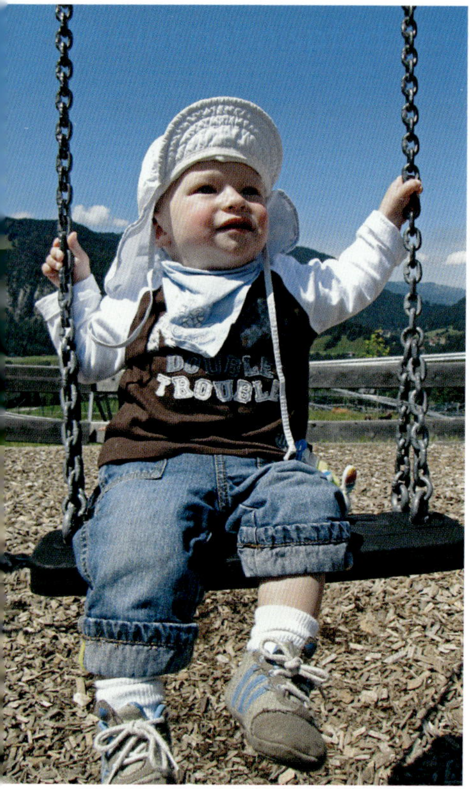

Schaukelspaß am Spielplatz der Söllereckbahn-Talstation.

Vom **Parkplatz Söllereckbahn** ❶ folgen wir der Beschilderung über eine Asphaltstraße hinauf zur Talstation der **Söllereckbahn** ❷. Hier warten eine Sommerrodelbahn (Kinder ab 3 Jahren), Einkehrmöglichkeiten und mehrere Spielgeräte (u. a. Wasserspielplatz an der Sommerrodelbahn).

Wir gehen geradeaus weiter, kommen am **Berggasthof Seeweg** ❸, 1013 m, mit seiner kleinen Hüpfburg und einem Spielplatz vorbei, halten uns an der Verzweigung links (»Freibergsee«) und folgen nun der für den öffentlichen Verkehr gesperrten kleinen Teerstraße. Bald erreichen wir den neu renovierten **Berggasthof Bergkristall**, der Weg geht kurz darauf in einen sehr gut mit dem Kinderwagen zu befahrenden Kiesweg über. Wir passieren auf dem kaum merklich abwärtsführenden Weg das **Naturfreundehaus** ❹ und spazieren nun entlang eines Naturlehrpfades mit informativen Tafeln über den Edmund-Probst-Weg weiter, bis wir auf einen breiten Kiesweg stoßen ❺.

Hier können wir nun wählen, ob wir zuerst nach rechts zur Skiflugschanze wandern wollen oder gleich nach links zum Gasthaus Seeblick oder zum Strandbad. Entscheiden wir uns für die Sprungschanze, wenden wir uns also nach rechts, folgen dem breiten Kiesweg in starkem Auf und Ab und wenden uns nach etwa einer Viertelstunde an einem Wegweiser im spitzen Winkel nach links. An der **Heini-Klopfer-Skiflugschanze** ❻ gibt es einen kleinen Spielplatz und einen Kiosk. Es lohnt sich, bei schönem Wetter mit dem Aufzug (Kinderwagen unten stehen lassen) auf die Schanze hinaufzufahren. Hier

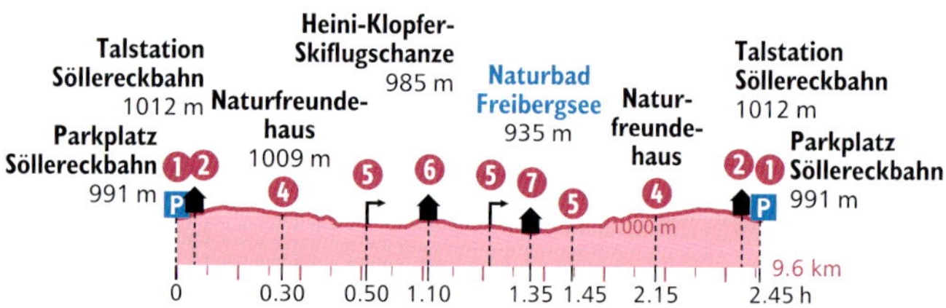

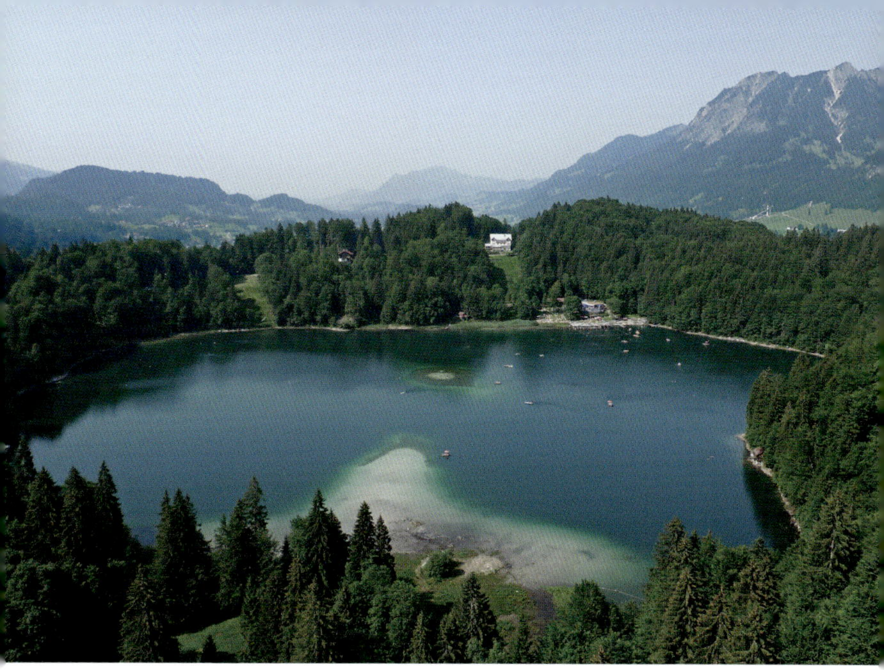

Blick von der Heini-Klopfer-Skiflugschanze auf den Freibergsee.

kann man nicht nur erleben, wie sich ein Skispringer vor dem Absprung wohl fühlen mag, sondern auch einen fantastischen Blick auf den Freibergsee und die Berge werfen.

Zurück wandern wir dann erst einmal auf dem gleichen Weg, bis wir wieder auf die Einmündung des Edmund-Probst-Weges treffen ❺, und gehen nun geradeaus auf dem breiten Kiesweg weiter. Nach 250 m teilt sich der Weg, links geht es hier in wenigen Minuten hinauf zum Gasthaus Seeblick, rechts hinunter zum fünf Minuten entfernten, kostenpflichtigen **Naturbad Freibergsee** ❼. Dort warten eine schöne Liegewiese, ein Spielplatz, ein Sprungturm und ein etwa 80 cm tiefes Kinderbecken mit Seewasser. Der Zugang zum See erfolgt allerdings ausschließlich über an den Stegen angebrachte Leitern. Ein Baby-Planschbecken ist leider nicht vorhanden. Im Bad befindet sich ein Restaurant und ein Kiosk, daneben (außerhalb des Bades) ist ein Bootsverleih mit flach abfallendem Ufer.

Nach dem schönen Aufenthalt am See wandern wir auf dem Hinweg wieder zurück zum **Parkplatz Söllereckbahn** ❶.

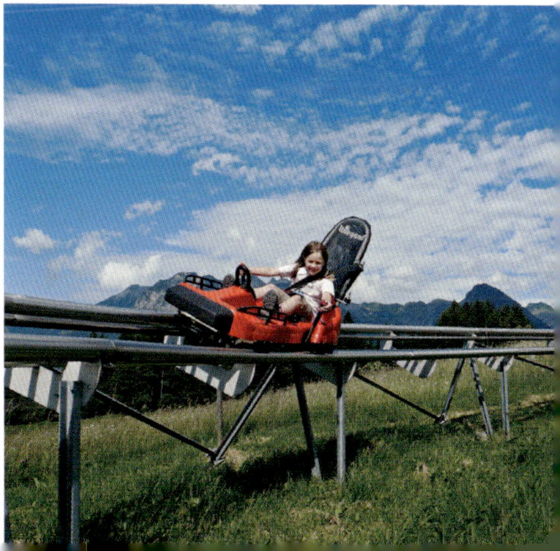

An der Söllereckbahn-Talstation wartet eine rasante Sommerrodelbahn.

11 Breitachklamm

Von Tiefenbach

★★★

Felssturz und tosendes Wasser

Die Breitachklamm ist eine der schönsten Schluchten der Alpen mit hochaufragenden, überhängenden Felswänden, einzigartigen Gesteinsformationen, die Felskanten hinuntertropfendem Wasser und tiefgrün schimmernden Gumpen. Den Großteil der Schlucht kann man mit dem Kinderwagen erkunden, an dem großen Felssturz von 1995 muss man allerdings kurz vor dem hinteren Klammeingang umkehren (Treppenstufen).

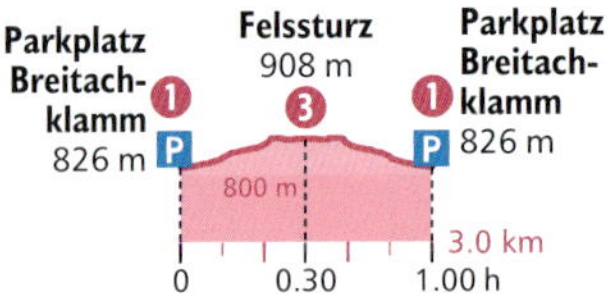

KURZINFO

Ausgangspunkt: Gebührenpflichtiger Großparkplatz in Tiefenbach beim Restaurant Breitachklamm, 826 m (Navi: 87561 Oberstdorf/Klammstr. 45). Auf der B 19 von Norden kommend bis kurz vor Oberstdorf, vor dem McDonald's rechts abbiegen und beschildert entlang der Breitach zum Parkplatz.

Mit Bahn und Bus: Mit dem Zug bis Oberstdorf und weiter mit der Buslinie 44 (Verbindung stündlich) zum unteren Klammeingang bei Tiefenbach.

Gehzeit: 1.00 Std.

Distanz: 3,0 km.

Höhenunterschied: 90 m.

Höchster Punkt: 911 m.

Anforderungen: Leichte Tour über Kies- und Asphaltwege und -stege. Etwas Kondition erforderlich. In der Klamm müssen kleine Kinder wegen des nicht kindersicheren Geländers an die Hand genommen werden.

Hinweise: Für Doppelkinderwagen aufgrund der engen Wege nicht geeignet. Brotzeitplatz zu Beginn der Klamm.

Öffnungszeiten der Klamm: von Mai bis Okt. 8–17.30 Uhr und von Nov. bis April 9–16.30 Uhr, während der Schneeschmelze im Frühjahr ist die Klamm gesperrt, Tel. +49 8322/4887, breitachklamm.com.

Ausrüstung: Nach Niederschlägen ist Regenschutz für die Klamm empfehlenswert.

Einkehr: Keine.

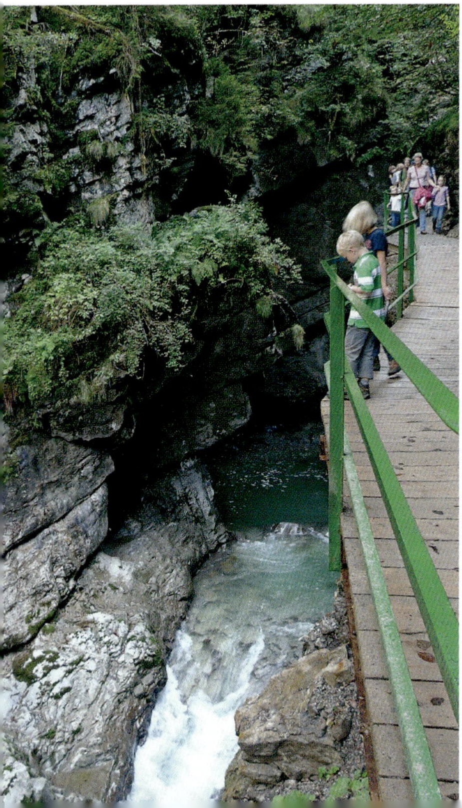

In der Breitachklamm gibt es viel zu gucken und zu bestaunen.

Direkt am **Parkplatz ❶** betreten wir das **Eingangsgebäude ❷** mit der Kasse – hier können wir an einem Modell ausprobieren, wie sich die Breitach bei Hochwasser in der Klamm verhält, Tierfotos in einem Projektor angucken und nach Bezahlung des Klammeintritts einen 15-minütigen Film über die Breitachklamm ansehen.

Auf einem kleinen Asphaltweg erreichen wir schnell die Breitach und wandern bachaufwärts. Es dauert nicht lange, dann verengt sich bereits das Bachbett und das Wasser sprudelt zwischen den größer werdenden Steinen hindurch. Wir gehen durch einen Tunnel, marschieren über erste Stege, wechseln die Flussseite und befinden uns plötzlich mitten in der **Breitachklamm**. Unter uns rauscht das Wasser in dem engen Felskanal von Strudelloch zu Strudelloch, nach der Schneeschmelze und starken Regenfällen tobt es sogar durch die imposante Felsenschlucht mit ihren glatt geschliffenen Wänden. Wir staunen über eine Felsenbrücke und einen hinabgestürzten Felsbrocken, der sich über uns zwischen den engen Felswänden verkeilt hat. Nach den schier unglaublichen Hochwassermarkierungen wechseln wir erneut die Flussseite, um kurz darauf – über dem tosenden Wildbach – wieder auf die östliche Klammseite hinüberzuspazieren. Bald darauf kommen wir zum großen **Felssturz ❸**, dessen riesige Gesteinsbrocken die Klamm im Jahr 1995 versperrten. Erst etwa ein Jahr später konnten die gewaltigen Felsblöcke damals unter dem Druck der angestauten Wassermassen wieder vom Wasser durchbrochen werden, was zu einer großen Verwüstung der Klamm führte. Hier ist für uns der Umkehrpunkt erreicht, denn es geht nur noch über Treppenstufen weiter. Auf dem Hinweg kehren wir zum **Parkplatz ❶** zurück.

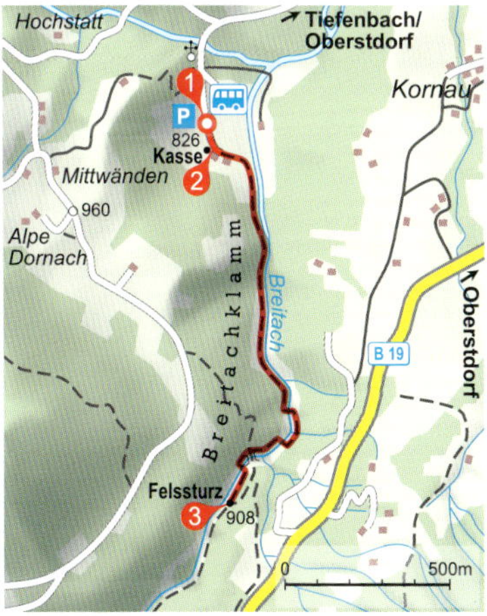

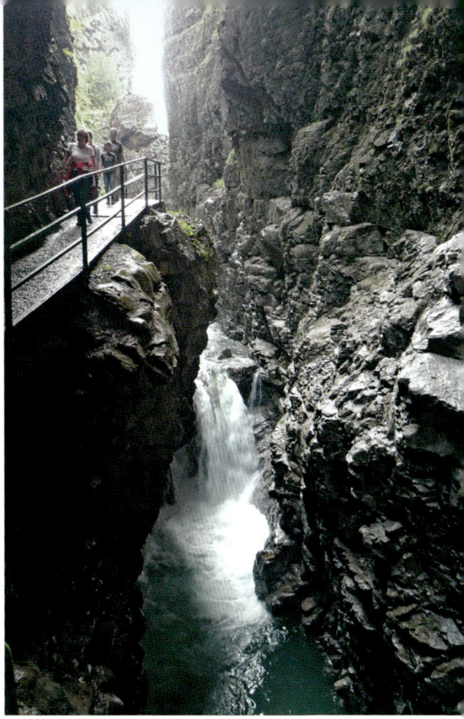

Wild stürzt das Wasser zwischen den mächtigen Felsen hindurch.

12 Alpe Melköde

Von der Auenhütte

★★★

Almerlebnis und verschwundener Bach

Die Alpe Melköde mit angeschlossener Sennerei liegt am Ende einer wunderschönen Ebene unterhalb des mächtigen Ifenmassivs. Ohne große Anstrengung führt uns unser Weg in leichtem Auf und Ab von der Auenhütte in einer knappen Stunde zu dieser schönen Einkehrmöglichkeit. Selbstverständlich kann man dort auch die aus der Milch der 30 Kühe selbst hergestellten Produkte wie Bergkäse, Butter, Quark und Joghurt probieren. Schon von Weitem hört man auf dem Weg zur Alpe das Rauschen des Schwarzwasserbaches, der sich direkt oberhalb der Alphütten über mächtige Felsen und viele kleine Wasserfälle seinen Weg nach unten bahnt. Nur gut einen Kilometer weiter versickert der glasklare Bach dann im Blockwerk eines Bergsturzes, fließt unterirdisch weiter, um schließlich in der Nähe der Schwarzwassertalstraße an mehreren Stellen wieder zutage zu treten.

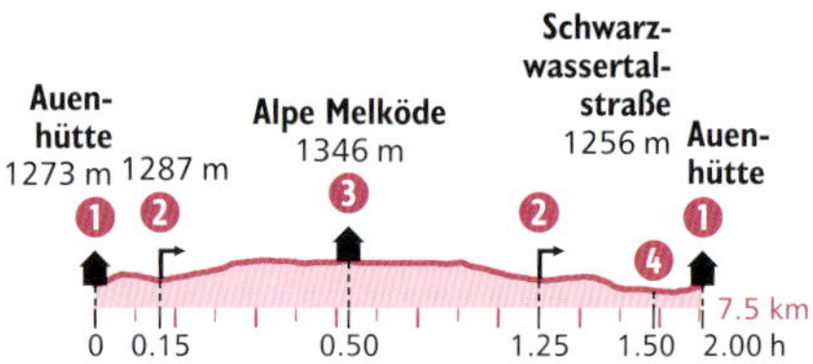

Am Ende der Wiesenfläche steht die Alpe Melköde für eine Einkehr bereit.

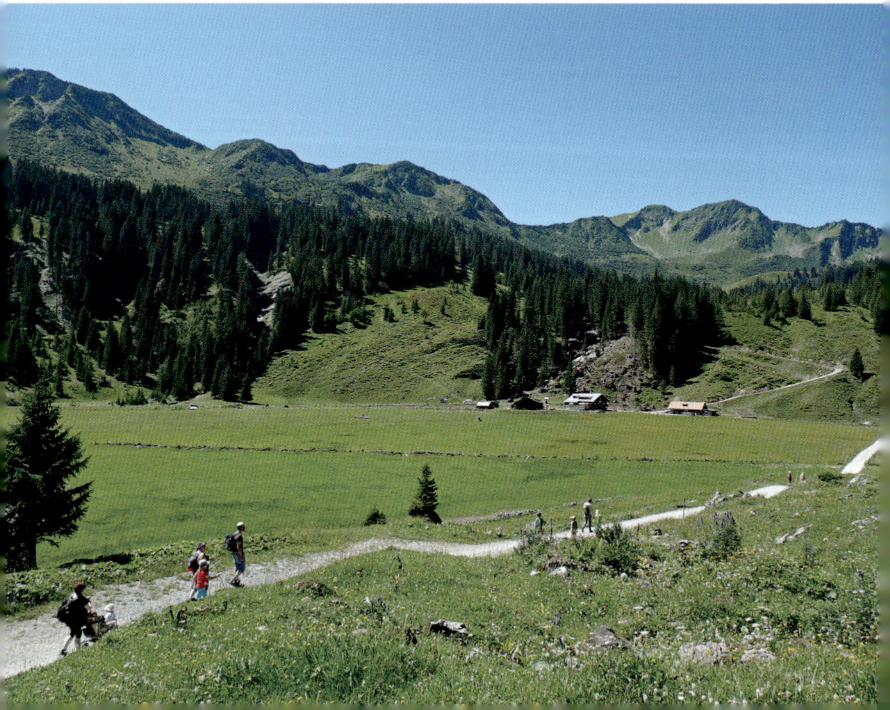

KURZINFO

Ausgangspunkt: Großer gebührenpflichtiger Parkplatz an der Auenhütte, 1273 m (Navi: D-87568 Hirschegg/Auenalpe 1). Von Sonthofen auf der B 19 kommend am Kreisverkehr kurz vor Oberstdorf (unmittelbar nach dem McDonald's) rechts ins Kleinwalsertal abbiegen und auf der B 19 nach Riezlern hineinfahren. Unmittelbar nach der Breitachbrücke (am südlichen Ortsrand) rechts in die Schwarzwassertalstraße einbiegen und der Beschilderung zur Ifenbahn folgen.
Mit Bahn und Bus: Mit dem Zug nach Oberstdorf und von dort bei guter Verkehrsanbindung mit der Walserlinie 1 bis »Riezlern Post«. Dort umsteigen in die Walserlinie 5 bis Haltestelle »Ifen« (Endstation).
Gehzeit: 2.00 Std.
Distanz: 7,5 km.
Höhenunterschied: 140 m.
Höchster Punkt: 1346 m.
Anforderungen: Der Weg verläuft auf breiten, gekiesten Wegen erst ansteigend, dann abwärts und dann die meiste Zeit leicht ansteigend bis zur Alpe. Zu Beginn ist der Weg etwas holprig, im weiteren Verlauf sehr angenehm zu befahren.
Hinweise: Einige Bänke zum Stillen und Rasten sind vorhanden. Für Zwillingskinderwagen ist der Hinweg zur Almzeit nur bedingt geeignet, da man mit diesem wahrscheinlich (je nach Bauart und Größe) nicht ohne Weiteres unter dem Elektrozaun hindurchkommt, der während der Weidezeit nach einigen hundert Metern gespannt ist. Dann muss man wohl oder übel den Wagen zu zweit über die Absperrung heben oder man wählt den als Rückweg beschriebenen Weg auch als Hinweg. Dazu geht man die Zufahrtsstraße von der Auenhütte wieder ein Stück hinunter und schlägt 250 m nach dem Parkplatzende den Weg nach rechts zur Melköde ein.
Ausrüstung: Profilierte Schuhe, Wechselkleidung (Schwarzwasserbach).
Einkehr: Berggasthof Auenhütte, 1273 m, im Sommer geöffnet von Anfang Juni bis ca. 20. Okt., Montag Ruhetag, Wickeltisch, Tel. +43 5517/5265, auenhuette.at. Alpe Melköde, 1346 m, je nach Vegetationsfortschritt von Mitte Mai/Mitte Juni bis Anfang Nov. geöffnet, kein Ruhetag, Tel. +43 5517/30226, alpe-melkoede.at.

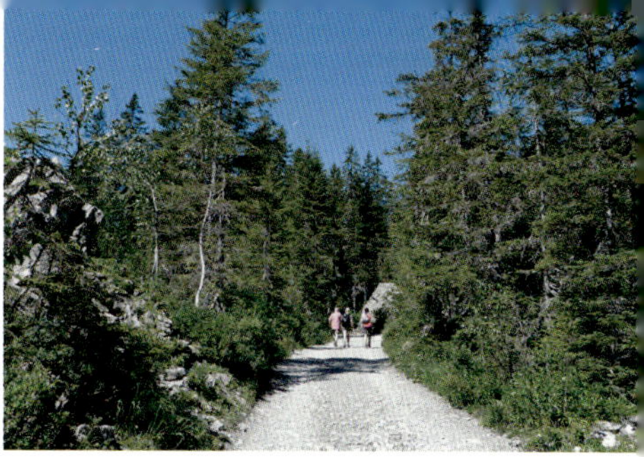

Teilweise geht's durch lichten Wald.

Vom Parkplatz gehen wir über die Straße hinauf zur stattlichen **Auenhütte ❶**, rechts hinauf zum Sessellift und links an dessen Einstieg vorbei. Kurz darauf schwenken wir rechts und stehen bereits an einem Schilderbaum, der uns nach links zur Alpe Melköde weist. Zur Almzeit müssen nun kurz hintereinander gleich drei Elektrozäune mittels Handgriff geöffnet werden. Der ansteigende Weg ist die ersten Minuten etwas ruppig, doch das legt sich, wenn wir zum vierten Elektrozaun kommen, bei dem ein Handgriff zum Öffnen schlichtweg vergessen wurde. Die Wanderer sollen hier seitlich durch einen Zaundurchlass gehen. Aber man hat mitgedacht und das Band mit den Metalldrähten an der rechten Seite so hoch am Holzpfosten befestigt, dass man einen normalen Kinderwagen mit nach unten geklapptem Verdeck unter dem Band hindurchschieben kann. (Ist der Kinderwagen

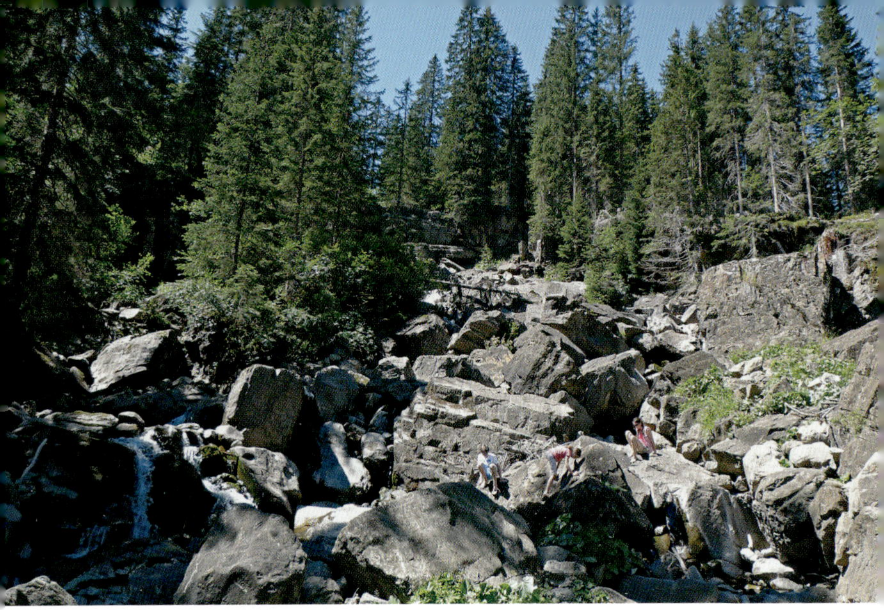

Oberhalb der Alpe rauscht das Wasser zwischen großen Kletterfelsen hinunter.

zu breit oder zu hoch, bleibt nichts anderes übrig, als ihn zu zweit über den Zaun zu heben oder auf dem als Rückweg beschriebenen Weg zur Melköde zu spazieren.)

Bald geht es nun ein Stück hinab, wir stoßen auf den Weg ❷, der von der Schwarzwassertalstraße kommt, biegen rechts ein und setzen unseren Spaziergang auf ebenem Weg fort. An der Einmündung treffen wir auch auf die erste der Diasäulen des Schwarzwassererlebnispfades, die uns mit ihren Bildern die heimische Tier- und Pflanzenwelt näherbringen und uns interessante Erläuterungen zur Tour geben.

Der sehr gut zu befahrende Kiesweg steigt nun gemächlich an und führt uns durch eine üppige Vegetation. An einer unter einem Felsen aufgestellten Bank macht der Weg einen Rechtsknick, und bald können wir links zwischen den Bäumen bereits die feuchte Ebene ausmachen, an deren Ende sich die Melköde befindet. Nun geht es noch ein Stück aufwärts, wir kommen aus dem Wald und haben jetzt freien Blick auf die Alpe Galtöde und die dahinterliegende Alpe Melköde. Rechts unseres Weges baut sich imposant die Ifenmauer auf, an der wir nun entlangspazieren (hier kann man auf dem Wiesenhang Brotzeit machen), während wir bereits das Wasser des Schwarzwasserbaches rauschen hören können.

Auf der **Alpe Melköde** ❸ gibt es neben den Köstlichkeiten aus der Sennerei auch Brotzeiten mit Wurst aus der Region sowie Eintopf und Kuchen. Etwas oberhalb der Alphütten kann man den älteren Kindern von einem Brotzeitplatz mit Bänken und einem Tisch aus zusehen, wie sie mit gut profilierten Bergschuhen oder am besten barfuß neben oder im Wasser zwischen den riesigen Felsblöcken hindurchkraxeln. Etwa auf Höhe des Brotzeitplatzes besteht aber auch ein ebenerdiger Zugang

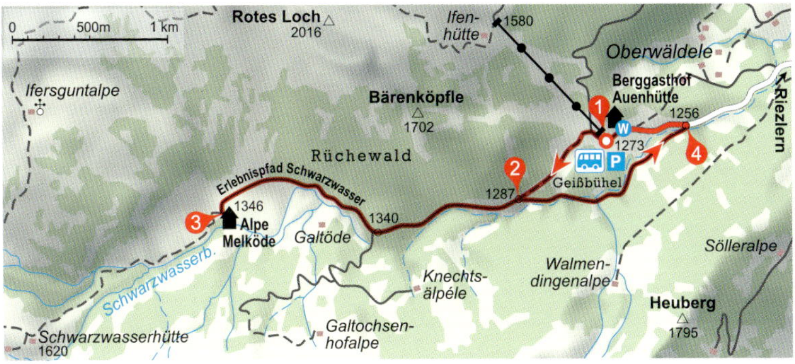

zum Bach, hier können auch Kleinkinder an der Hand der Eltern direkt ans Wasser. Nach dem wilden Sturz durch die Felsenschneise fließt der Bach ganz gemächlich weiter, auch hier kann man an einer Furt etwa 100 m bachabwärts am Wasser spielen.

Zurück geht es auf dem Hinweg bis etwa 600 m vor der Auenhütte. An der **Wegverzweigung ❷** – mit der Diainfosäule über den Schwarzwasserbach – gehen wir jedoch nicht links hinauf, sondern halten uns rechts (Beschilderung »Schwarzwasserbach, Hirschegg«) und erreichen nach 20 Minuten die **Schwarzwassertalstraße ❹** etwas unterhalb der Parkplätze. Hier wenden wir uns nach links und kommen schnell wieder zum Parkplatz und zur **Auenhütte ❶**.

Blick von den Alphütten auf die mächtigen Kalkwände des Hohen Ifen.

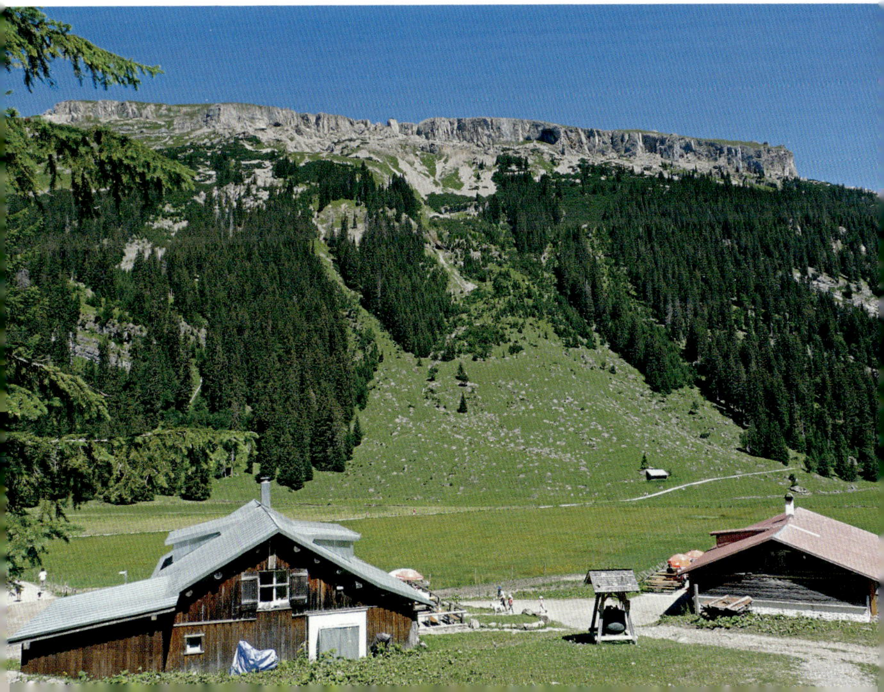

13 Ifenhütte

Von der Auenhütte

★

Steiler Anstieg für Sportliche

Wer auch im Urlaub nicht auf sein Konditionstraining verzichten möchte, ist auf dem Weg von der Auenhütte zur Ifenhütte genau richtig. Eine Stunde und 15 Minuten geht es praktisch fortwährend steil auf einer Forst-/Teerstraße bergauf. Auf der unterhalb des Hohen Ifen gelegenen Hütte erwartet uns dann ein schöner Blick über das Kleinwalsertal zum Walmendinger Horn und zu den Schafalpenköpfen, leckere Speisen aus der Region, kostenlose Liegestühle sowie ein Kneippbecken und ein kleiner Spielplatz (beides gut vom Wirtsgarten aus zu sehen). Für den Weg zurück ins Tal bietet sich dann die Abfahrt mit den Gondeln der Ifenbahn an.

KURZINFO

Ausgangspunkt: Großer gebührenpflichtiger Parkplatz an der Auenhütte, 1273 m (Navi: D-87568 Hirschegg/Auenalpe 1). Von Norden auf der B 19 kommend am Kreisverkehr kurz vor Oberstdorf (unmittelbar nach dem McDonald's) rechts ins Kleinwalsertal fahren und auf der B 19 nach Riezlern. Unmittelbar nach der Breitachbrücke (südlicher Ortsrand) rechts in die Schwarzwassertalstraße und weiter zur »Ifenbahn« (beschildert).
Mit Bahn und Bus: Mit dem Zug nach Oberstdorf und von dort bei guter Verkehrsanbindung mit der Walserlinie 1 bis »Riezlern Post«. Dort umsteigen in die Walserlinie 5 bis Endstation »Ifen«.
Bergbahn: Ifenbahn, Tel. +49 8322/96000, ok-bergbahnen.com/berg bahnen. Im Sommer von Ende Juni bis ca. 20. Oktober 8.15–16.30 Uhr in Betrieb.

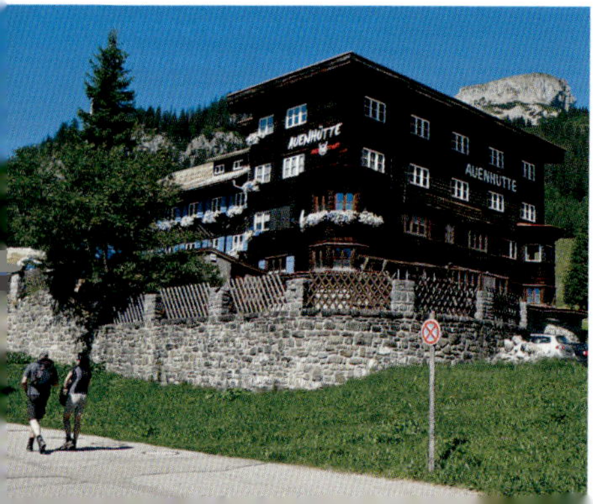

Gehzeit: 2.15 Std. (mit Abstieg zu Fuß).
Distanz: 5,7 km.
Höhenunterschied: 320 m.
Höchster Punkt: 1586 m.
Anforderungen: Der Aufstieg und – wenn man nicht mit der Ifenbahn fahren möchte – auch der Abstieg erfolgen auf einer mitunter sehr steilen, für den allgemeinen Verkehr gesperrten Straße. Im unteren Bereich und auf den Steilstücken geteert. Sehr gute Kondition erforderlich. Kinderwagen mit Sicherungsschlaufe und Handbremsen vonnöten, für liegende Babys mit schwenkbarem Griff (damit Säuglinge nicht beim Abstieg mit dem Kopf nach unten liegen müssen).
Hinweise: Für Doppelkinderwagen nicht geeignet (Gewicht!). Rastbank auf der Hälfte des Weges.
Ausrüstung: Rutschfeste Schuhe, Wechselkleidung für Kneippbecken an der Ifenhütte.
Einkehr: Berggasthof Auenhütte, 1273 m, im Sommer geöffnet von Anfang Juni bis ca. 20. Oktober (nur bis 17 Uhr), Montag Ruhetag, Wickeltisch, Tel. +43 5517/5265, auenhuette.at. Bergrestaurant Ifenhütte, 1586 m, Sommersaison Ende Juni bis ca. 20. Oktober, geöffnet nur bis 17 Uhr, kein Ruhetag, Wickeltisch, Spielplatz, Tel. +43 5517/52745923, ifenhuette.at.

Die Tour startet direkt an der großen Auenhütte.

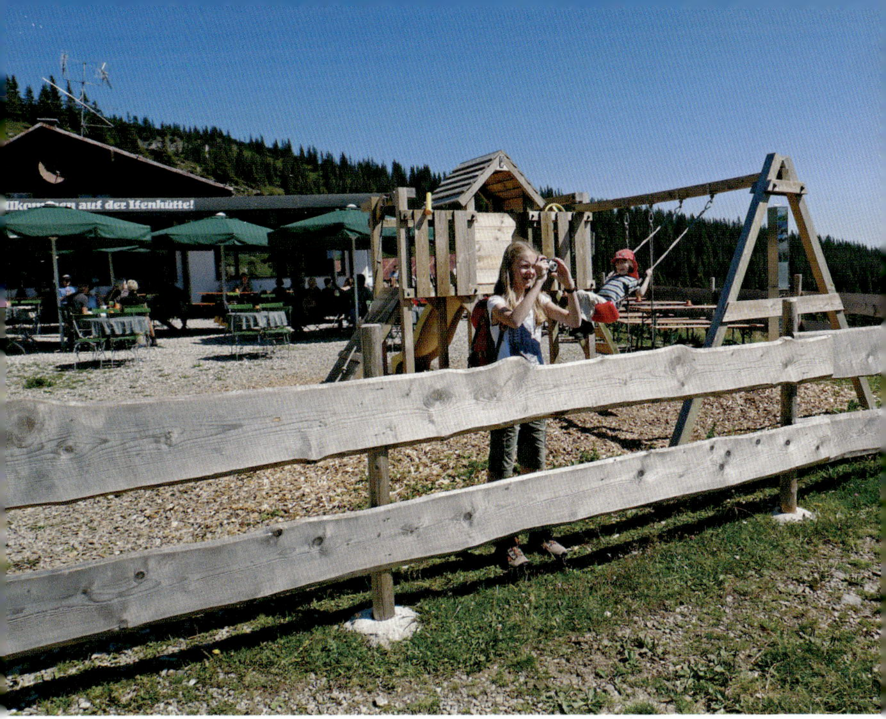

Fotoshooting vom Wirtsgarten der Ifenhütte mit ihrem Spielplatz.

Wir beginnen unsere Tour an der stattlichen **Auenhütte ❶**, wenden uns nach rechts und folgen nun der Asphaltstraße (Beschilderung »Ifenhütte«) kurvenreich über die schönen Bergwiesen. Nach einer Weile führt die Straße in den bald mehr, bald weniger lichten Bergwald. Nun heißt es kräftig schieben, es muss eine Steigung von stellenweise bis zu 20 Prozent geschafft werden. Etwa auf der Hälfte des Weges lädt eine abseits der Straße liegende Bank zu einer wohltuenden Verschnaufpause ein. Die nur noch an den steilen Stellen geteerte Straße bleibt schweißtreibend.

Dann haben wir es geschafft, und unser Weg führt uns am Schluss fast eben an der Bergstation der Ifenbahn vorbei zur **Ifenhütte ❷**, auf der wir uns die Einkehr redlich verdient haben.

Der Rückweg erfolgt auf dem Hinweg oder bequemer mit den Gondeln der Ifenbahn.

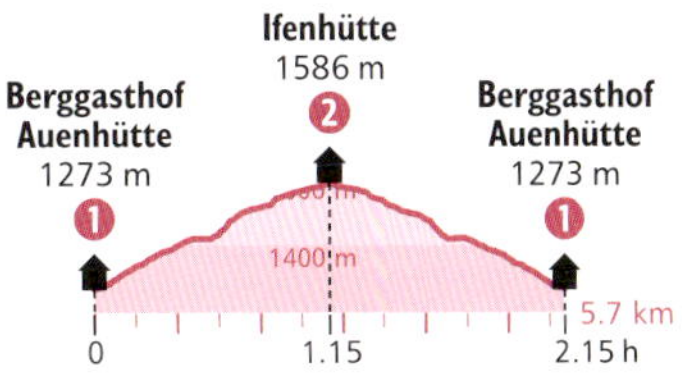

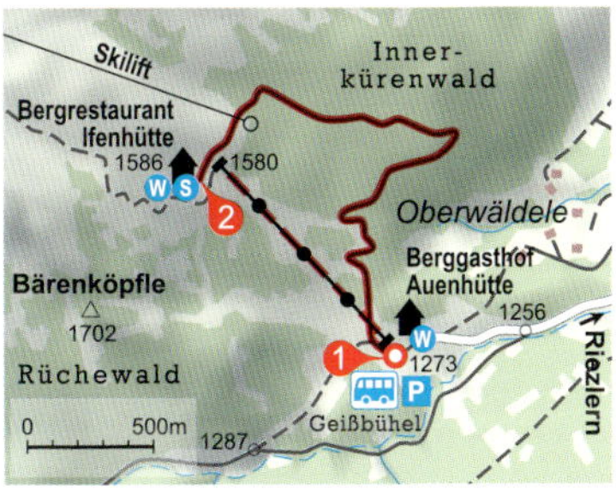

14 Hintere Gemstelhütte

Von Mittelberg durchs Gemsteltal ★★★

Alperlebnis im Kleinwalsertal

Das Kleinwalsertal teilt sich in seinem Talschluss in verschiedene kleine Hochtäler auf, eines davon ist das schöne Gemsteltal, dem wir heute einen Besuch abstatten wollen. Das Gemsteltal hat seinen Namen von den vielen Gämsen (vor der Rechtschreibreform geschrieben: Gemsen), die es früher hier gab. Mit etwas Glück kann man heutzutage immer noch – besonders in den Hochlagen – die scheuen Wildtiere entdecken. Gleich drei bewirtschaftete Alpen stehen auf unserem Weg für eine Einkehr zur Auswahl, alle bieten selbst gemachten Käse und Brotzeiten. Auf der Bernhardsgemstelalpe kann man sich auch Suppen oder Kaiserschmarrn schmecken lassen. Für Familien mit Kindern eignet sich aber am besten die Hintere Gemstelalpe, da es dort einen schönen Spielplatz gibt – hier können die Kinder gefahrlos spielen. Auf der Schönesbodenalpe wartet hingegen eine Besonderheit auf uns: Hier wird ein ganz besonders milder Alpschinken angeboten (auch zum Mitnehmen), der aufgrund seiner besonderen Herstellungsweise kaum salzig, dafür aber fast schon sahnig schmeckt.

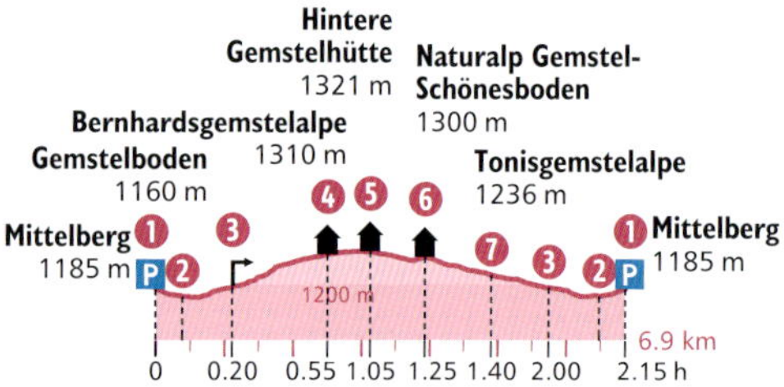

Die erste Einkehrmöglichkeit wartet an der Bernhardsgemstelalpe.

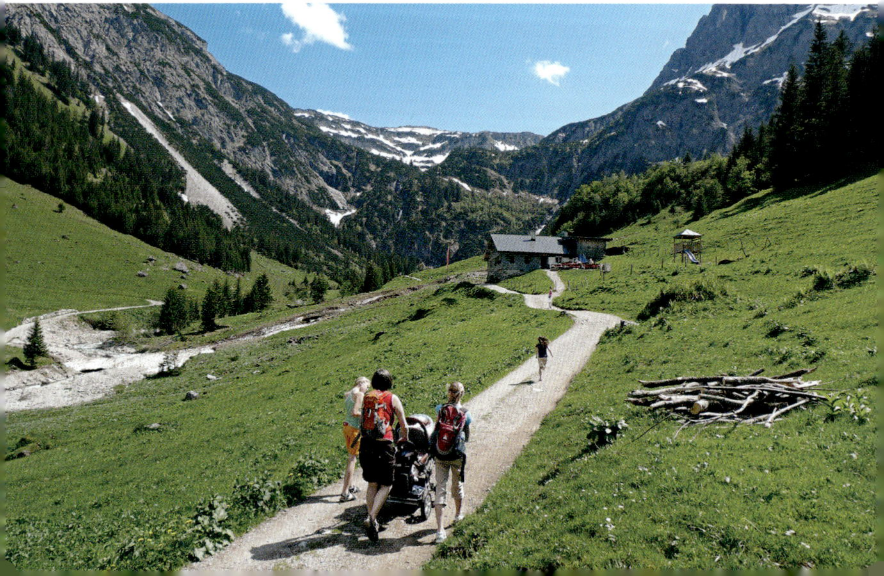

KURZINFO

Ausgangspunkt: Kostenpflichtiger Parkplatz am Ortsausgang von Mittelberg Richtung Baad, 1185 m (Navi: 6993 A-Mittelberg / Bödmerstraße 91). Von Sonthofen auf der B 19 kommend am Kreisverkehr kurz vor Oberstdorf (unmittelbar nach dem McDonald's) die erste Abfahrt Richtung Kleinwalsertal nehmen und auf der B 19 bzw. nach der Staatsgrenze auf der L 201 über Riezlern nach Mittelberg. Nicht in das Ortszentrum hinein, sondern am Ortsanfang der L 201 nach links in die Bödmerstraße Richtung Baad folgen und nach 1,5 km links zum Parkplatz neben der Straße.
Mit Bahn und Bus: Mit der Bahn bis Oberstdorf, weiter mit der Linie 1 des Walserbusses (verkehrt alle 10–20 Min.) bis Haltestelle »Weiher«.
Gehzeit: 2.15 Std.
Distanz: 6,9 km.
Höhenunterschied: 200 m (mit Abstecher zur Naturalp Gemstel-Schönesboden).
Höchster Punkt: 1321 m.
Anforderungen: Der Weg verläuft auf ausreichend breiten, gekiesten Wegen fast stetig ansteigend/abfallend, mit nur kurzzeitig steilerem Anstieg/Gefälle. Kondition, geländegängiger Kinderwagen, Handbremse und Fangriemen erforderlich.
Hinweise: Auf dem Rückweg ist eine Holzbrücke zu passieren, die für Zwillingskinderwagen kein Problem darstellen sollte (falls doch, bitte den Rückweg auf dem Hinweg antreten). Einige wenige Bänke stehen am Wegesrand zum Stillen und Rasten zur Verfügung.
Ausrüstung: Profilierte Schuhe, Wechselkleidung (Wasserspielplatz).
Einkehr: Bernhardsgemstelalpe, 1310 m, kein Ruhetag, Tel. +43 650 9245885. **Hintere Gemstelhütte**, 1321 m, kein Ruhetag, (Wasser-)Spielplatz, Tel. +43 664 2510289. **Naturalp Gemstel-Schönesboden**, 1300 m, kein Ruhetag, Wickeltisch, Tel. +43 650 9810028. Die genannten Hütten sind von Mitte/Ende Mai (je nach Schneelage) bis Mitte Oktober geöffnet.

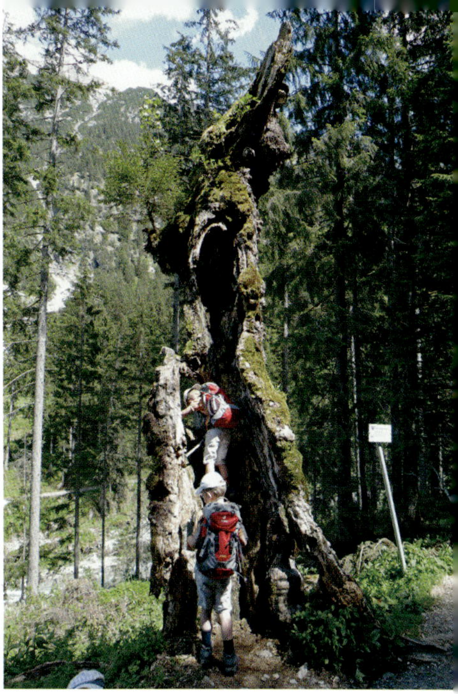

Spannendes Naturdenkmal – ein hohler Bergahornstamm.

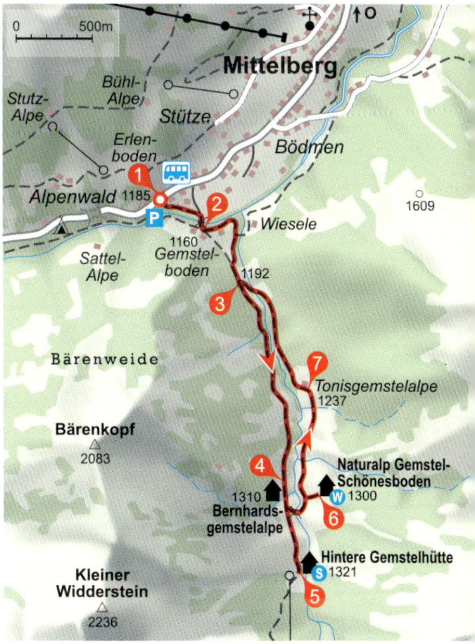

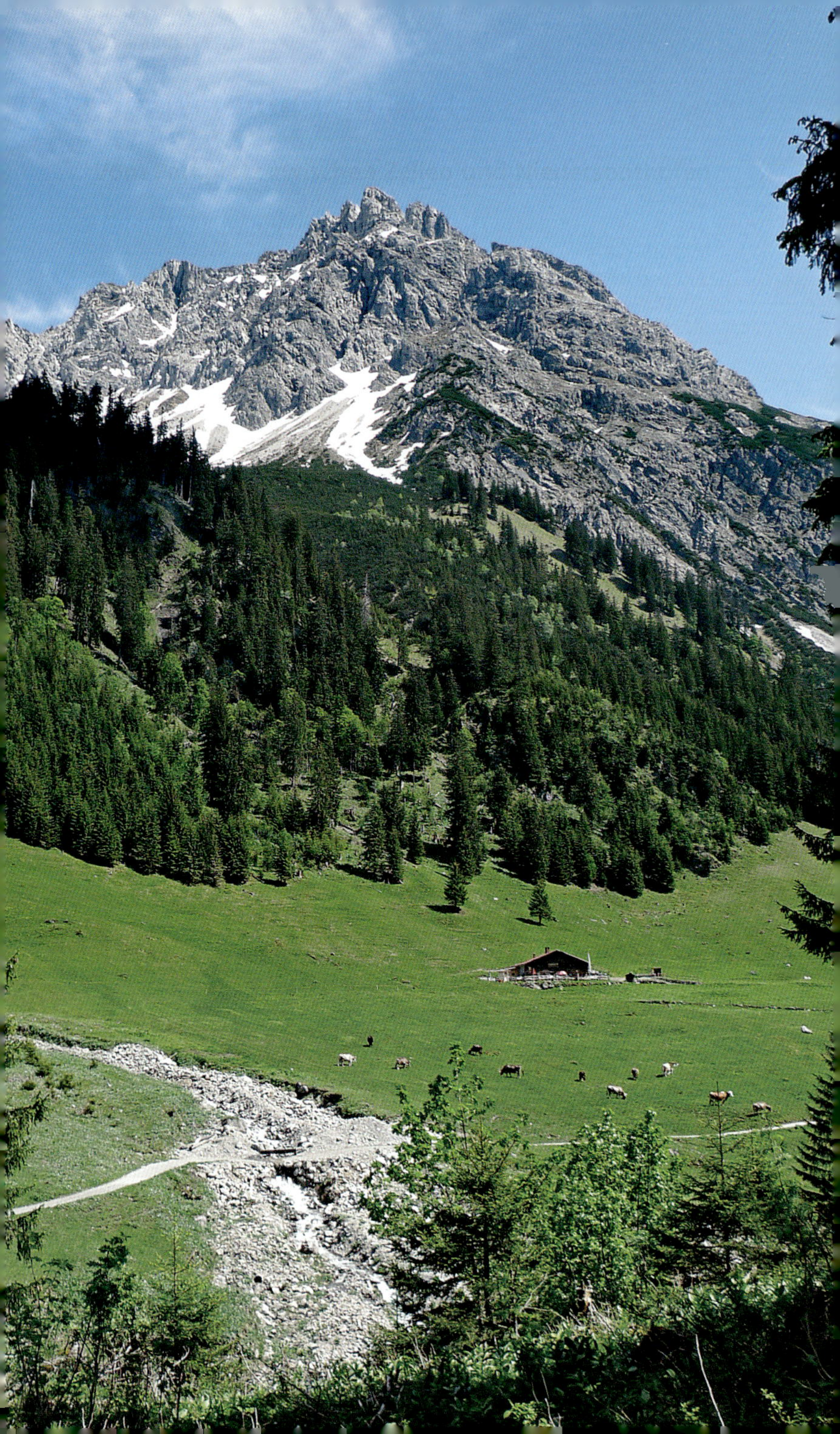

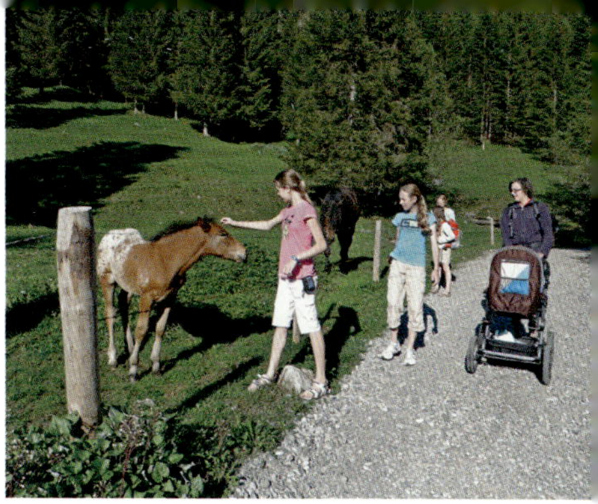

Nach der Tonisgemstelalpe kommen wir zu einer Pferdeweide.

Direkt am **Parkplatz Bödmerstraße ❶** weist uns ein Schild zum Gemsteltal in einen kleinen Fußweg, der uns in wenigen Minuten abwärts zur Breitach führt. Wir wenden uns nach links (»Gemsteltal«), wandern 300 m am Fluss entlang, schwenken am nächsten Wegweiser nach rechts und spazieren auf einer breiten Holzbrücke über die Breitach. Wir befinden uns nun am **Gemstelboden ❷**, 1160 m, der Wegweiser weist uns hier nach links am Bach entlang. Nach 200 m dreht der Weg nach rechts. An einer Abzweigung gehen wir geradeaus weiter und erreichen bald eine **Weggabelung ❸** im lichten Wald. Hier wählen wir den rechten Weg (»Bernhardsgemstelalpe, Hintere Gemstelhütte«); auf dem linken Weg werden wir später zurückkommen. Der bestens für den Kinderwagen geeignete Kiesweg steigt fortwährend an, an einigen Stellen auch steiler, sodass wir froh sind, im Schatten oder Halbschatten zu laufen.

20 Minuten nach der Weggabelung passieren wir ein Naturdenkmal – einen abgestorbenen Ahornbaum, von dem nur noch ein Teil des ausgehöhlten Stammes stehen geblieben ist. Kurz darauf kommen wir wieder in die Sonne und blicken zur Schönesbodenalpe hinüber, die auf der anderen Seite des Gemstelbaches liegt. Das Tal weitet sich und wir erreichen die bewirtschaftete **Bernhardsgemstelalpe ❹**, 1310 m.

Wir gehen am Abzweig des Gemsteltalrundwegs vorbei und erreichen zehn Minuten später bereits die **Hintere Gemstelhütte ❺**, 1321 m, von der man die von der Oberen Gemstelalpe herabstürzenden Wasserfälle im Blick hat und wunderschön auf das Walser Geißhorn und den Kleinen Widderstein blickt. Auf der Alp kann man sich mit einfachen Gerichten stärken, bevor die Kinder am schönen Spielplatz mit Sandkasten, Schaukeln und einer Wasserrinne auf ihre Kosten kommen.

Nach der Einkehr wandern wir auf dem Hinweg ein paar Minuten hinunter, schwenken am Abzweig des Rundwegs nach rechts, überqueren auf einer kleinen Brücke (für die meisten Zwillingskinderwagen geeignet) den Gemstelbach und kommen am Abzweig zur ebenfalls bewirtschafteten **Schönesbodenalpe ❻**, 1300 m, (Gehzeit 5 Min.) vorbei. Erst noch leicht abwärtsgehend, vorbei an der nicht bewirtschafteten **Tonisgemstelalpe ❼**, später in Bachnähe bei stärkerem Gefälle erreichen wir schnell eine Pferdeweide, auf der es im Frühjahr oft Nachwuchs zu bestaunen gibt. Wir überqueren erneut den Gemstelbach und kommen zur **Wegverzweigung ❸**, an der wir beim Anstieg den rechten Weg gewählt haben. Auf nun bekanntem Weg erreichen wir in 15 Minuten wieder den **Parkplatz Bödmerstraße ❶**.

Die Naturalp Schönesboden liegt am Fuß des mächtigen Walser Geißhorns.

15 Burmiwasser Kanzelwand

Von der Kanzelwand-Bergstation ★★

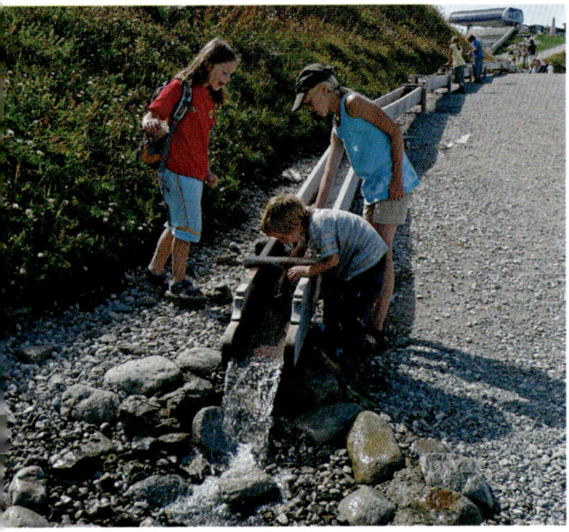

Wassererlebnisweg zum Riezler Alpsee

Der Erlebnispfad Burmiwasser führt von der fast 2000 Meter hoch gelegenen Bergstation der Kanzelwandbahn hinunter zum künstlich für die Schneekanonen angelegten Riezler Alpsee. Unterwegs erwarten uns nicht nur Wasserrinnen, Schleusen, Bachläufe und Wasserräder, sondern auch ein fantastischer Blick in die Allgäuer Alpen.

Die Kinder sind von den wasserführenden Holzrinnen begeistert.

KURZINFO

Ausgangspunkt: Talstation Kanzelwandbahn, 1086 m (Navi: A-6991 Riezlern / Walserstraße 77). Von Norden auf der B 19 kommend, am Kreisverkehr kurz vor Oberstdorf (direkt nach dem McDonald's) rechts ins Kleinwalsertal abbiegen und auf der B 19 bis Riezlern. Die Bergbahn liegt an der Durchgangsstraße. Mit Bahn und Bus: Vom Bahnhof Oberstdorf in 20 Min. mit Linie 1 des Walserbusses bis Haltestelle »Kanzelwandbahn«.

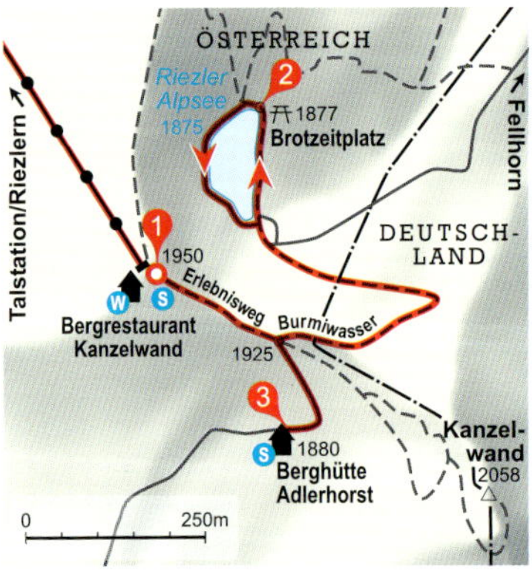

Bergbahn: Gondelbahn Kanzelwandbahn, Sommerbetrieb von Mitte/Ende Mai bis Anfang Nov., Kinderwagen (siehe Hinweis) werden kostenlos transportiert, Tel. +49 8322/96003422 oder +43 5517/52743422, ok-bergbahnen.com/bergbahnen.
Gehzeit: 1.15 Std. bei kurzem Aufenthalt an den einzelnen Stationen.
Distanz: 2,2 km.
Höhenunterschied: 110 m.
Höchster Punkt: 1950 m.
Anforderungen: Wanderung auf breiten Kieswegen, auf dem Rückweg etwas Kondition erforderlich.
Hinweise: Für Buggy oder zusammenklappbaren Kinderwagen/Doppelkinderwagen geeignet (Gondeln sind klein). Unterwegs Rastbänke. Kraxenverleih im Bergrestaurant Kanzelwand.
Ausrüstung: Profilierte Schuhe, Handtuch, Wechselkleidung.
Einkehr: Bergrestaurant Kanzelwand, 1950 m, Wickeltisch, Tel. +43 5517/52740. Berghütte Adlerhorst, 1880 m, Spielplatz, Tel. +43 5517/54660. Beide geöffnet wie Bergbahn, kein Ruhetag.
Tipp: Im Tal wartet das Freibad Riezlern (Kinderbecken und 59-m-Wasserrutsche) gegenüber der Talstation.

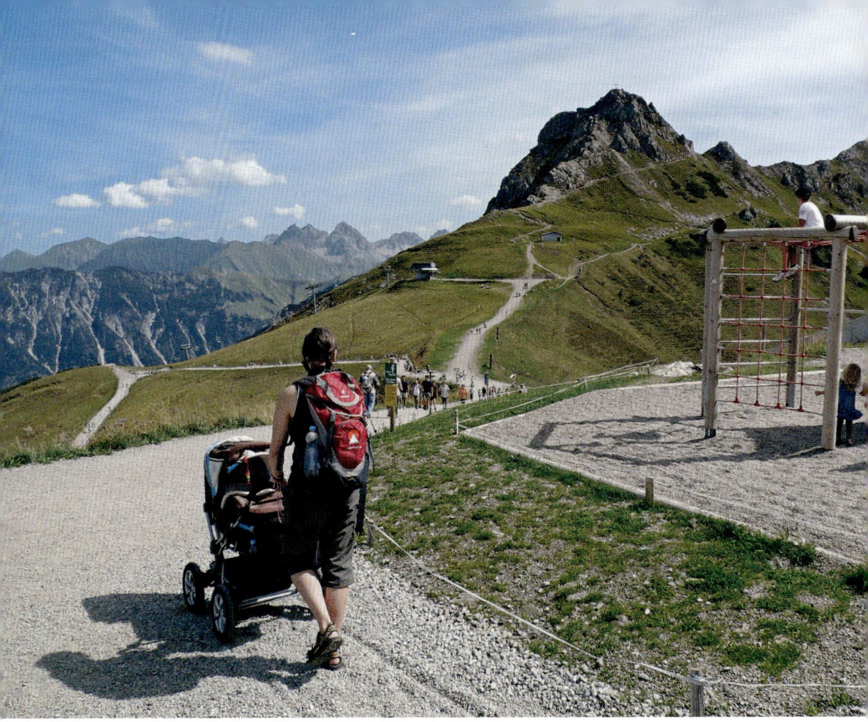

Vorbei am Spielplatz wandern wir auf die Berge zu (rechts die Kanzelwand).

Wir gondeln auf 1950 m Höhe hinauf zur **Kanzelwand-Bergstation ❶**, gehen an der großen Terrasse des Bergrestaurants (kostenlose Liegestühle) vorbei und steigen gleich – mit Kindern, die schon laufen können – auf den runden Kieseln barfuß durch einen Bachlauf abwärts bis zu einem Spielplatz, von dem es durch einen Wasserlauf hinunter zu einem Wasserrad geht. 50 m später stehen wir an einer **Verzweigung** mit drei Alternativen, in der Mitte geht's zur Kanzelwand (nicht kinderwagentauglich), rechts kommt man in fünf Minuten hinunter zur Berghütte Adlerhorst (siehe Rückweg) und links führt unser Wasserweg weiter. Wir wandern nun an einer (hölzernen) Wasserleitung mit vielen Schleusentoren entlang abwärts. Vorbei an einigen weiteren Stationen begleitet sie uns fast bis zum **Riezler Alpsee ❷** hinunter. Nach der Umrundung des kleinen Sees (Brotzeittisch) steigen wir aufwärts – jetzt ist Kondition gefragt – zurück bis zur Dreier-Verzweigung, machen noch einen Abstecher zur **Berghütte Adlerhorst ❸** mit Trampolin und kleinem Spielplatz und steigen wieder zur **Bergstation ❶** hinauf.

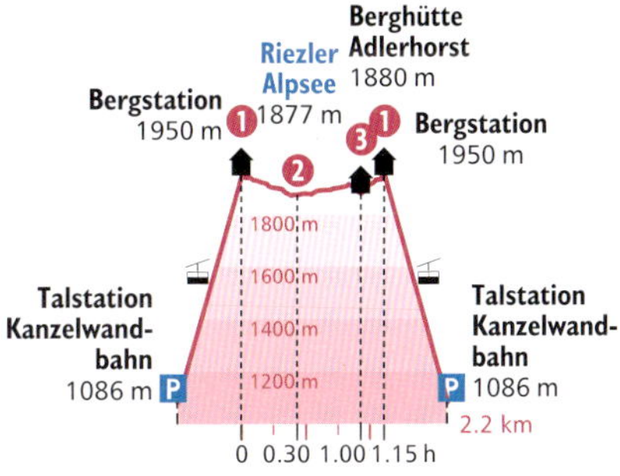

16 Stillachtal und Rappenalptal

Über Birgsau durchs Stillachtal ★★★

Fantastisches Gebirgspanorama an der Buchrainer Alpe

Die Buchrainer Alpe liegt erhöht über dem westlichen Ufer des Rappenalpbaches zu Beginn des Rappenalptales. Unterhalb der Alp stürzt der Bach verdeckt von Bäumen durch eine Schlucht ins Stillachtal hinab und fließt dort als Stillach Richtung Oberstdorf weiter. Gehen wir nach der Buchrainer Alpe noch etwa fünf Minuten die gemütliche Asphaltstraße weiter, erreichen wir eine wunderschöne Stelle, an der wir direkt an das Gewässer mit seinem fast immer glasklaren Wasser gelangen und dort rasten können. Idyllisch führt eine kleine Holzbrücke über den Bach, auf dem die Wanderer von Einödsbach herübersteigen (Verbindungsweg nicht kinderwagengeeignet). Auf dem Rückweg empfiehlt sich dann die Einkehr in der herrlich gelegenen Buchrainer Alpe. Hier lockt nicht nur leckerer Kuchen, sondern vom in der Wiese gelegenen Wirtsgarten auch ein fantastischer Blick auf das immer wieder bestaunte Dreigestirn des Allgäuer Hauptkammes, bestehend aus Trettachspitze, Mädelegabel und Hochfrottspitze. An heißen Sommertagen regt ein Wassertrog die Kinder zum Spielen und Plantschen an, an der mehrere hundert Jahre alten Alpe warten aber auch Pferde, die von den Kindern bewundert werden können.

KURZINFO

Ausgangspunkt: Kostenpflichtiger Wanderparkplatz in der Nähe des Fellhornparkplatzes, 906 m (Navi: 87561 Oberstdorf/Birgsauer Straße bzw. Navi Fellhornbahn: 87561 Oberstdorf/Faistenoy 10). Von Sonthofen auf der B 19 kommend am Kreisverkehr kurz vor Oberstdorf (unmittelbar nach dem McDonald's) die erste Abfahrt Richtung Kleinwalsertal nehmen und der Beschilderung zur Fellhornbahn folgen, indem man nach ca. 1,5 km links abbiegt, die zweite nach rechts einbiegt und ca. 7 km der Straße folgt. Wir biegen nicht zum Fellhorn-Großparkplatz nach rechts ein, sondern parken links der Straße auf dem kostenpflichtigen großen Wanderparkplatz.

Mit Bahn und Bus: Mit der Bahn bis Oberstdorf und weiter mit der Buslinie Oberstdorf–Birgsau bis zur Haltestelle »Fellhornbahn«.

Gehzeit: 3.00 Std.

Distanz: 10,3 km.

Höhenunterschied: 230 m.

Höchster Punkt: 1129 m.

Anforderungen: Der Weg verläuft bis Birgsau nur ganz leicht ansteigend auf ausreichend breiten, gekiesten Wegen. Ab der Wegverzweigung Einödsbach/Buchrainer Alpe bald auf einer kleinen, stark ansteigenden Teerstraße, für die Kondition erforderlich ist. Handbremse und Fangriemen empfehlenswert.

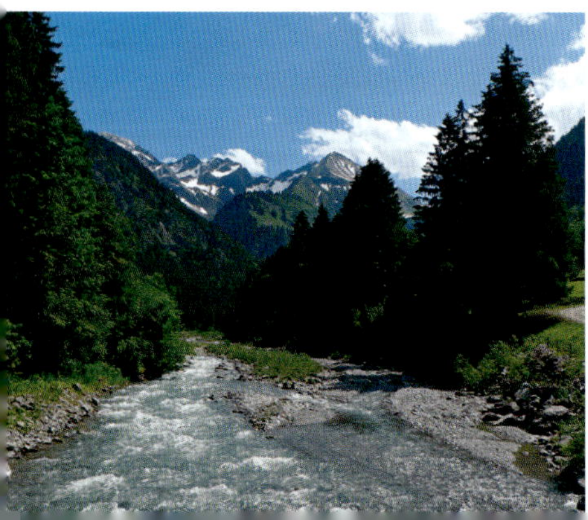

Die glasklare Stillach in ihrem natürlichen Bachbett.

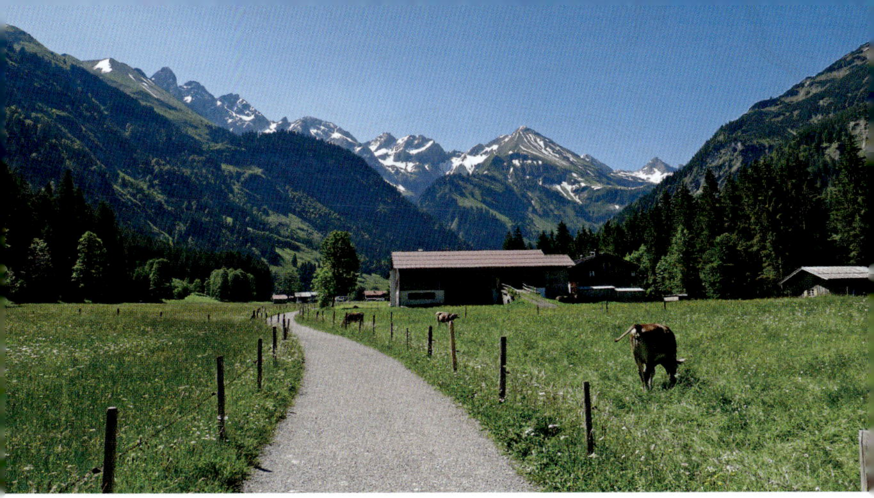

Ein gemütlicher Kiesweg führt uns zu Beginn der Tour durchs Stillachtal.

Hinweise: Für Doppelkinderwagen bedingt geeignet (Gewicht!). Unterwegs einige Bänke zum Rasten und Stillen.

Ausrüstung: Profilierte Schuhe, eventuell Wechselkleidung (Wassertrog an der Buchrainer Alpe).

Einkehr: **Willis Blockhidde** am Parkplatz, nur bei schönem Wetter geöffnet, Couch zum Wickeln im Gastraum, Donnerstag Ruhetag (außer an Feiertagen), Tel. +49 8322/98130. **Hotel Birgsauer Hof**, 956 m, kein Ruhetag, täglich ab 17 Uhr geöffnet, Wickeltisch, Tel. +49 8322/96900. **Landhaus Adler Birgsau**, 956 m, Ruhetag bitte telefonisch erfragen, Wickeltisch, Tel. +49 8322/9876381. **Alpsennerei Eschbach**, 967 m, geöffnet Anfang Mai bis Ende Okt., Tel. +49 8322/6383. **Buchrainer Alpe**, 1129 m, geöffnet Ende Mai bis Anfang Okt., kein Ruhetag.

An den Varianten: **Berggasthaus Einödsbach**, ganzjährig geöffnet, Betriebsruhe ca. 20. Okt.–21. Dez. und 2–3 Wochen nach Ostern, im Sommer Dienstag, im Winter Dienstag u. Mittwoch Ruhetag, Spielplatz, Wickeltisch, Tel. +49 8322/98454, einoedsbach.de. **Sennalpe Breitengehren**, 1160 m, geöffnet zur Almzeit, kein Ruhetag.

Variante 1: Wählt man an der Weggabelung ❹ hinter Birgsau den linken Weg, geht dieser schnell in einen Kiesweg über, der uns steil (»schwarze« Tour, Handbremse und Sicherungsschlinge erforderlich) in 30 Min. nach Einödsbach, 1113 m, der südlichsten deutschen Siedlung führt. Dort warten ein richtiges Wirtshaus mit einem kleinen Kinderspielplatz und ein fantastischer Blick auf das Dreigestirn des Allgäuer Hauptkammes.

Variante 2: Vom Endpunkt der Wanderung an der kleinen Brücke am Rappenalpbach kann man noch nach Gusto weiter leicht ansteigend auf der kleinen Asphaltstraße in das schöne Rappenalptal hineinwandern. Immer wieder tun sich schöne Blicke hinunter zum Rappenalpbach auf. Nach einer halben Stunde erreicht man die Sennalpe Breitengehren mit ihrem denkmalgeschützten Gebäude aus dem 17. Jh., das etwas oberhalb des Weges auf der anderen Bachseite liegt (zu erreichen in wenigen Minuten links über eine Brücke). Auf der Alpe wird Allgäuer Bergkäse hergestellt, den man bei einer Brotzeit probieren kann. Aussicht hat man hier keine, es lohnt aber, einen Blick in das Innere des Gebäudes zu werfen – hier scheint die Zeit stehen geblieben zu sein. Geht man nicht über die Brücke hinauf zur Alpe, sondern wandert rechts des Baches geradeaus weiter, überquert man nach 5 Min. einen von rechts kommenden Bach und kommt zu einer meist im Schatten liegenden Bank.

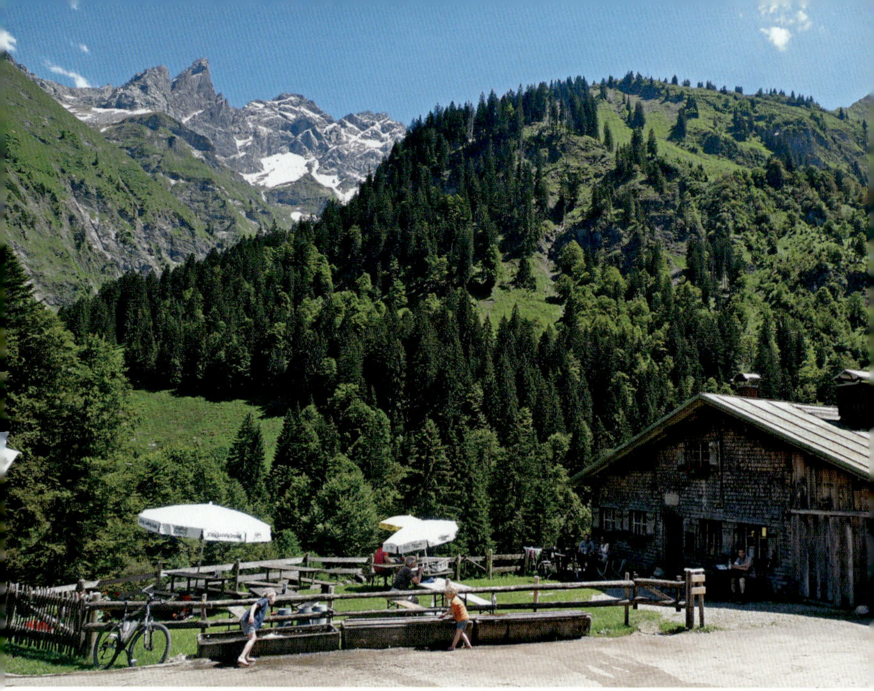

Die Buchrainer Alpe mit Blick auf das Allgäuer Dreigestirn bestehend aus Trettachspitze, Mädelegabel und Hochfrottspitze.

Direkt am südlichen Ende des **Wanderparkplatzes ❶** nimmt uns ein gekiester Wanderweg (Beschilderung »Rappenalptal, Birgsau«) auf und führt uns wunderschön über die saftigen Wiesen auf die Berge zu. Wir stoßen auf einen anderen Kiesweg, halten uns links und kommen am Bergbauernhof Serafin vorbei, an dem wir (am besten auf dem Rückweg) handgemachte Stofftiere aus reiner Schafswolle erstehen können. Bald passieren wir einen recht einsam am Wegesrand stehenden Briefkasten und spazieren weiter nur ganz leicht ansteigend durch die liebliche Landschaft. Besonders im fortgeschrittenen Frühjahr ist die Tour wunderschön, wenn die noch schneebedeckten Berge einen schönen Kontrast zu den saftigen mit Blumen übersäten Wiesen bieten. Eine gute halbe Stunde nach unserem Abmarsch erreichen wir **Birgsau ❷**, 956 m, und können hier bereits entweder im Hotel Birgsauer Hof oder im gegenüberliegenden Landhaus Adler Birgsau (hier gibt es auch Steckerleis) einkehren.

Wir folgen weiter dem Wegweiser ins Rappenalptal, spazieren an der Kapelle Birgsau vorbei und kommen zur **Alpsennerei Eschbach ❸**, 967 m, in der es Brotzeiten mit Käse und Schinken aus eigener Herstellung (auch zum Mitnehmen) gibt.

Kurz darauf stoßen wir auf eine asphaltierte **Straßenkreuzung ❹** mit einem großen Schilderbaum. Links geht es nach Einödsbach (siehe Variante), scharf rechts zurück nach Birgsau (hier können wir auf dem Rückweg laufen). Wir wählen die dritte Möglichkeit Richtung Buchrainer Alpe und gehen geradeaus auf der einladend wirkenden, asphaltierten (für den allgemeinen Verkehr gesperrten) Straße fast ebenerdig weiter. Gleich rechts können wir auf einigen Bänken, die zumindest teilweise im Schatten liegen, eine Still- oder Fütterungspause einlegen.

Nach wenigen Minuten wandern wir auf einer Brücke über die **Stillach**, 980 m. Erst geht es noch ein Stück eben weiter, dann steigt die Asphaltstraße im Wald an – jetzt ist Kondition gefragt, die nächsten 25 Minuten müssen wir kräftig schieben. Dann kommen wir wieder ins Licht und staunen über die herrlich gelegene Buchrainer Alpe. Wir gehen jedoch erst einmal am Abzweig ❺ zu dieser vorbei. Bald darauf geht es ein Stück abwärts, bis wir an der kleinen über den **Rappenalpbach** ❻, 1103 m, führenden Brücke direkt an den glasklaren Bach kommen und dort Pause machen können.

Am Rückweg sollten wir dann aber unbedingt einen Abstecher zur **Buchrainer Alpe** ❼, 1129 m, machen. Von dort geht es entweder auf dem Hinweg wieder zurück oder wir halten uns am großen Schilderbaum unten an der **Weggabelung** ❹ im Stillachtal links und wandern nun an der Stillach entlang auf der für den allgemeinen Verkehr gesperrten Asphaltstraße hinunter. Ab Birgsau kann man aber auch mit dem Bus zurück zum Parkplatz fahren. Geht man zu Fuß, führen unterwegs zwei Brücken über den Fluss, wir gehen aber jeweils geradeaus weiter (ein Blick von den Brücken lohnt aber sehr) und schwenken nach der zweiten Brücke rechts in einen kleinen, unbeschilderten Wirtschaftsweg ❽, der uns wieder auf den Hinweg (vorbei an der Stofftierkaufmöglichkeit) zum **Wanderparkplatz** ❶ führt.

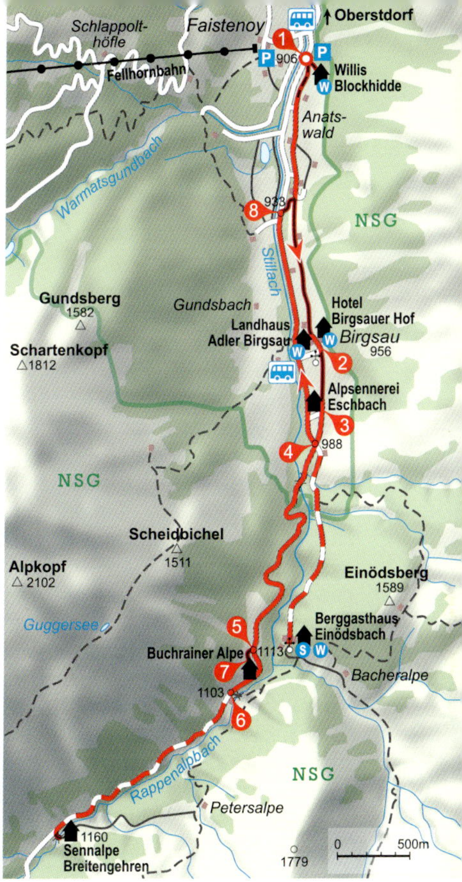

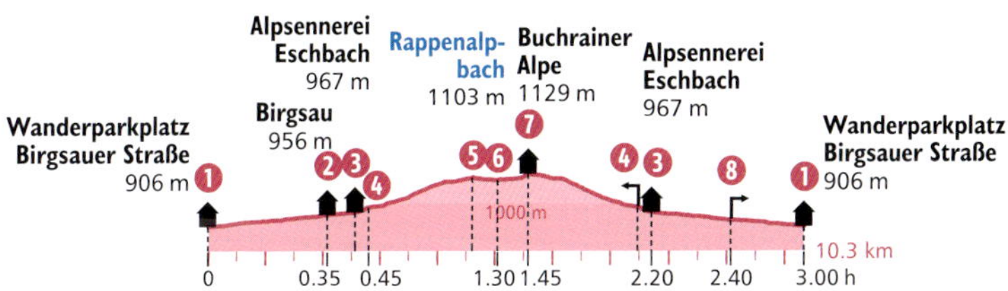

17 Fellhorn

Vom Birgsautal

★★

Blumenfelder und Gebirgssee

Zwischen Anfang Juni und Ende Juli, jährlich variierend je nach Wetterlage und im Winter gefallener Schneemenge, tauchen große Alpenrosenfelder das Fellhorn an vielen Stellen in ein leuchtendes Rot. Zu dieser Zeit gibt es besonders in Bergstationsnähe aber auch Margeriten, Glockenblumen und verschiedene Enzianarten zu bestaunen, die teilweise auch noch bis in den August und September hinein blühen. Die kurze Tour ist gut mit dem Kinderwagen zu bewältigen, besonders auch, da man praktisch alle Treppenstufen beim Ein- und Ausstieg der Großkabinen-Gondelbahn mit Aufzügen umgehen kann (bitte an Kasse bzw. an Mittelstation dem Personal Bescheid geben). Gleich zu Beginn kommen wir am idyllischen Schlappoldsee vorbei, einem natürlichen Gebirgssee, an dessen Ufern man gemütlich rasten und die Seele baumeln lassen kann, bevor es dann auf einem Panoramaweg hinüber zu Deutschlands höchstgelegener Sennalpe, der Schlappoldalpe geht. Dort warten einige Tiere sowie eine kleiner Spielplatz, der für Kleinkinder (u. a. mit überdachtem Sandkasten) konzipiert ist.

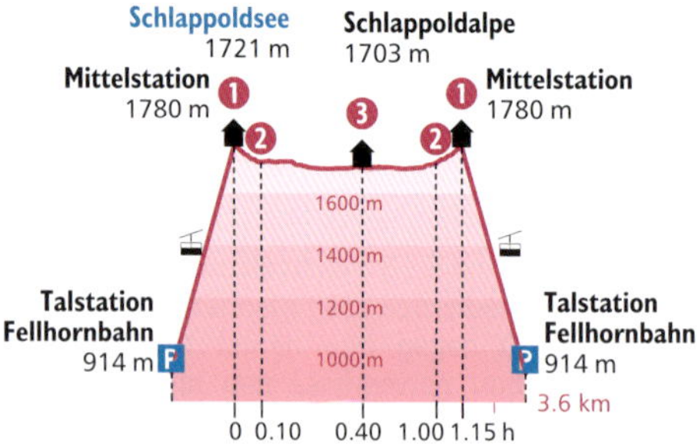

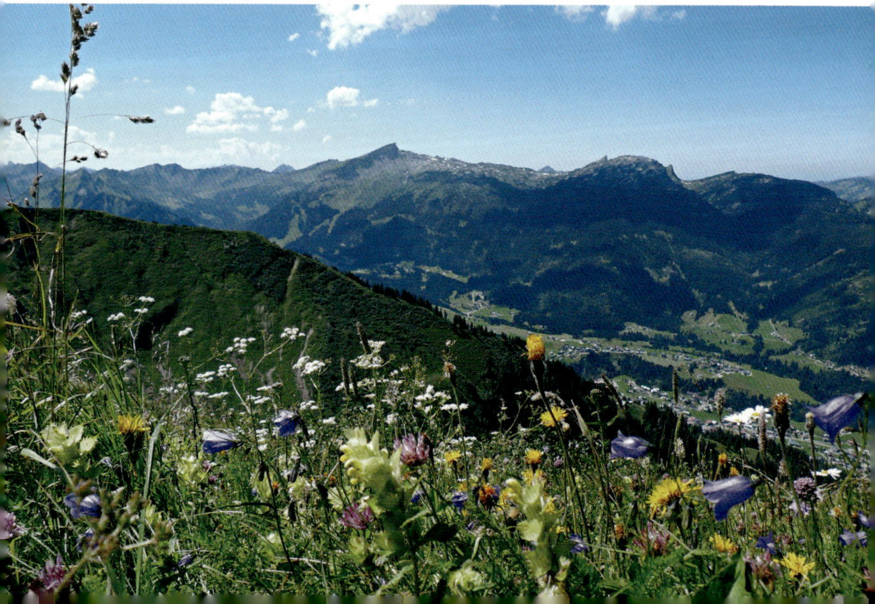

KURZINFO

Ausgangspunkt: Kostenpflichtiger Parkplatz an der Talstation der Fellhornbahn, 914 m (Navi: 87561 Oberstdorf/Faistenoy 10). Von Sonthofen auf der B 19 kommend am Kreisverkehr kurz vor Oberstdorf (unmittelbar nach dem McDonald's) die erste Abfahrt Richtung Kleinwalsertal nehmen und der Beschilderung zur Fellhornbahn folgen, indem man nach ca. 1,5 km links abbiegt, die zweite nach rechts einbiegt und ca. 7 km der Straße folgt.
Mit Bahn und Bus: Siehe Tour 16.
Bergbahn: Fellhornbahn, Tel. +49 8322/96000, ok-bergbahnen.com/berg bahnen, Familienermäßigungen. Geöffnet Mitte Mai bis Ende Juni 9–16.15 Uhr (letzte Talfahrt ab Mittelstation) und Juli bis ca. Anfang Nov. 8.30–16.50 (letzte Talfahrt ab Mittelstation), im Winter von ca. Mitte Dez. bis Anfang April 8.30–16.30 Uhr (letzte Talfahrt), ab Ende Jan. letzte Talfahrt 17 Uhr.
Gehzeit: 1.15 Std. (mit Umrundung des Schlappoldsees). Bitte zusätzliche Zeit für die Fahrt zur Gipfelstation und eine eventuelle Besteigung (nur mit Kraxe) des Fellhorns einplanen.
Distanz: 3,6 km.
Höhenunterschied: 100 m.
Höchster Punkt: 1780 m.
Anforderungen: Die Wanderung verläuft auf einer kleinen asphaltierten Straße, die Umrundung des Schlappoldsees auf einem kleinen Naturweg.
Hinweis: Für Doppelkinderwagen geeignet – der Schlappoldsee kann dann allerdings nur halb umrundet werden.
Ausrüstung: Keine besondere Ausrüstung erforderlich.

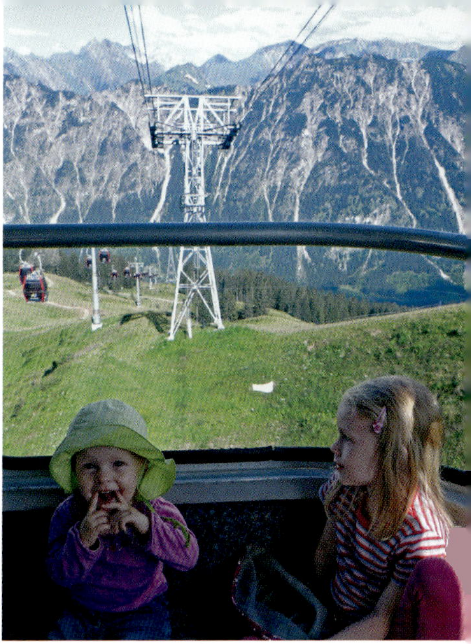

Gondelspaß für Groß und Klein.

Einkehr: Gipfelrestaurant Fellhorn, 1967 m, geöffnet wie Bergbahn (s. o.), kein Ruhetag, Wickeltisch, Tel. +49 8322/9600 2723, Berggasthof Schlappoldsee (Mittelstation), 1780 m, geöffnet wie Bergbahn, kein Ruhetag, Wickeltisch, Tel. +49 8322/96002710. Schlappoldalpe, 1703 m, geöffnet Mitte Mai bis Ende Okt., kein Ruhetag, Spielplatz, Tel. +49 151/16584673, alpe-schlappold.de. Fellhornstuben, 914 m, ganzjährig geöffnet, Montag Ruhetag (außer Hochsaison), Spielplatz, Wickeltisch, Tel. +49 8322/6246, fellhornstuben.de. Gaststätte Faistenoy, geöffnet wie Bergbahn, kein fester Ruhetag, Ferienwohnungen, Spielplatz, Tel. +49 8322/800 744, gaststaette-faistenoy.de.

Wir fahren mit der Großraumgondel zur **Mittelstation** ❶, 1780 m, und sollten es nun auf keinen Fall versäumen, erst einmal mit der im Sommer kostenlosen Gipfelbahn (ebenerdiger Zugang an der Mittelstation) zur **Gipfelstation**, 1967 m, hinaufzufahren. Nach einer Handvoll Treppenstufen stehen wir dort auf der großen Terrasse des Gipfelrestaurants und können uns über einen herrlichen Blick in die Allgäuer

Links: Blick von der Bergstation auf den Hohen Ifen und ins Kleinwalsertal.

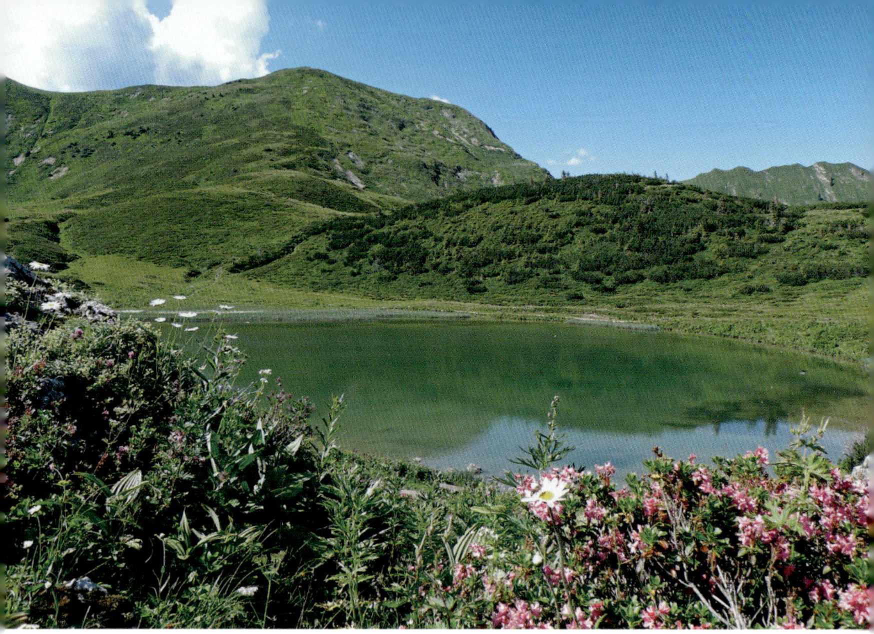

Alpenrosen oberhalb des Schlappoldsees.

Bergwelt freuen. Wenn man eine Kraxe oder ein Tragetuch/-beutel dabeihat, kann man nun in 15 Minuten (mit Begleitkindern ab 4 Jahren an der Hand) über den mit Blumen gesäumten, gestuften Weg das **Fellhorn**, 2038 m, besteigen.

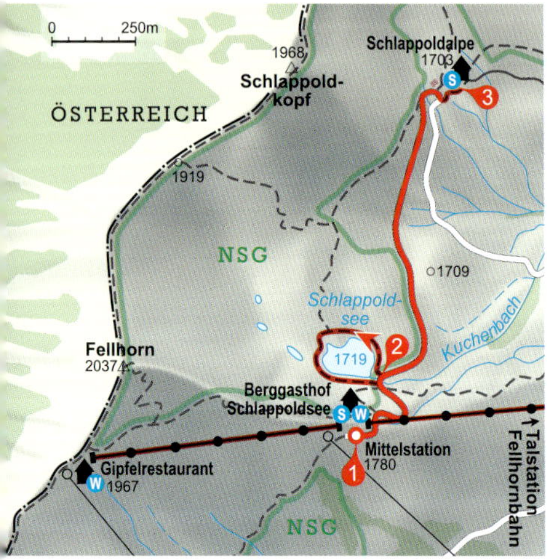

Wieder an der Gipfelstation fahren wir mit der Gipfelbahn (der Fußweg hinunter ist nicht kinderwagengeeignet) wieder zur **Fellhornbahn-Mittelstation** ❶ und sagen dort dem Personal an der Ankunft der unteren Gondelbahn Bescheid, um mit dem Aufzug direkt auf die riesige Holzpanoramaterrasse des Berggasthofs Schlappoldsee zu gelangen. Anhand von Panoramatafeln können wir hier die umliegenden Berggipfel bestimmen. Von der Terrasse gehen wir zum direkt danebenliegenden Spielplatz und nach links unter der Holzterrasse hindurch, wo uns ein geteerter Weg in wenigen Minuten zum wunderschön gelegenen **Schlappoldsee** ❷ hinunterführt. Mit schmaleren Kinderwagen kann man den kleinen See umrunden, mit einem breiteren gehen wir an den zwei kleinen Zugangswegen vorbei und können dann etwa zehn Meter weiter links über einen breiten Wiesenweg zum auf der Nordseite ausreichend breiten Uferweg gelangen und so zumindest die Hälfte des Natursees (hier auch einige Rastbänke) von Nahem bestaunen.

Wieder zurück auf dem Asphaltweg folgen wir diesem nun leicht abwärts vorbei an einigen im Juni und Juli leuchtend rot blühenden Alprosenfeldern. Bei einem fantastischen Bergpanorama erreichen wir gemütlich nach 20 Minuten die schön gelegene **Schlappoldalpe ❸**, 1703 m, auf der neben einer leckeren Brotzeit auch ein Kinderspielplatz mit Babyschaukel, überdachtem Sandkasten und Holzkuh mit Glocke sowie mehrere Tiergehege mit Hasen, Hühnern, Alpschweinen und Ziegen warten.

Zurück geht es auf dem Hinweg zur **Mittelstation ❶** und wieder mit der Gondel ins Tal. Unmittelbar an der Talstation (Rückseite) kann man dann noch den familienfreundlichen Restaurants Fellhornstuben (mit Spielplatz und Wickeltisch) oder Gaststätte Faistenoy (mit kleinkindtauglichem Spielplatz und kleinem Streichelzoo mit Hasen und Ziegen) einen Besuch abstatten.

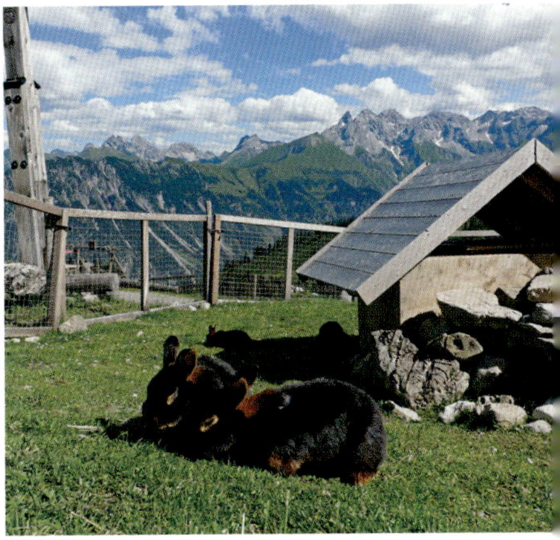

An der Schlappoldalpe warten possierliche Hasen …

… sowie ein Spielplatz mit Sandkasten, Holzkuh und Schaukeln.

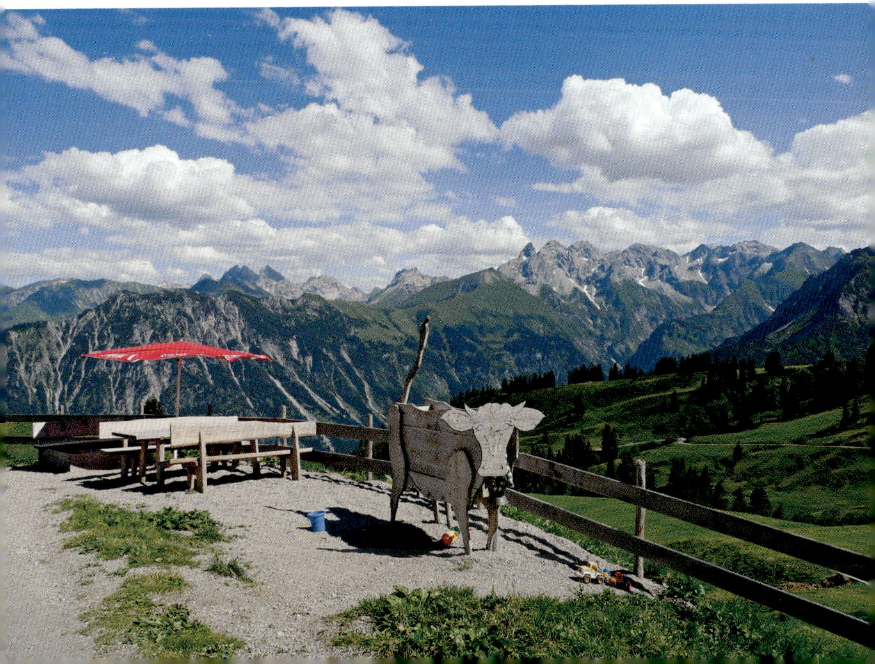

18 Moorsee und Moorbad Oberstdorf

Von der Trettachbrücke bei der Nebelhornbahn ★★

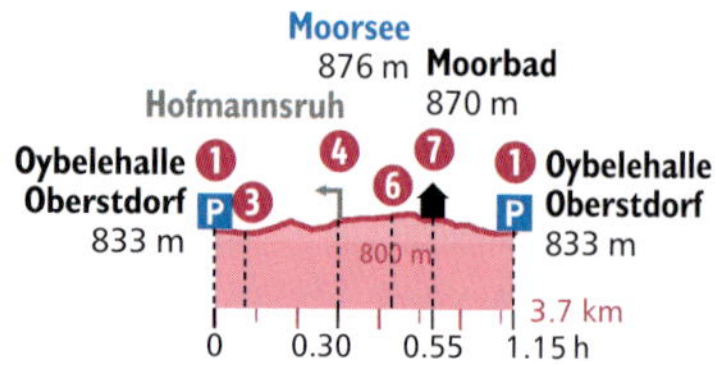

Badeausflug mit Bergblick

Von Oberstdorf aus lohnt eine nicht allzu lange Wanderung zum nahe gelegenen Moorsee und dem danebenliegenden (kostenpflichtigen) Moorbad. Dieses kommt durch seinen natürlichen Zu- und Ablauf und die Selbstreinigungskräfte des Moorwassers ohne chemische Zusätze aus. Wer möchte, macht einen kurzen Abstecher zum Aussichtspunkt Hofmannsruh, man hat aber auch einen schönen Bergblick von einem kleinen Hügel oberhalb des Moorbades, wo zwei Bänke dazu einladen, die wunderschöne Aussicht zu genießen. Wer gern eine größere Runde geht, kann die Tour über das kleine Wasserkraftwerk an der Trettach erweitern (siehe Variante) oder sogar bis zum Christlessee weiterwandern (Beschreibung ab Wasserkraftwerk siehe Tour 19).

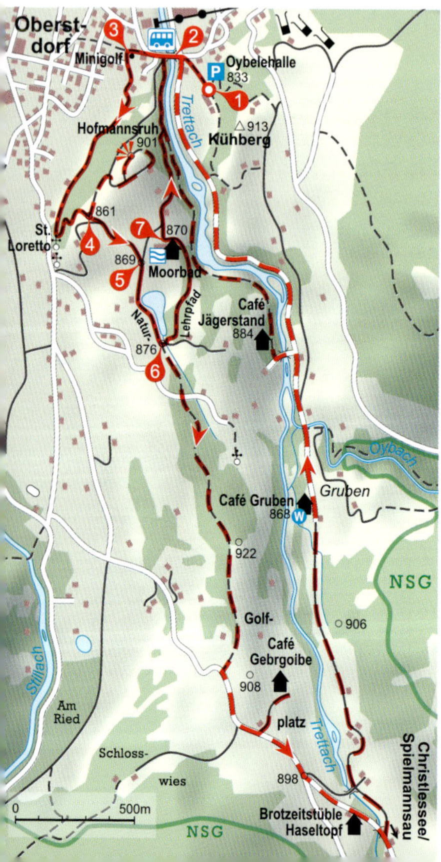

KURZINFO

Ausgangspunkt: Großer gebührenpflichtiger Parkplatz an der Oybele-Festhalle in Oberstdorf, 833 m (Navi: 87561 Oberstdorf/Am Faltenbach 4). An der nahe gelegenen Nebelhorn-Talstation gibt es weitere Parkplätze. Auf der B 19 bis Oberstdorf, am zweiten Kreisverkehr nach dem McDonald's die dritte Abfahrt nehmen und gleich wieder rechts abbiegend (Alpgaustraße) der Beschilderung zur Nebelhornbahn folgen. Dort gibt es ein Parkleitsystem, das zum Parkplatz an der Oybelehalle leitet.
Mit Bahn und Bus: Vom Bahnhof Oberstdorf mit dem Ortsbus im 10-Minuten-Takt oder zu Fuß in ca. 15 Min. durch den Ort (Fußgängerzone) und weiter auf der Oststraße, die nach der Brücke über die Trettach in die Straße »Am Faltenbach« übergeht. Nun gleich halbrechts über einen Kiesweg zur Oybele-Festhalle.
Gehzeit: 1.15 Std.
Distanz: 3,7 km.
Höhenunterschied: 90 m.
Höchster Punkt: 880 m.
Anforderungen: Die Tour verläuft (bis auf ein paar Asphaltstrecken) ausschließ-

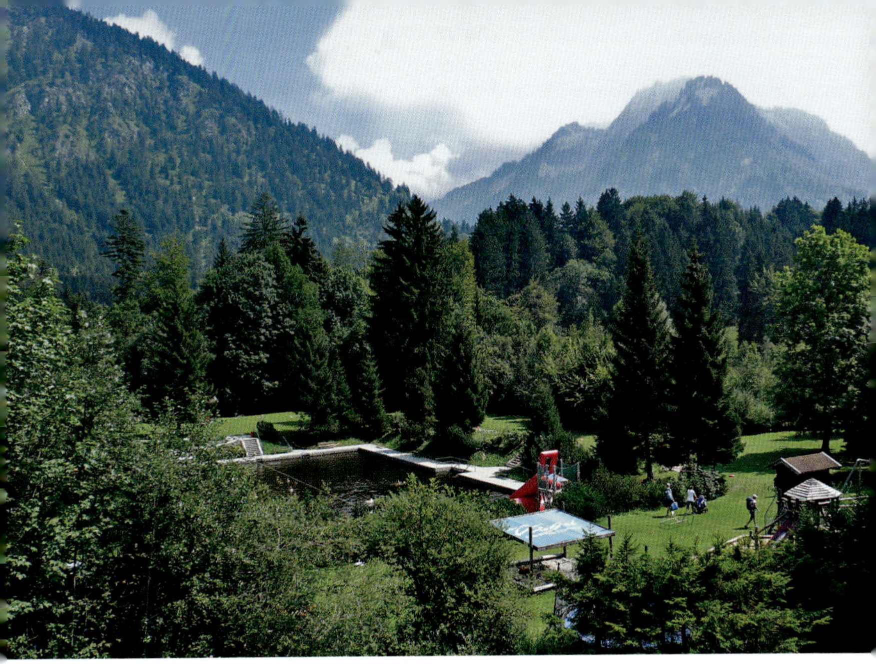

Im Moorbad gibt es auch einen Spielplatz und eine Wasserrutsche.

lich auf gut gepflegten Kieswegen. Steiler Anstieg und teilweise steiler Abstieg. Kondition erforderlich.

Hinweise: Für Doppelkinderwagen bedingt geeignet (Gewicht!). Unterwegs viele Bänke zum Stillen und Rasten. Wenn man ungestört sein will, macht man am besten einen Abstecher zum Aussichtspunkt Hofmannsruh, hier stehen viele Bänke in größerem Abstand an dem dortigen Rundweg.

Öffnungszeiten Moorbad (nur bei guter Witterung): Mai, Juni, Sept. 9–19 Uhr, Juli bis Aug. 9–20 Uhr.

Ausrüstung: Gut profilierte Schuhe, Badesachen.

Einkehr: **Moorbad & Restaurant**, ganzjährig geöffnet (nur tagsüber), Am Rauhen 3, 87561 Oberstdorf, Tel. +49 8322/4863.

An der Variante: **Café Restaurant Gebrgoibe**, Montag Ruhetag, Tel. +49 8322/4664, gebrgoibe.de. **Brotzeitstüble Haseltopf**, Donnerstag Ruhetag, Tel. +49 8322/6069906. **Café Gruben**, Montag Ruhetag, Wickeltisch, Tel. +49 8322/959834. **Café Jägerstand**, Freitag und Samstag Ruhetag, Tel. +49 8322/3440.

Variante: Geht man am Kopf des Moorsees 6 geradeaus weiter, kann man im Auf und Ab (teils sehr steil, »schwarze« Tour) mit dem Kinderwagen weiter in Richtung Spielmannsau und Christlessee wandern. Hierzu marschieren wir vom Moorsee geradeaus, bis wir nach einer halben Stunde auf eine breite Teerstraße treffen, die vom Parkplatz Renksteg hinaufführt. Hier links einbiegen, am Golfplatz vorbei (Einkehrmöglichkeit im Café Gebrgoibe) und zu einer Weggabelung mit großem Schilderbaum und Rastbank. Hier wenden wir uns nach links, gehen am Brotzeitstüble Haseltopf vorbei und erreichen über eine Brücke den in Tour 19 beschriebenen Weg mit dem kleinen Wasserkraftwerk an der Trettach. Von hier weiter wie in Tour 19 beschrieben oder links entlang der Trettach vorbei am Café Gruben und dem Café Jägerstand zurück zum Parkplatz.

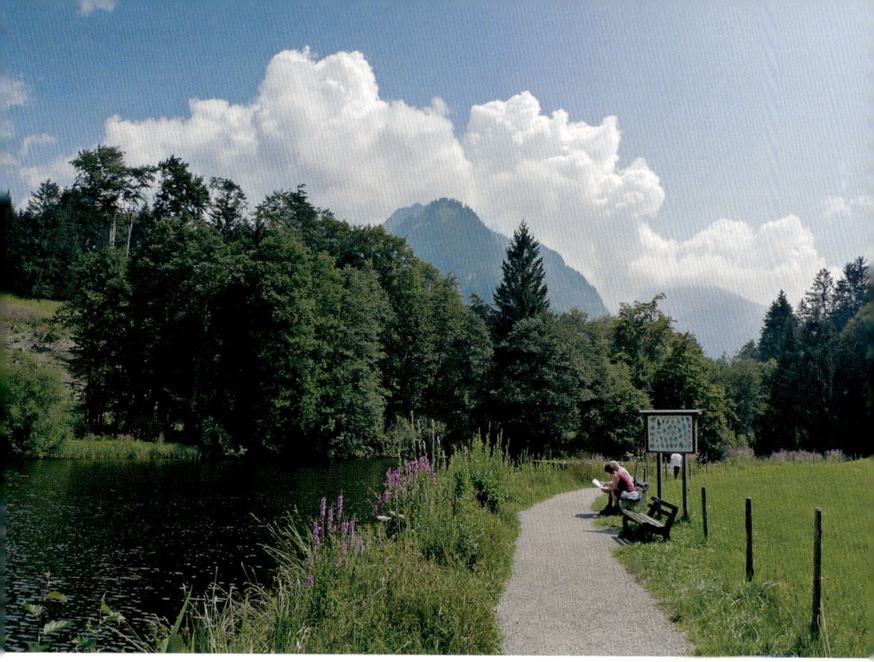

Der kleine Moorsee lädt zum Verweilen ein.

Am **Parkplatz Oybelehalle** ❶ gehen wir zur Oybelehalle und wenden uns vor dieser nach rechts in einen leicht abwärtsführenden Kiesweg, der uns fast direkt zur großen Trettachbrücke, der sogenannten **Mühlenbrücke** ❷, führt. Wir überqueren sie und folgen erst einmal nicht der Beschilderung nach links entlang der Trettach zum Moorbad – von hier kommen wir auf dem Rückweg – (Anmerkung: Wer einen möglichst kurzen Weg zum Bad mit möglichst wenig Steigung bevorzugt, wendet sich hier nach links – dann Rückweg wie Hinweg), sondern gehen geradeaus auf einem Fußweg neben der Straße weiter. Wenn die Straße nach rechts knickt, spazieren wir geradeaus – links an dem kleinen Gebäude vorbei – auf einem Fußgängerweg weiter, biegen nach dem **Minigolfplatz** ❸ links ein (Beschilderung »Rappenalptal, Stillachtal«) und folgen nun dem gemütlichen Weg Richtung Süden. An einer Bank weist uns die Beschilderung nach links zum Moorsee und zum Moorschwimmbad. Hier biegen wir ein, und nun heißt es die nächste Viertelstunde auf dem angenehm schattigen Kiesweg kräftig schieben. Oben kommen wir wieder in die Sonne und könnten bald darauf an einem Schild ❹ einen Abstecher links hinauf zum Aussichtspunkt Hofmannsruh machen (Rundweg mit vielen Sitzbänken im Schatten und Blick auf Oberstdorf; Gehzeit hin und zurück 30 Min.).

Wir gehen aber geradeaus weiter und müssen uns kurz darauf an einem Schilderbaum entscheiden, ob wir gleich zum Moorschwimmbad wollen (links halten) oder ob wir erst den schönen Moorsee mit seinem kleinen Naturlehrpfad umrunden wollen. Wir entscheiden uns für

Letzteres, halten uns rechts und kommen bald an einer Holzbank vorbei, die sich bei näherem Hinsehen als große Schaukel entpuppt. Schiebt man dort den Kinderwagen über einen Wiesenweg den Hügel hinauf, erreicht man zwei herrlich gelegene Rastbänke, von denen man einen Blick ins Moorbad werfen und eine schöne Sicht auf Schattenberg, Riffenkopf (auch Riefenkopf) und Himmelschrofen genießen kann. Bei klarem Wetter reicht der Blick bis zum Großen Wilden, Kratzer und Alpgundkopf sowie zur Hammerspitze. Über die zu sehenden Berge informiert eine große **Panoramatafel** ❺ in der Nähe der Schaukelbank.

Wieder auf dem Weg spazieren wir Richtung Süden auf die Berge zu und schwenken nach fünf Minuten nach einer Hütte links (»kleiner Naturlehrpfad«) zum Ufer des idyllischen **Moorsees** mit einigen Tafeln über die heimische Flora und Fauna und Bänken, die zum Verweilen einladen. Am Moorseeende ❻ wenden wir uns links und gehen nun in großem Bogen um den See wieder zurück, wobei wir einen schönen Blick in die Filze werfen können. Wir kommen an weiteren Tafeln, z. B. zur Entstehung eines Moores, vorbei und erreichen direkt den Eingang des **Moorbades** ❼.

Im Bad wartet neben einem großen Schwimmbecken mit Moorwasser und einer großen mit Luft aufgeblasenen Wasserrutsche (für die älteren Begleitkinder) auch ein Kinderbecken mit knietiefem, klarem Wasser, ein Spielplatz mit überdachtem Sandkasten sowie eine Einkehrmöglichkeit und ein Kiosk, an dem es auch Eis gibt (beide auch ohne Eintritt ins Bad besuchbar).

Für den ausgeschilderten Rückweg nach Oberstdorf gehen wir vom Badeingang geradeaus den breiten Weg Richtung Norden entlang, biegen ein Stück vor einem neu renovierten Bauernhaus rechts ab und wandern den für Radfahrer gesperrten Fußweg hinab. Schnell kommen wir so zum Uferweg, der entlang der Trettach verläuft, biegen links ein und stehen bereits zehn Minuten später wieder an der **Mühlenbrücke** ❷, von der wir schnell wieder unseren **Parkplatz** ❶ erreichen.

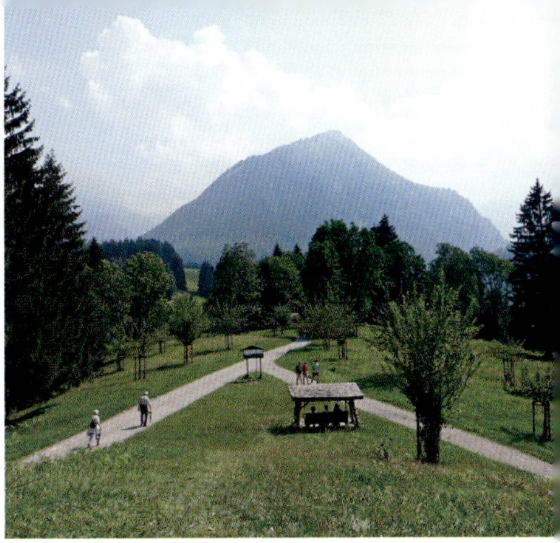

Blick vom Aussichtshügel auf den mächtigen Himmelschrofen.

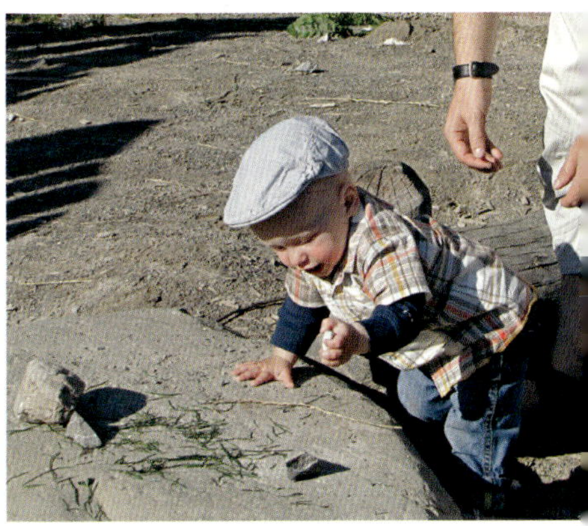

Naturmaterialien wecken den Entdeckerdrang der Kinder.

19 Spielmannsau

Von der Oybele-Festhalle in Oberstdorf ★★★

Trettachtal und Christlessee

Bei dieser wunderschönen Wanderung von Oberstdorf ins Trettachtal können wir uns zweimal entscheiden, ob wir die sportlichere Variante oder lieber einen Spazierweg in leichtem Auf und Ab wählen wollen. Die anspruchsvollere Tour haben wir hier beschrieben, die leichteren Alternativwege finden sich unter »Variante« in der Kurzinfo. Welchen Weg wir auch wählen, immer wieder tun sich herrliche Blicke auf die nahen Berge auf, viele gemütliche Einkehrmöglichkeiten säumen unseren Weg und mit dem in der Sonne blau-grün schimmernden Christlessee mit seinem glasklaren Wasser und den darin versunkenen Baumstämmen wartet ein tolles Naturschauspiel auf uns. Wer übrigens bei der Ankunft in Spielmannsau oder am Christlessee müde ist, kann im Sommerhalbjahr mit dem neuen Bergsteiger-Linienbus (verkehrt am Nachmittag stündlich) nach Oberstdorf zurückfahren.

KURZINFO

Ausgangspunkt: Großer gebührenpflichtiger Parkplatz an der Oybele-Festhalle, 833 m (Navi: 87561 Oberstdorf / Am Faltenbach 4), in der Nähe der Nebelhorn-Talstation, an der es weitere Parkplätze gibt. Anfahrt siehe Tour 18.
Mit Bahn und Bus: Siehe Tour 18.
Gehzeit: 4.30 Std.
Distanz: 14,9 km.
Höhenunterschied: 440 m.
Höchster Punkt: 1035 m.
Anforderungen: Die als Hauptroute beschriebene Wanderung mit einem starken Anstieg zu Beginn der Tour auf den Kühberg und einem holprigen, teilweise mit einigen Wurzeln versehenen Teilstück vor Spielmannsau ist nur für geländegängige Kinderwagen geeignet und verläuft teils auf Kieswegen, teils auf für den allgemeinen Verkehr gesperrten Asphaltstraßen. Kondition erforderlich. Die Kinder im Wagen sollten mindestens 1 Jahr alt sein. Die Schwierigkeitsbewertung »schwarz« erfolgt auch wegen der Länge der Tour. Handbremse und Sicherungsschlinge empfehlenswert. Wählt man für die zwei schwieriger mit dem Kinderwagen zu befahrenden Teilstücke eine leichtere Alternative (siehe Variante), verläuft die Tour in leichtem Auf und Ab überwiegend auf Asphaltstraßen. Ein geländegängiger Kinderwagen ist dann nicht unbedingt erforderlich.
Hinweise: Tour für Zwillingskinderwagen geeignet. Unterwegs Rastbänke. Ein Bergsteigerbus fährt siebenmal täglich (nachmittags stündlich) von Oberstdorf nach Spielmannsau und zum Christlessee und jeweils zurück.
Ausrüstung: Profilierte Schuhe, eventuell Wechselkleidung (Christlessee).
Einkehr: Gasthaus Hotel Kühberg, 901 m, täglich ab 18 Uhr geöffnet, Reservierung erforderlich, Übernachtungsmöglichkeit, Wickeltisch, Tel. +49 8322/3323, kuehberg.de.
Café Gruben, 868 m, Montag Ruhetag,

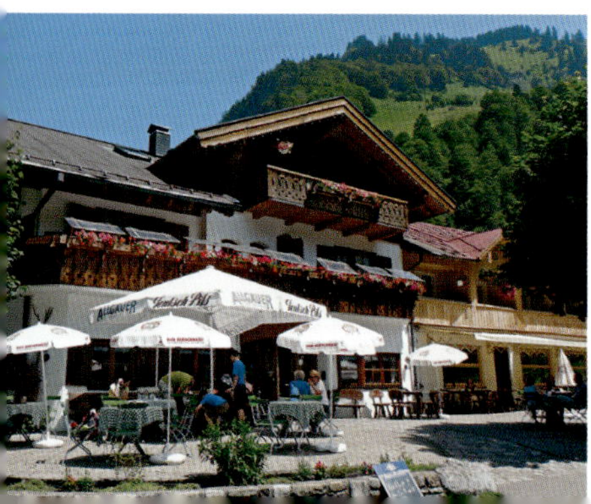

Berggasthof Spielmannsau.

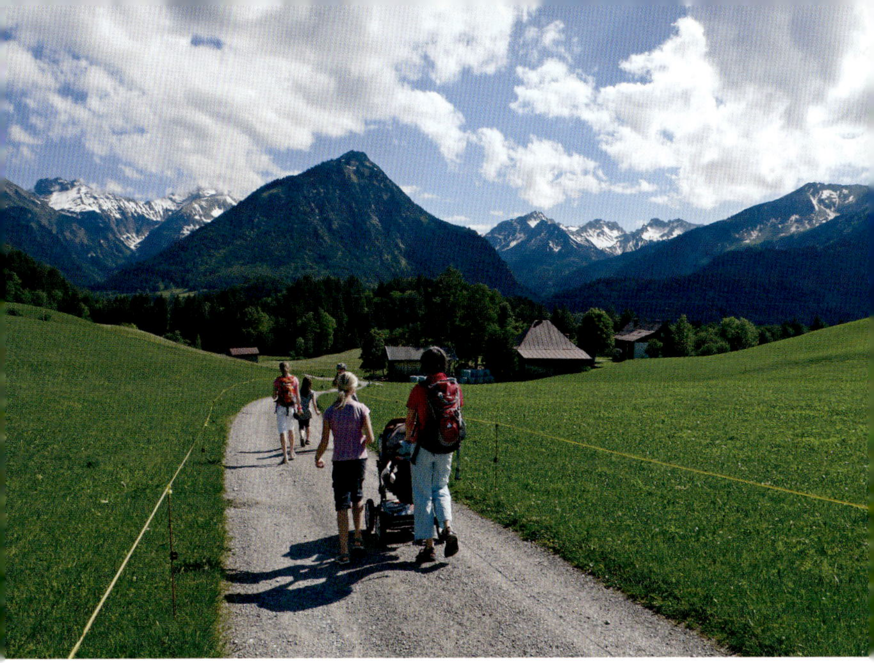

Vom Kühberg geht es abwärts durch die Wiesen auf den Himmelschrofen zu.

Wickeltisch, Tel. +49 8322/959834. **Berggasthof Riefenkopf**, 908 m, Dienstag Ruhetag (kein Ruhetag von Aug. bis Mitte Okt., in den Ferien und an Feiertagen – außer bei Schlechtwetter), Spielplatz, Wickeltisch, Tel. +49 8322/800502, gasthof-riefenkopf.de. **Mumme-Stüble**, 926 m, ganzjährig geöffnet (außer Betriebsferien), Sonntag Ruhetag, Tel. +49 8322/959002. **Berggasthof Spielmannsau**, 989 m, geöffnet vom 20. Dez. bis Anfang Nov., Mittwoch Ruhetag. Wickeltisch, Tel. +49 8322/3015, spielmannsau.de. **Alpe Oberau**, 1004 m, geöffnet zur Almzeit Mai bis Okt., kein Ruhetag, Tel. +49 8322/6930. **Café Restaurant Christlessee**, 916 m, geöffnet von ca. 20. Dez. bis 2. Sonntag im Nov. 10–17 Uhr, Donnerstag Ruhetag, Spielplatz, Tel. +49 8322/606090, christlessee.de. **Café Jägerstand**, 884 m, Freitag und Samstag Ruhetag, Tel. +49 8322/3440.

Variante: Wer auf den steilen Anstieg auf den Kühberg und später vor der Spielmannsau auf den ansteigenden groben Schotter- und Wurzelweg verzichten möchte, geht vom Parkplatz die Zufahrtsstraße zurück (oder nimmt von der Oybelehalle den kleinen Kiesweg Richtung Nebelhornbahn) und biegt von der Straße »Am Faltenbach« entweder noch vor der Brücke über die Trettach (»Mühlenbrücke«) oder direkt nach Überqueren der Mühlenbrücke links ein und wandert an der Trettach entlang flussaufwärts. Diejenigen, die links des Flusses (in Gehrichtung) gegangen sind, treffen direkt auf die Wanderer, die die Hauptroute über den Kühberg genommen haben; diejenigen, die auf der rechten Seite der Trettach spaziert sind, wechseln am Café Jägerstand ebenfalls auf die linke Flussseite. Später kann man dann an der Abzweigung Christlessee **6**, anstatt geradeaus Richtung Spielmannsau zu gehen, der Asphaltstraße nach rechts folgen und an der nächsten Straßenkreuzung nach links Richtung Spielmannsau einbiegen (entlang der Trettach) oder aber die Tour abkürzen und an der Straßenkreuzung geradeaus weiter zum Christlessee spazieren.

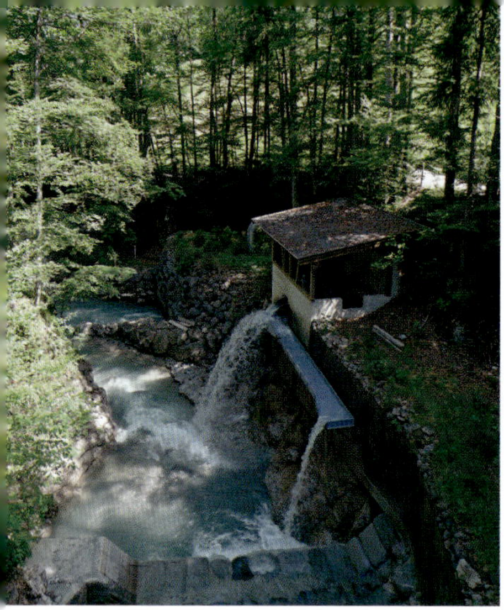

Blick auf das kleine Wasserkraftwerk an der Trettach.

Direkt am Parkplatz gegenüber der **Oybelehalle** ❶ weist uns das Schild »Restaurant Café Kühberg, Berggasthof Oytalhaus« in einen aufwärtsführenden Kiesweg. Wir wandern nun durch Wald recht steil bergan, der Weg stellt aber für normal sportliche Kinderwagenschieber kein Problem dar. Nach 15 Minuten gehen wir am Abzweig zum **Gasthaus Kühberg** ❷ vorbei, schieben den Wagen geradeaus weiter und kommen an einem Ziegengehege oben am Kühberg wieder ins Licht. An dem Schilderbaum wenden wir uns rechts in einen Kiesweg (»Trettachtal, Spielmannsau, Christlessee«) und wandern den leicht fallenden Weg bei einem fantastischen Blick auf den mächtigen Himmelschrofen (im Vordergrund) und die dahinterliegenden Berge des Allgäuer Hochgebirges zwischen den Viehweiden hinab.

Wir durchqueren ein kurzes Waldstück, spazieren nun fast eben weiter und blicken bald hinunter auf die Trettach und das Café Jägerstand. Es geht nochmals abwärts,

Die Spielmannsau erreicht man nach gut zwei Stunden Gehzeit.

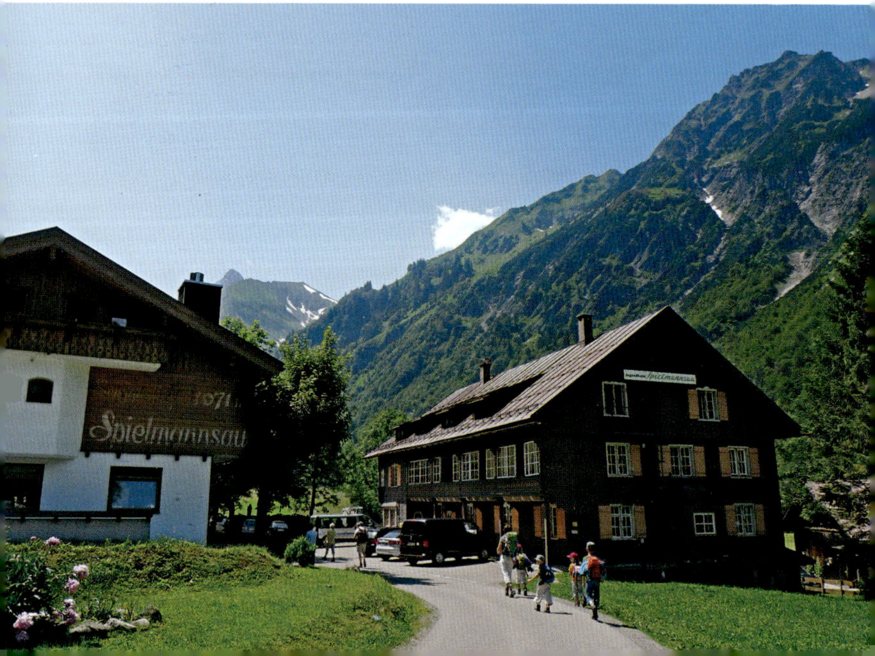

dann stoßen wir auf den breiten, ebenen Weg, der entlang der Trettach von Oberstdorf hierherführt (siehe Variante). Auf diesem überqueren wir den Oybach, kommen bald am **Café Gruben** ❸ vorbei und spazieren kurz darauf durch eine Baumallee direkt auf die Berge zu. Wir erreichen die »Zwingbrücke«, gehen aber hier genauso geradeaus weiter wie an der bald folgenden Brücke, von der man einen schönen Blick auf das herabstürzende Wasser eines kleinen Wasserkraftwerkes werfen kann. Kurz darauf öffnet sich – nun auf einer kleinen Asphaltstraße wandernd – eine bezaubernde Weidelandschaft, halb rechts blicken wir auf Trettachspitze und Mädelegabel.

Wir passieren den Abzweig nach Gerstruben (dorthin könnte man auch mit dem Kinderwagen über eine sehr steile Teerstraße – Schwierigkeit »schwarz« – in einer Stunde hinaufwandern), kommen am **Berggasthof Riefenkopf** ❹, 908 m, mit seinem kleinen Kinderspielplatz und bald darauf am **Mumme-Stüble** ❺ vorbei und überqueren eine Brücke. Unmittelbar dahinter biegt die Asphaltstraße rechts ab. Hier ❻ folgen diejenigen, die nur bis zum Christlessee wollen oder die leichtere Variante nach Spielmannsau gehen wollen, der Straße, die anderen wandern mit uns geradeaus Richtung Spielmannsau weiter. Nun geht es nicht ohne

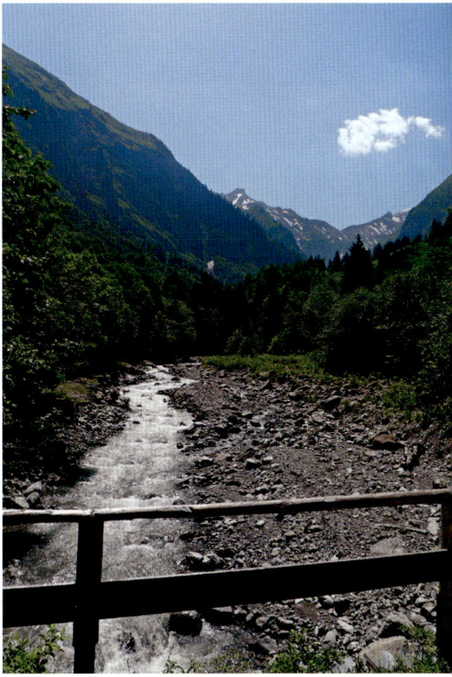

Ein Stück hinter der Alpe Oberau, wird man mit diesem Blick belohnt.

einen geländegängigen Kinderwagen weiter, der Weg führt über teilweise groben Schotter und über einige Baumwurzeln in einem Auf und Ab durch den Wald, um dann kurz vor Spielmannsau in die Straße einzumünden, auf der die Wanderer kommen, die die Variante gewählt haben. Nun ist es nicht mehr weit bis zum gemütlichen **Gasthof Spiel-**

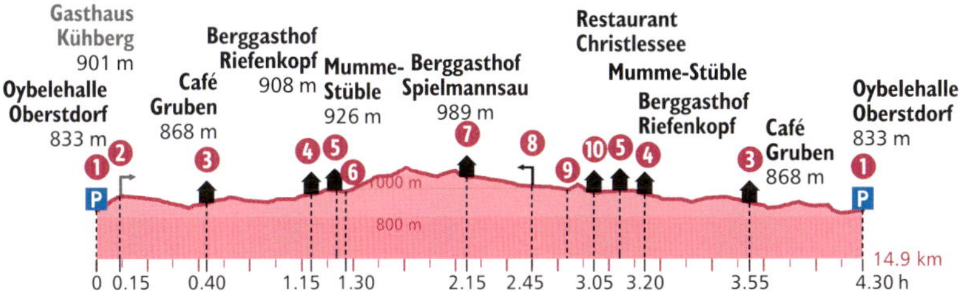

mannsau ❼, 989 m. Wer eine Brotzeit in einer Alpe bevorzugt, spaziert die Straße noch ein paar hundert Meter weiter und kann dann in der **Alpe Oberau**, 1003 m, mit Schaukel und Minirutsche einkehren.

Zurück geht es erst einmal auf dem

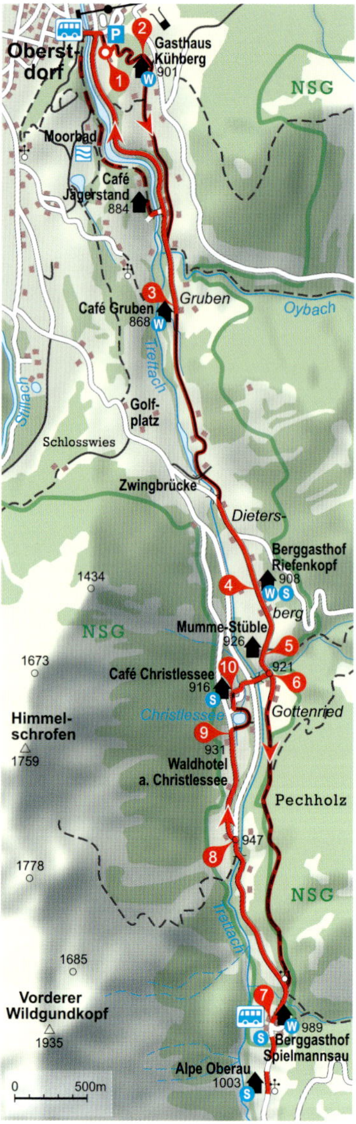

Hinweg, am Abzweig des holprigen Weges spazieren wir nun aber geradeaus auf der Straße weiter und können bald einen kleinen Abstecher zur Trettach mit ihren Kiesbänken machen. Weiter geht es auf der Straße, kurz nach dem Überqueren der Trettach wenden wir uns links in einen abzweigenden Wirtschaftsweg ❽. Zehn Minuten später kommen wir am **Waldhotel am Christlessee** ❾ (keine Einkehrmöglichkeit) vorbei, können rechts hinunter zum idyllischen, kleinen **Christlessee**, 944 m, gehen, ihn gegen den Uhrzeigersinn zu drei Vierteln umrunden und dabei über die im Wasser versenkten Baumstämme staunen. Wir gehen wieder zur Straße, schwenken nach rechts und erreichen schnell das **Café Restaurant Christlessee** ❿. Hier kann man sehr schön im Wirtsgarten mit dem direkt angeschlossenen großen Spielplatz sitzen.

Geht man weiter, stoßen wir bald auf die Straße, die wir vorhin verlassen haben, überqueren sie und schwenken nach 150 m am Abzweig Spielmannsau ❻ nach links in den bereits bekannten Hinweg, der uns aber – nun in die andere Richtung gehend – ganz neue herrliche Blickwinkel und Einsichten vermittelt. Nach Überqueren des Oybaches bleiben wir jetzt auf der Straße neben der Trettach, könnten noch einen Abstecher über den Fluss zum Café Jägerstand machen und stoßen nach 15 Minuten auf die Straße »Am Faltenbach«. Dort wenden wir uns nach rechts und spazieren, uns wiederum rechts haltend, über einen kleinen Kiesweg direkt zurück zur **Oybelehalle** ❶.

Versunkene Baumstämme im glasklaren Christlessee.

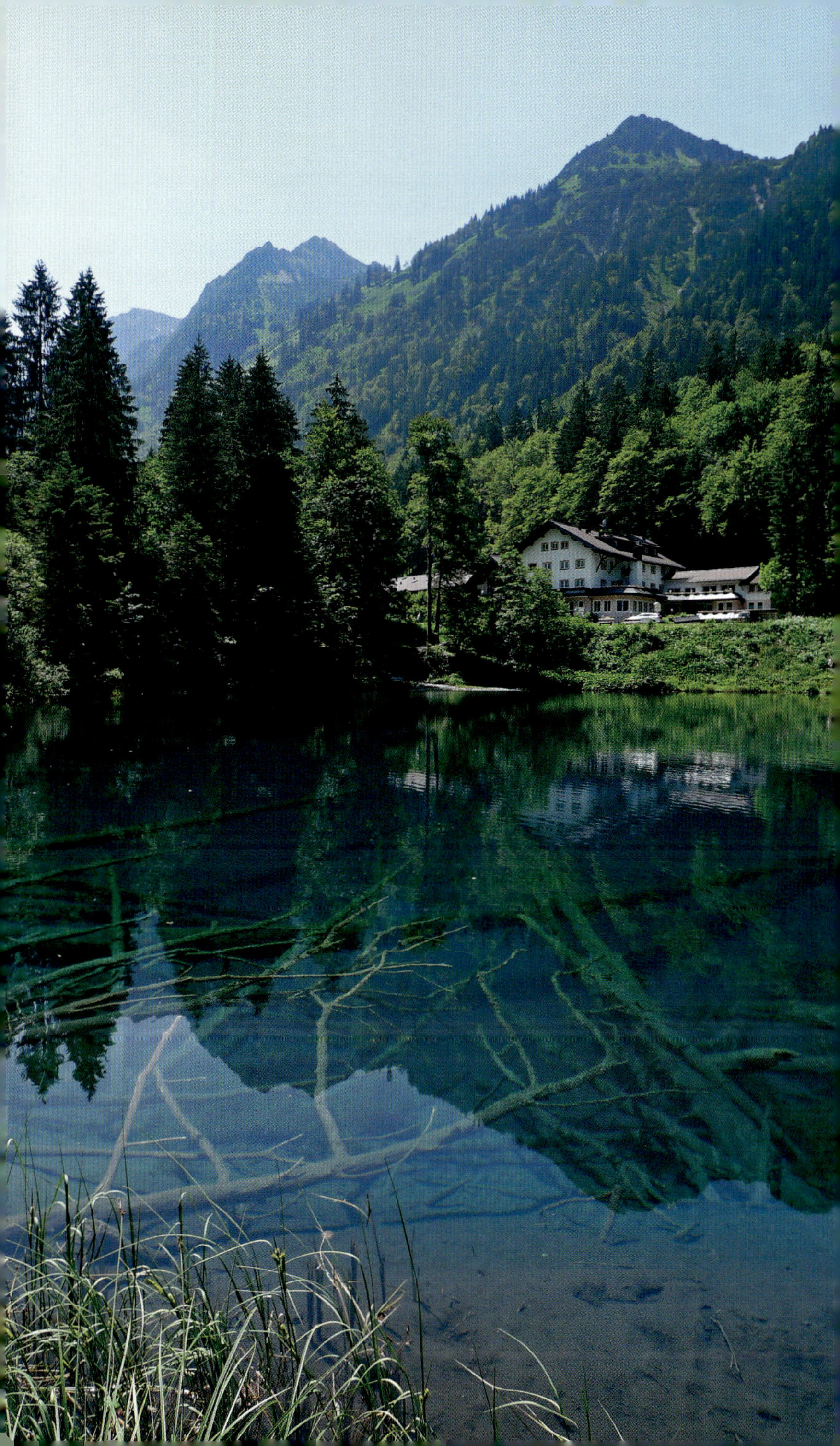

20 Oytalhaus

Von der Oybele-Festhalle in Oberstdorf ★★★

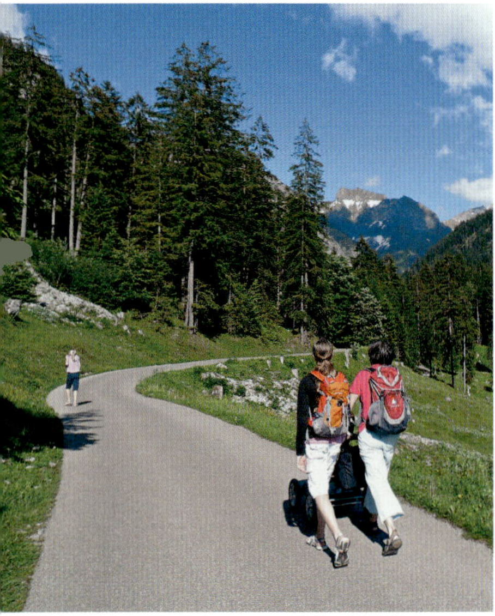

Das Asphaltsträßchen schlängelt sich gemütlich ins Oytal hinein.

Panoramaweg mit Wasserfall

Der Weg vom Kühberg ins Oytal versetzt jeden ins Staunen! Das liegt daran, dass wir bei schönem Wetter so viele verschiedene großartige Gipfel zu Gesicht bekommen wie bei keiner anderen Talwanderung. Und wir sind mittendrin in den Allgäuer Bergen, der Weg verläuft zuerst nach Süden mit fantastischem Blick auf das Hochgebirge, schlängelt sich dann zwischen markanten grünen, kleineren Gipfeln hindurch, um dann nach Osten ins Oytal abzubiegen, wo uns wiederum das Hochgebirge mit dem Schneck und dem Großen und dem Kleinen Wilden fasziniert. Ein herrlicher Panoramaweg, der nach einem kurzen steileren Anstieg auf den Kühberg mit seinem leicht ansteigenden Wegverlauf wie gemacht ist für eine Wanderung mit dem Kinderwagen. Am Ziel der Tour überrascht uns ein fantastischer Wasserfall. Der Rückweg über den Oytal-Rundweg und den Dr.-Hohenadl-Weg verläuft herrlich am Oybach entlang und führt schließlich direkt ins Trettachtal, wo wir im Café Jägerstand noch einmal einkehren können, bevor wir an der Trettach entlang in 20 Minuten wieder zum Parkplatz zurückkommen.

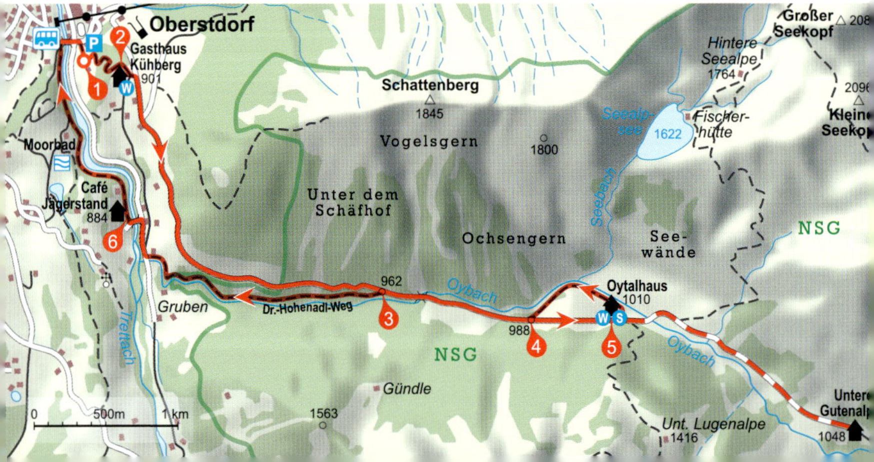

KURZINFO

Ausgangspunkt: Großer gebührenpflichtiger Parkplatz an der Oybele-Festhalle, 833 m (Navi: 87561 Oberstdorf / Am Faltenbach 4), in der Nähe der Nebelhorn-Talstation, an der es weitere Parkplätze gibt. Anfahrt siehe Tour 18.
Mit Bahn und Bus: Siehe Tour 18.
Gehzeit: 3.00 Std.
Distanz: 10,4 km.
Höhenunterschied: 200 m.
Höchster Punkt: 1010 m.
Anforderungen: Erst etwa 15 Min. stark ansteigend auf einem Kiesweg, dann auf einer nur ganz leicht ansteigenden, für den Verkehr gesperrten Asphaltstraße bis zum Oytalhaus. Für den Oytal-Rundweg auf dem Rückweg (alternativ Rückweg wie Hinweg) ist ein geländegängiger Kinderwagen erforderlich. Auch für den gekiesten Dr.-Hohenadl-Weg ist ein geländegängiger Kinderwagen von Vorteil.
Ausrüstung: Profilierte Schuhe, Wechselkleidung (Oybach).
Hinweise: Für Doppelkinderwagen bedingt geeignet (Gewicht!). Einige Rastbänke.
Einkehr: Gasthaus Hotel Kühberg, 901 m, täglich ab 18 Uhr geöffnet, Reservierung erforderlich, Wickeltisch, Tel. +49 8322/3323, kuehberg.de. Oytalhaus, 1010 m, ganzjährig geöffnet, im Sommer kein Ruhetag, im Winter samstags, Spielplatz, Wickeltisch, Tel. +49 8322/80381. Café Jägerstand, 884 m, Freitag und Samstag Ruhetag, Tel. +49 8322/3440. Untere Gutenalpe, 1048 m, im Sommer bewirtschaftet, Tel. +49 8326/9771.
Hinweis: Die Roller mit denen man vom Oytalhaus für 7 € bis 12 Jahren bzw. 9 € ab 13 Jahren ins Tal fahren kann (geeignet ab 10 Jahren und 140 cm Körpergröße) waren im Jahr 2023 teilweise in schlechtem Zustand.

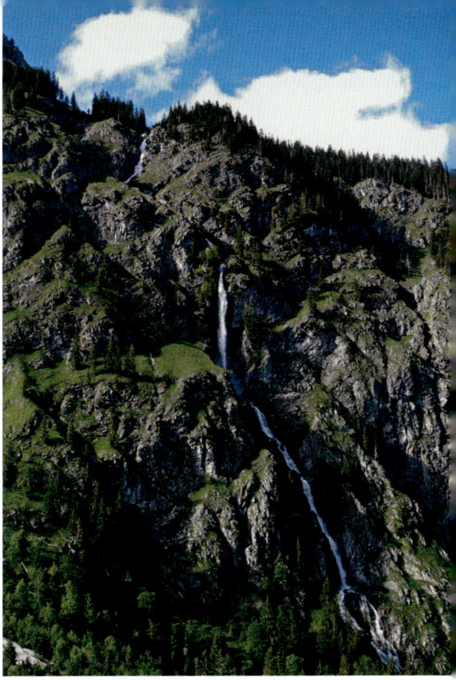

Kurz vor unserem Ziel stürzt ein Wasserfall die Seewände hinunter.

Wir beginnen unsere Wanderung auf dem gleichen Weg wie bei Tour 19 (Spielmannsau) direkt am Parkplatz gegenüber der **Oybelehalle** ❶. Dort weist uns das Schild »Restaurant Café Kühberg, Berggasthof Oytalhaus« in einen mitunter steil bergan führenden Kiesweg, der uns, nach 15 Minuten vorbei am Abzweig zum **Gasthaus Kühberg** ❷, hinauf zum Kühberg führt. Dieses Mal gehen wir bis zu der Asphaltstraße weiter und biegen in diese nach rechts ein. Bei einem fantastischen Blick auf die Allgäuer Berge mit dem grünen Himmelschrofen im Vordergrund und dem links daneben aufragenden Kratzer (rechts vom Himmelschrofen bauen sich der Alpgundkopf, der Nördliche Schafalpenkopf und die Hammerspitze auf) wandern wir nun ganz gemütlich weiter. Die nur ganz leicht ansteigende Straße ist für den allgemeinen Verkehr gesperrt, es ist aber mit Pferdekutschen und ab

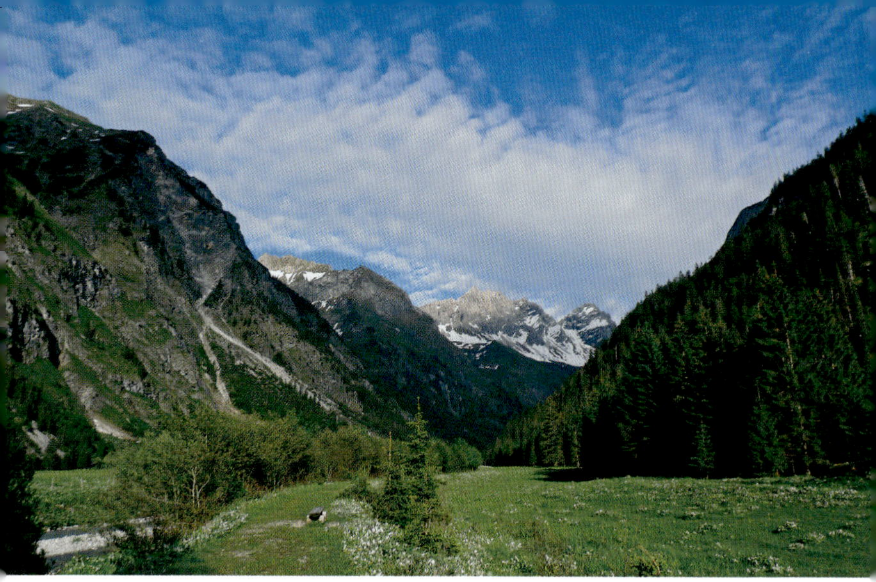

Schneck, Himmelhorn und Großer und Kleiner Wilder (Bildmitte v.l.n.r.).

15 Uhr mit entgegenkommenden Rollern, die man sich am Oytalhaus ausleihen kann (siehe in der Kurzinfo unter »Hinweis«), zu rechnen. Bald gehen wir direkt auf das markante, grüne Riefenköpfle (auch Vorderer Riefenkopf oder Vorderer Riffenkopf genannt) zu und schwenken mit der Straße immer mehr Richtung Osten in das Oytal hinein.

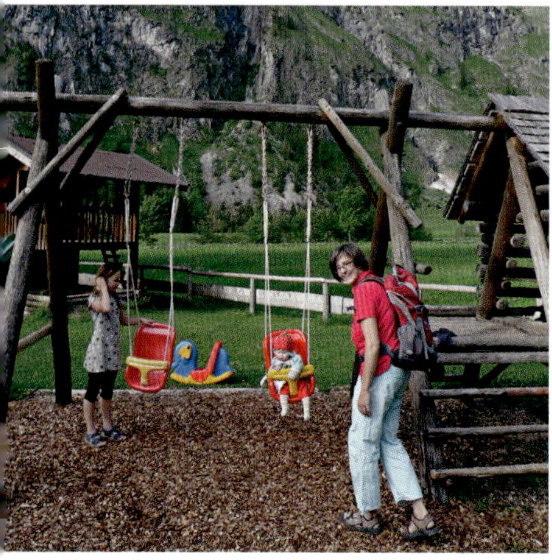

Immer wieder laden Bänke zu einer Rast ein, wir sind begeistert von der lieblichen Landschaft und den hoch aufragenden Bergen. Wir wandern nun auf die Breitseite des Schneck mit seiner besonderen Form zu.

Nach gut einer Stunde Gesamtgehzeit stößt der Dr.-Hohenadl-Weg auf unsere Straße ❸, auf diesem bestreiten wir später unseren Rückweg. Wir wandern nun aber erst einmal geradeaus weiter, spazieren durch eine Baumallee und erreichen bald den Abzweig zum Oytal-Rundweg ❹. Auch hier marschieren wir geradeaus weiter, dann staunen wir ein paar Meter weiter über den in unser Blickfeld kommenden Wasserfall. Der aus dem Seealpsee abfließende Seebach schießt in einer schmalen Rinne die senkrechten Seewände hinunter, bevor er sich die letzten 50 m breiter werdend über die Felsen ergießt.

Am Oytalhaus wartet ein schöner Spielplatz auf die Kinder.

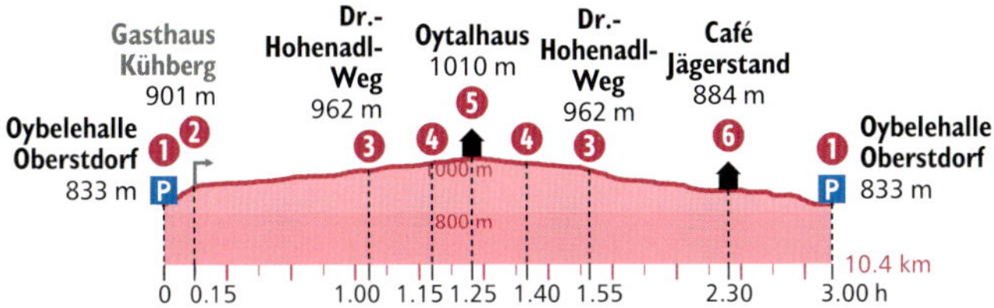

Nun ist es nicht mehr weit, das letzte Stück unseres Weges führt uns wiederum durch eine Baumallee, dann stehen wir direkt vor dem **Oytalhaus** ❺ mit seinem schönen Spielplatz mit zwei Babyschaukeln, Spielhaus mit Rutsche, Rollenbahn, kleiner Slackline-Anlage und allerlei Gefährten wie Bobbycars und Kettcars. Von der großen Terrasse hat man einen wunderschönen, freien Blick auf die hoch aufragenden, felsigen Gipfel von Schneck, Himmelhorn und Großem Wilden.

Wer möchte, kann nun noch eine halbe Stunde auf einem Kiesweg bis zur Unteren Gutenalpe, 1048 m, – weiterhin nur ganz leicht ansteigend – weiterwandern und auch dort zur Almzeit einkehren.

Für den Rückweg gehen wir durch den Spielplatz am Oytalhaus hindurch, folgen dem Schild »Oytal Rundweg« bis zum Oybach und spazieren nun auf einem Wiesenweg – wer möchte, barfuß – am Oybach entlang bei einem großartigen Blick auf den Wasserfall bachabwärts. Bevor der Weg auf die Straße mündet, wird er aufgrund des Untergrundes aus grobem Kies sehr holprig, hier kommt man ohne geländegängigen Kinderwagen nicht weiter. Nun wandern wir die Straße bis zum Abzweig **Dr.-Hohenadl-Weg** ❸ hinunter und biegen hier links ab. Auf einem erstaunlich gut mit dem Kinderwagen zu befahrenden Kiesweg geht es nun nicht allzu steil, bald wunderschön direkt am **Oybach** entlang, an dem man weiter unten auch noch einmal an den Kiesbänken schön Pause machen kann. Schließlich stoßen wir unten direkt auf den Weg, der von der Spielmannsau bzw. dem Christlessee aus dem Trettachtal herausführt, biegen rechts ein und kommen bald zu der Trettachbrücke, über die wir zum **Café Jägerstand** ❻ hinübergehen. An der Trettach entlang spazieren wir nun flussabwärts wieder nach Oberstdorf, überqueren auf der Mühlenbrücke erneut die Trettach und biegen kurz darauf halbrechts in einen kleinen Kiesweg ein, der uns direkt zurück zum Parkplatz an der **Oybelehalle** ❶ führt.

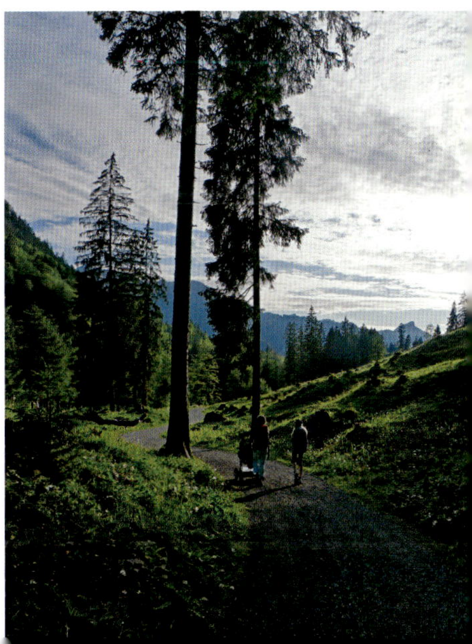

Auf dem Dr.-Hohenadl-Weg wandern wir abwechslungsreich zurück.

21 Gaisalpe

Von Reichenbach

★★

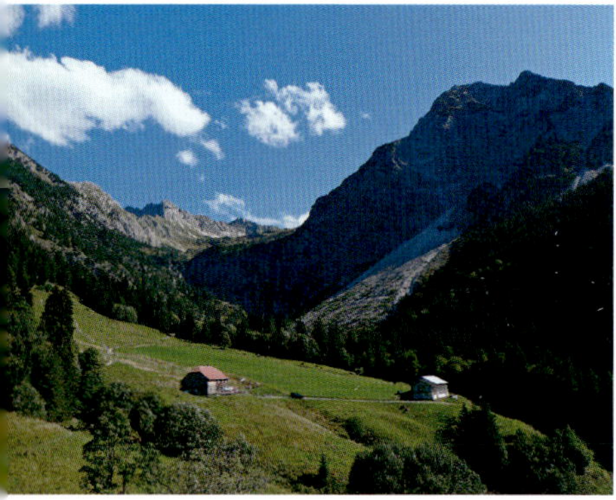

Blick vom Berggasthof Gaisalpe über die Weiden zum Rubihorn.

Zwei Bergwirtschaften und Spielplatz Wichteltreff

Von Reichenbach bei Oberstdorf führt eine Asphaltstraße durch Wald und Wiesen zur Gaisalpe mit zwei Einkehrmöglichkeiten (jeweils mit Spielplätzen) und Blick auf das mächtige Rubihorn. Wer mit zwei Erwachsenen und größeren Begleitkindern unterwegs ist, kann sich auch aufteilen und mit einem Teil durch den sehenswerten Reichenbachtobel mit zwei, drei harmlosen Drahtseilsicherungen (für Kinder ab 4 Jahren) abkürzen. Oben laufen die beiden Wege wieder zusammen. Unterhalb des Parkplatzes P2 lohnt am Ende der Tour ein Besuch des liebevoll gestalteten Waldspielplatzes Wichteltreff, der für kleinere Kinder angelegt wurde. Nach der Wanderung kann man in Reichenbach noch dem dortigen, schön angelegten Moorschwimmbad (siehe Tipp) einen Besuch abstatten.

KURZINFO

Ausgangspunkt: Gebührenpflichtiger Parkplatz in Reichenbach bei Oberstdorf, 861 m (Navi: 87561 Oberstdorf/Reichenbach bzw. N47.442309, E10.296244). Auf der B 19 bis Ausfahrt Sonthofen-Süd und über Altstädten und Schöllang auf der OA 4 bis Reichenbach. Im Ort weist ein Wegweiser von Norden kommend links hinauf zum Parkplatz.
Mit Bahn und Bus: Vom Bahnhof Altstädten oder Oberstdorf mit dem Bus stündlich nach Reichenbach.
Gehzeit: 2.00 Std.
Distanz: 5,1 km.
Höhenunterschied: 310 m.
Höchster Punkt: 1149 m.
Anforderungen: Für den Aufstieg auf der für den Verkehr gesperrten Asphaltstraße ist gute Kondition erforderlich. Handbremsen und Fangschlaufe empfehlenswert. Für Säuglinge Schwenkschieber erforderlich (siehe S. 20).
Hinweise: Für Doppelkinderwagen nicht empfehlenswert (Gewicht!). Unterwegs einige Rastbänke.
Ausrüstung: Rutschfeste Schuhe, eventuell Wechselkleidung (Brunnen am Berggasthof Gaisalpe), Bergschuhe für Weg durch den Tobel (ohne Kinderwagen).
Einkehr: Berggasthof Gaisalpe, 1149 m, geöffnet 01.05.–31.10., kein Ruhetag, Öffnungszeiten Winter siehe Website, Spielplatz, Wickeltisch, Tel. +49 8326/7917, gasthof-gaisalpe.de.
Untere Richtersalpe, 1140 m, geöffnet 01.05.–31.10., Spielplatz, Wickeltisch, Montag Ruhetag, Tel. +49 8322/06431, gaisalpe.de.
Tipp: Nach der Tour lohnt ein Besuch des Moorschwimmbads in Reichenbach (Spielplatz, Einkehrmöglichkeit), Reichenbach 70, 87561 Oberstdorf, Tel. +49 8326/1509, moorstueble.de.

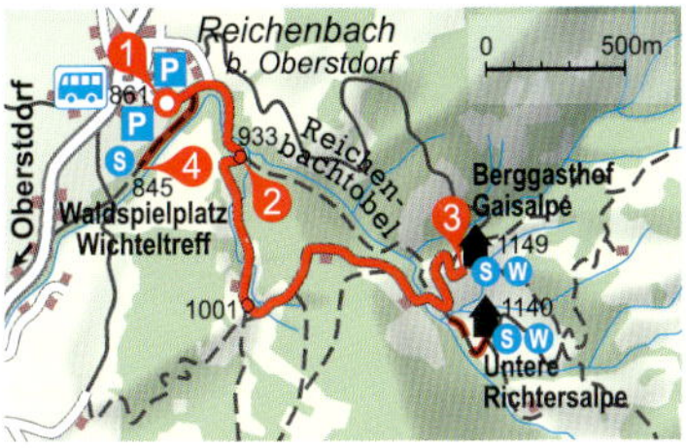

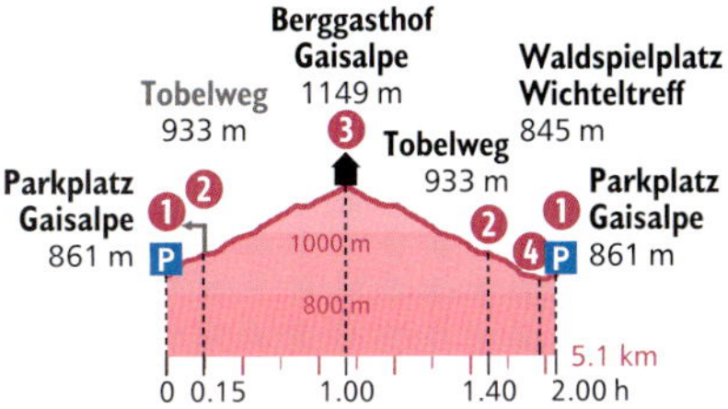

Vom **Parkplatz Gaisalpe** ❶ wandern wir die Asphaltstraße aufwärts, passieren eine Schranke und kommen kurze Zeit später an einen **Schilderbaum** ❷. Hier zweigt links der Weg durch den Reichenbachtobel ab, mit dem Kinderwagen gehen wir aber geradeaus auf der Straße weiter, die uns schön durch Wald und später über Wiesen hinaufführt. Kurz nachdem der Tobelweg wieder auf die Straße führt, müssen wir uns entscheiden, ob wir lieber in der **Unteren Richtersalpe** (Straße nach rechts verlassen) oder im **Berggasthof Gaisalpe** ❸ (weiter der Straße folgend) einkehren wollen.

Der Rückweg verläuft auf dem Hinweg. Unmittelbar vor Erreichen des Parkplatzes kann man nach links abbiegen und kommt so nach wenigen hundert Metern am Bach entlang zum **Waldspielplatz Wichteltreff** ❹ mit seinen vielen ideenreichen Spielgeräten.

Auch die urige Untere Richtersalpe lädt zu einer Rast ein.

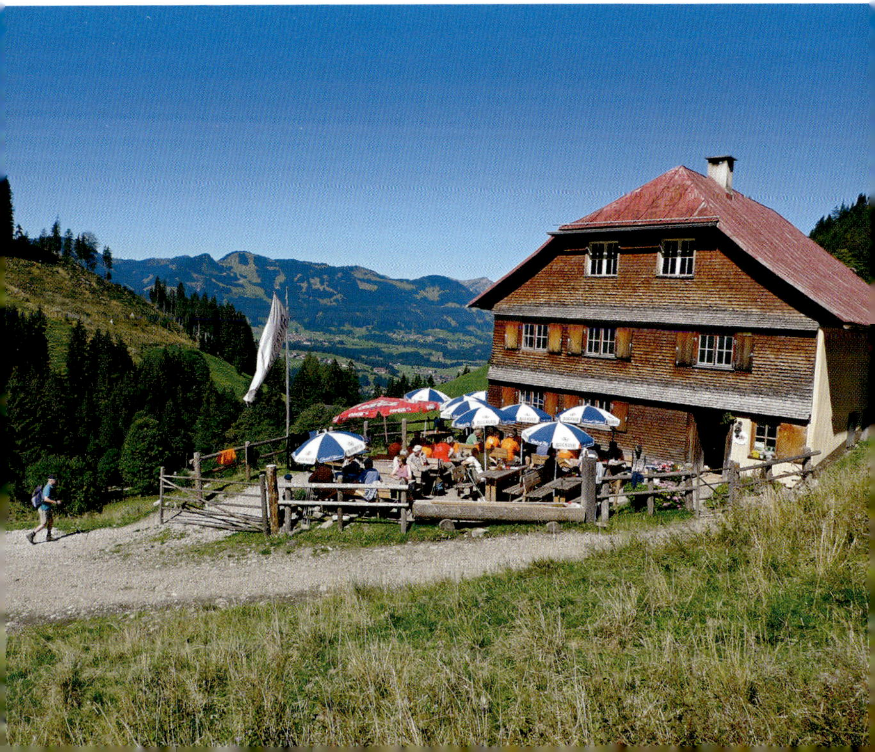

22 Kutschenmuseum Hinterstein

Vom Parkplatz »Auf der Höh« ★★

Fantastische Märchenwelt an der Ostrach

Das von dem Hintersteiner Malermeister Martin Weber privat betriebene, fernab von anderen Gebäuden liegende Kutschenmuseum war jahrelang aus Brandschutzgründen geschlossen. Jetzt ist es nach einer gründlichen Renovierung wieder geöffnet und weiterhin viel mehr als der Name vermuten lässt. Die jahrhundertealten Kutschen sind eingebettet in fantastische Märchenwelten, die perfekt mit glitzernden Spiegeln, großen ausgestopften Tieren (z. B. Pferde, Bären und Wölfe) und fast schon lebendig wirkenden Schaufensterpuppen arrangiert wurden. Unheimliche Sphärenmusik und das Gebot, im Museum nicht zu sprechen, tun ihr Übriges – mit dem Betreten des Museums befindet man sich in einer völlig anderen Welt, fernab jeglicher Realität. Der Erbauer selbst nennt es ein Wagnis zwischen Kitsch und Kunst, tatsächlich ist es eine Obsession zwischen Skurrilem und Genialem, zwischen Wahnvorstellung und fantastischer Traumwelt. Als Höhepunkt erreicht man eine mit Hunderten von Kerzen geschmückte bizarre künstliche Grotte, die einen in gruseliges Staunen versetzt. Das Museum ist kostenlos, eine Spende wird aber erbeten. Geöffnet ist die Wunderwelt ganzjährig von 8 bis 20 Uhr. Die Kinder sind in aller Regel begeistert von der unwirklichen Zauberwelt, drängen sich aber ganz nah an die Eltern und wollen trotzdem nach Verlassen des Museums sofort noch eine schaurig-schöne Runde darin bestehen.

Der weitläufige Wiesenspielplatz bietet viel Platz zum Toben.

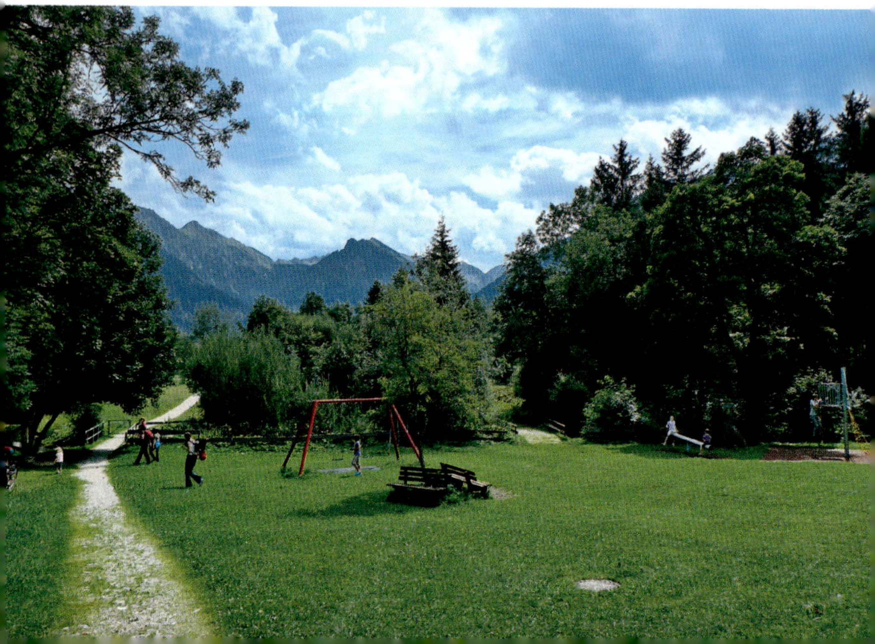

KURZINFO

Ausgangspunkt: Großer, gebührenpflichtiger Wanderparkplatz »Auf der Höh« am südlichen Ortsende von Hinterstein, 879 m (Navi: 87541 Hinterstein/ Rauhornweg 13). Auf der B 19 bis Ausfahrt Sonthofen und beschildert weiter in östlicher Richtung bis zum Ortsanfang von Bad Hindelang. Im Kreisel die erste Abfahrt nach Hinterstein nehmen, durch den Ort hindurch und bis zum am südlichen Ende von Hinterstein gelegenen Parkplatz. Alternativ kann man Bad Hindelang auch auf der B 310/308 über Oberjoch auf einer 7 km langen, sehr kurvigen Passstraße anfahren. Durch Bad Hindelang hindurch und am Kreisverkehr am Ortsende die vierte Abfahrt nach Hinterstein nehmen.
Mit Bahn und Bus: Mit dem Zug bis Sonthofen und weiter mit dem Bus 48 im Stundentakt nach »Bad Hindelang, Busbahnhof«. Vom Busbahnhof direkter Anschluss an den Bus nach Hinterstein.
Gehzeit: 1.15 Std. Bitte zusätzliche Zeit für den Spielplatz und das Kutschenmuseum einplanen.
Distanz: 4,5 km.
Höhenunterschied: 50 m.
Höchster Punkt: 879 m.
Anforderungen: Die Wanderung verläuft größtenteils auf weitgehend ebenen Kieswegen. Ein kurzes Stück über einen Wiesenpfad stellt bei trockenem Boden keine Schwierigkeit dar. Nach der erstmaligen Überquerung der Ostrach steigt der Weg ein kurzes Stück steil an.

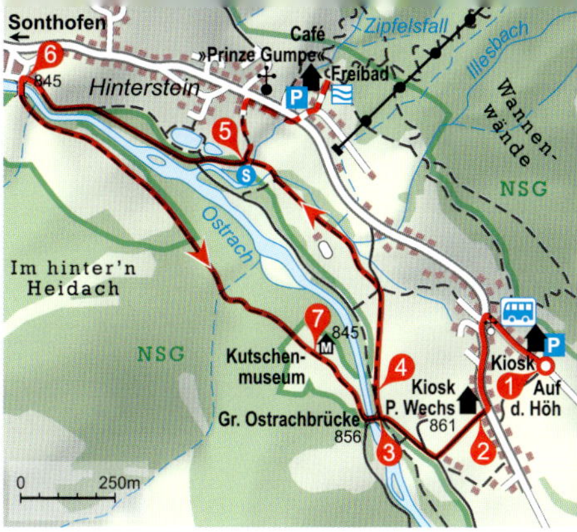

Hinweise: Für Zwillingskinderwagen geeignet. Mehrere Bänke bieten Platz zum Rasten und Stillen.
Ausrüstung: Wechselkleidung wegen Wasserspielmöglichkeit an Spielplatz und Ostrach.
Einkehr: Kiosk auf der Höh, kein Ruhetag, öffentliche Toilette, Rauhornweg 13, 87541 Hinterstein, Tel. +49 8324/ 1532 oder +49 160/90642446. Kiosk Petra Wechs, Im Schlauchen 16, 87541 Hinterstein, Tel. +49 8324/1052.
An der Variante: Café-Restaurant »Prinze-Gumpe«, geöffnet von Weihnachten bis Ende Okt., in den Sommermonaten kein Ruhetag, Auf dem Buck 6, 87541 Hinterstein, Tel. +49 8324/952999.
Variante: Halten wir uns nach dem Spielplatz rechts, kommen wir über einen kleinen Fußweg hinauf zur »Talstraße« in Hinterstein. Hier biegen wir rechts ein, überqueren einen Bach und wenden uns kurz dahinter (Straße »Auf dem Buck«) nach links steil bergauf zum Bad »Prinze Gumpe«.

Vom **Großparkplatz »Auf der Höh«** ❶ spazieren wir am dortigen Kiosk vorbei die Zufahrtsstraße hinunter, wenden uns an dem kleinen Platz mit der Bushaltestelle in der Mitte nach links (Hinweis: Den Wegweiser nach rechts zum Hintersteiner Spielplatz ignorieren wir wegen eines schlecht passierbaren Gatters) und folgen der Straße für einige Minuten. Nach 300 m biegen wir rechts ein, kommen am **Kiosk Petra Wechs** ❷ vorbei und halten uns an der nächsten Verzweigung rechts, bis wir auf die große überdachte **Ostrachbrücke** ❸ stoßen. Wir wenden uns vor der Brücke rechts, gehen durch ein für Kinderwagen durchgängiges Weidetor und biegen an der zweiten **Bank** ❹ rechts in einen unbeschilderten, auf den ersten Blick nicht zu erkennenden, aber mit dem Kinderwagen befahrbaren Wiesenweg ein, der uns schräg über

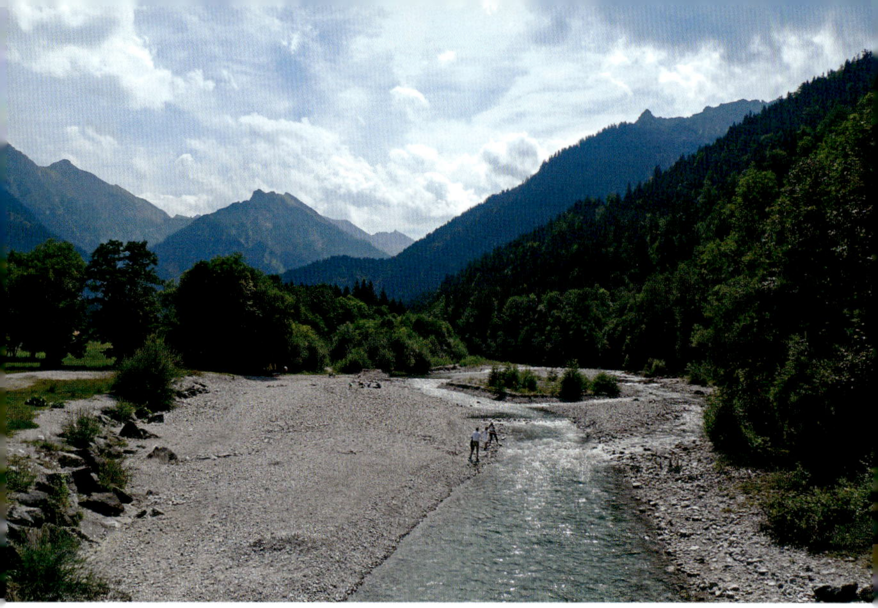

Unterhalb der großen Holzbrücke kann man an der Ostrach gut picknicken.

die Weide führt. Nach 300 m treffen wir auf einen Kiesweg (Hinweis: Dies ist der ausgeschilderte Weg von der Bushaltestelle zum Hintersteiner Spielplatz, den wir eben wegen des schlecht passierbaren Weidezaunes nicht gewählt haben). Ein Schild weist uns an dieser Stelle nach links zum Hintersteiner Spielplatz. Fünf Minuten später sind wir bereits auf dem weitläufigen **Wiesenspielplatz 5** angekommen. Hier warten ein überdachter Sandkasten, ein Bach mit perfektem Zugang zum Spielen, eine Hängeseilbrücke über den Bach sowie einige weitere Spiel- und Klettergeräte auf kleine und größere Kinder.

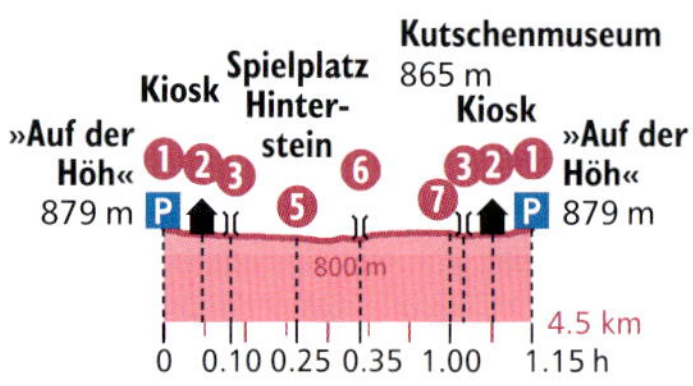

Nach der Pause gehen wir geradeaus weiter und könnten nun einen Abstecher nach rechts zum etwa zehn Minuten entfernten Naturbad Prinze Gumpe machen (siehe Variante und Tipp).

Wir wenden uns aber nach links und am nächsten Wegweiser wiederum links, biegen kurz darauf rechts in den Uferweg ein und wandern entlang der Ostrach etwa 600 m flussabwärts. An einer kleinen überdachten **Ostrachbrücke 6** überqueren wir den Fluss, öffnen (und schließen) ein Viehgatter und wandern ansteigend auf einem gemütlichen Kiesweg weiter. Dann staunen wir über die liebliche Almlandschaft mit Blick auf die Berge, die sich plötzlich auftut. Der Weg bleibt kinderwagentauglich und führt durch lichten Wald. Fünf Minuten später kommen wir wieder in die Sonne, auf der rechten Seite bietet eine schattige Bank eine schöne Rastmöglichkeit. Nun sehen wir bereits

das wie ein Hexenhäuschen aussehende **Kutschenmuseum** ❼.
Wir wandern weiter auf die Berge zu und erreichen abwärtsgehend schnell die große überdachte **Ostrachbrücke** ❸, die wir am Anfang der Tour bereits von der anderen Seite gesehen haben, und können nun noch unterhalb auf den schönen Kiesbänken der Ostrach eine Picknick- und Spielpause am Wasser einlegen.
Zurück zum **Parkplatz** ❶ geht es dann auf dem vom Hinweg bekannten Weg.

Tipp: Prinze Gumpe

Die Prinze Gumpe ist ein kostenloses Naturbad mit hügeligen Wiesenflächen, einer großen Gumpe (nur für Schwimmer), Badestegen, Kinder-Flachwasserbereich, Kneippbecken und einer schönen Einkehrmöglichkeit. Das Wasser kommt direkt aus dem Zipfelsbach und reinigt sich durch Steine und Pflanzen selbst, sodass kein Chlor benötigt wird. Prinzregent Luitpold, der früher gern im Zipfelsbach in einer Gumpe badete, hat die Hintersteiner bei der Namensgebung des Bades inspiriert. Und wem's im Bad gefallen hat, darf gern eine kleine Spende in die dafür angebrachten Kästen werfen. Hunde haben keinen Zutritt.
Adresse: Auf dem Buck 6, 87541 Hinterstein, Tel. +49 8324/952999.
Öffnungszeiten: Täglich 10–22 Uhr (Sommer).
Anfahrt: In der Ortsmitte von Hinterstein links zum Parkplatz.

Chlorfreies und kostenloses Badevergnügen in der Prinze Gumpe.

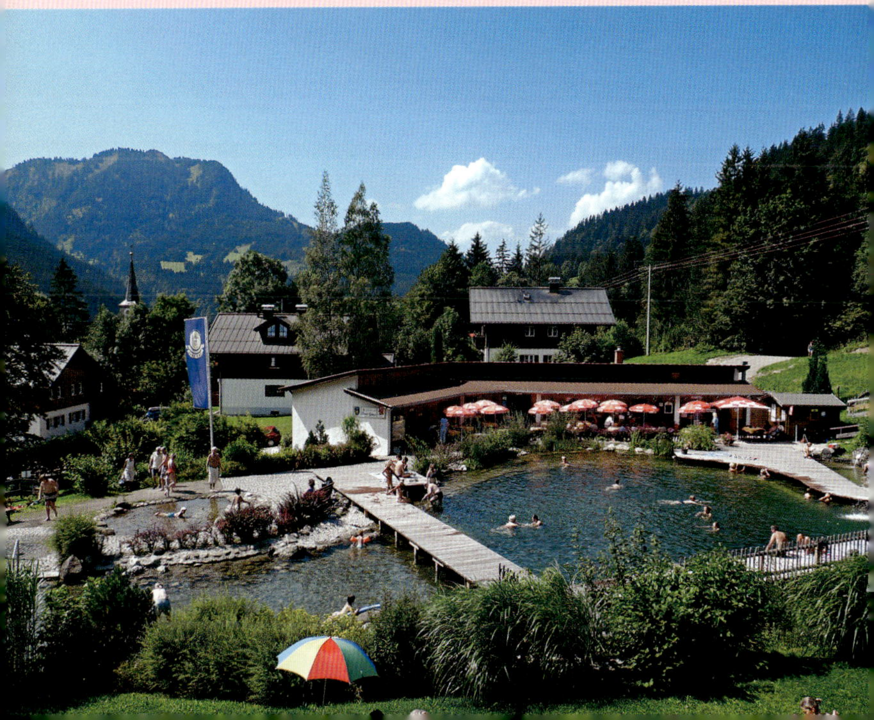

23 Alpe Mitterhaus

Vom Parkplatz Gruebplätzle in Bad Hindelang ★★

Alpkäse im Retterschwanger Tal

Die Alpe Mitterhaus gehörte seit ihrer erstmaligen Erwähnung im 14. Jahrhundert schon den Grafen Montfort und den Grafen Fugger, dem Bischhof von Augsburg, dem Fürstbischof Erzherzog von Österreich, dem Baron Heyl zu Herrnsheim und ab dem Jahr 1900 dem Prinzregent Luitpold von Bayern. Nach dem Tod von dessen Nachfahren Prinz Eugen von Bayern erlosch die direkte Erbfolge des Prinzregenten, sodass der Wittelsbacher Besitz fortan testamentarisch weitergeführt wurde. 2003 schließlich erfolgte der Verkauf der Sennalpe aus dem Nachlass von Prinz Eugen von Bayern an einen Augsburger Privatmann. Die Lage und der Weg hinauf zur Alpe Mitterhaus ist zwar nicht so spektakulär, wie die hochrangigen Besitzerwechsel vielleicht vermuten lassen würden. Nach den ersten steilen 45 Minuten auf einer überwiegend durch den Wald führenden Asphaltstraße, für die Ausdauer und Kondition erforderlich sind, werden wir aber ab dem Café Horn (derzeit geschlossen – Stand März 2024) mit einem nur leicht ansteigenden Spaziergang durch das schöne Retterschwanger Tal mit der bald neben uns dahinplätschernden, glasklaren Bsonderach und einem herrlichen Blick auf die vor uns aufragenden Berge belohnt. In der Alpe Mitterhaus warten dann Brotzeiten, Kuchen und der dort selbst hergestellte Alpkäse auf uns, bevor wir auf dem Hinweg wieder nach Bad Hindelang zurückkehren.

Begegnung in den Morgenstunden. Links der Bildmitte der Entschenkopf.

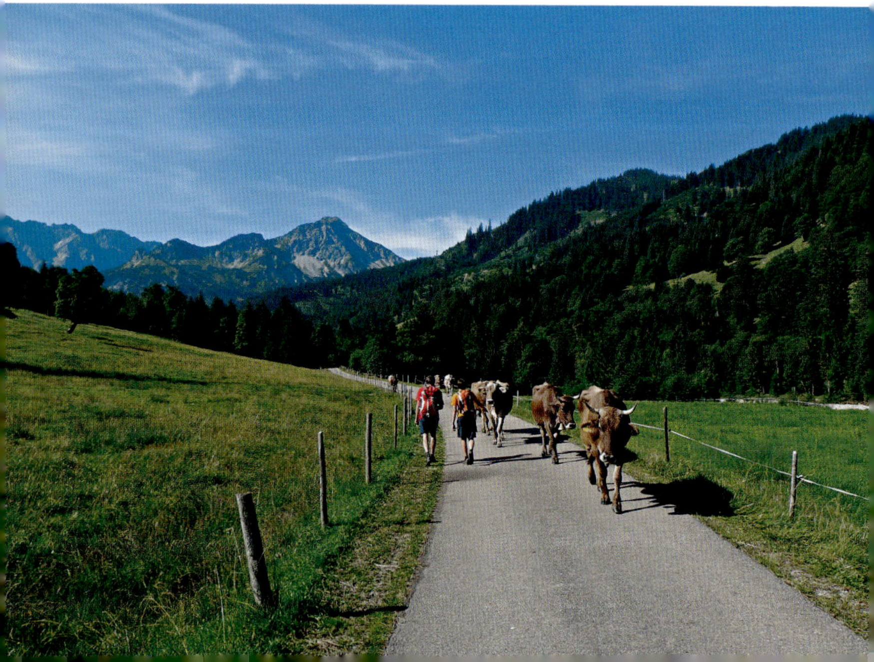

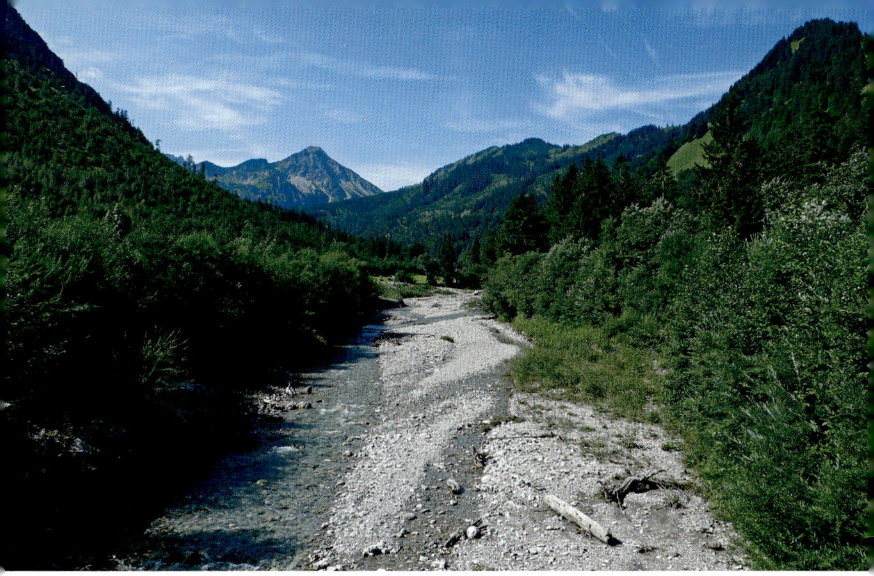

Blick von der Rautbrücke auf die Bsonderach und den Entschenkopf.

KURZINFO

Ausgangspunkt: Kostenpflichtiger Parkplatz Gruebplätzle, 810 m (Navi: 87541 Bad Hindelang/Hornweg). Auf der B 19 bis Ausfahrt Sonthofen und beschildert weiter auf der B 308 in östlicher Richtung bis zum Ortsanfang von Bad Hindelang. Im Kreisel, die erste Abfahrt in die Ostrachstraße (Richtung Hinterstein) nehmen und dieser ca. 2,2 km bis zum rechts der Straße liegenden Parkplatz folgen. Alternativ kann man Bad Hindelang auch auf der B 310/308 über Oberjoch auf einer 7 km langen, sehr kurvigen Passstraße von der anderen Seite anfahren, durch Bad Hindelang auf der B 308 hindurchfahren und im Kreisverkehr am Ortsende die vierte Abfahrt in die Ostrachstraße wählen.
Mit Bahn und Bus: Vom Bahnhof Sonthofen mit dem Bus 48 im Stundentakt nach »Bad Hindelang, Busbahnhof«. Dort in den Bus nach Bad Oberdorf umsteigen und bis zur Haltestelle »Bad Oberdorf, Am Hirsch« fahren, die Hintersteiner Straße hinuntergehen und so direkt zum Ausgangspunkt.
Oder zu Fuß vom Busbahnhof in Bad Hindelang: Dort die B 308 überqueren und die Jörg-Lederer-Straße hinuntergehen. Diese in der Rechtskurve geradeaus gehend in einen Pfad verlassen und an dessen Ende nach links zum Hirschbachwäldchen und zum Beginn des Barfußpfades. Von hier weiter wie in Tour 24 beschrieben bis zum Ausgangspunkt an der Ostrachstraße.
Gehzeit: 3.30 Std.
Distanz: 11,2 km.
Höhenunterschied: 360 m.
Höchster Punkt: 1090 m.
Anforderungen: Die ersten 45 Min. auf einer steil ansteigenden Asphaltstraße (Handbremse und Fangriemen erforderlich) verlangen Kondition, ab dem Café Horn Almfahrstraße ohne große Steigungen. Für Säuglinge Schwenkschieber erforderlich (siehe S. 20).
Hinweise: Für Doppelkinderwagen nicht empfehlenswert (Gewicht!). Unterwegs vereinzelt Bänke.
Ausrüstung: Rutschfeste Schuhe.
Einkehr: **Berggasthaus Café Horn**, 984 m, derzeit auf unbestimmte Zeit geschlossen (Stand März 2024). **Alpe Mitterhaus**, 1084 m, geöffnet von Ende Mai bis 3. Oktober 11 bis 16 Uhr, außerhalb der bayerischen Schulferien Dienstag Ruhetag, alpe-mitterhaus.de.

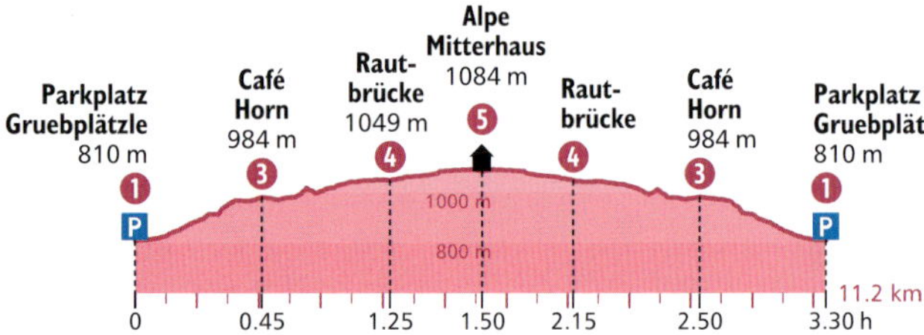

Vom **Parkplatz Gruebplätzle** ❶ marschieren wir über die Ostrachbrücke (Beschilderung »Horn-Café, Mitterhaus«), folgen der Asphaltstraße nach links und kommen nach etwa fünf Minuten zu einer **Verzweigung** ❷. Hier wählen wir die rechte, nach oben führende Straße. Bald zieht die ständig ansteigende Straße in den Wald, jetzt ist Kondition und Ausdauer gefragt. Nach 20 Minuten Gehzeit ignorieren wir eine Abzweigung nach links zum Café Horn und bleiben besser auf der nicht ganz so steilen Straße. Weitere 20 Minuten später stehen wir bereits am auf unbestimmte Zeit geschlossenen **Café Horn** ❸ (Stand 2020). Weiter geht es geradeaus auf der Straße, erst noch einmal ein Stück stärker ansteigend auf die Rotspitze zu, dann gemütlich leicht bergan durch das wunderschöne Retterschwanger Tal. Bald kommt der imposante Entschenkopf mit seiner scheinbar gekappten Spitze in unser Blickfeld, diesem mächtigen Bergmassiv wandern wir fortan entgegen. 35 Minuten nach dem Café Horn spazieren wir über die **Rautbrücke** ❹, die uns über die Bsonderach führt. Von der Brücke tut sich ein herrlicher Blick nach Süden auf den natürlichen Bachlauf mit den dahinterliegenden Bergen auf. Nun

Am Schluss geht es zur Alpe Mitterhaus noch ein Stück bergab.

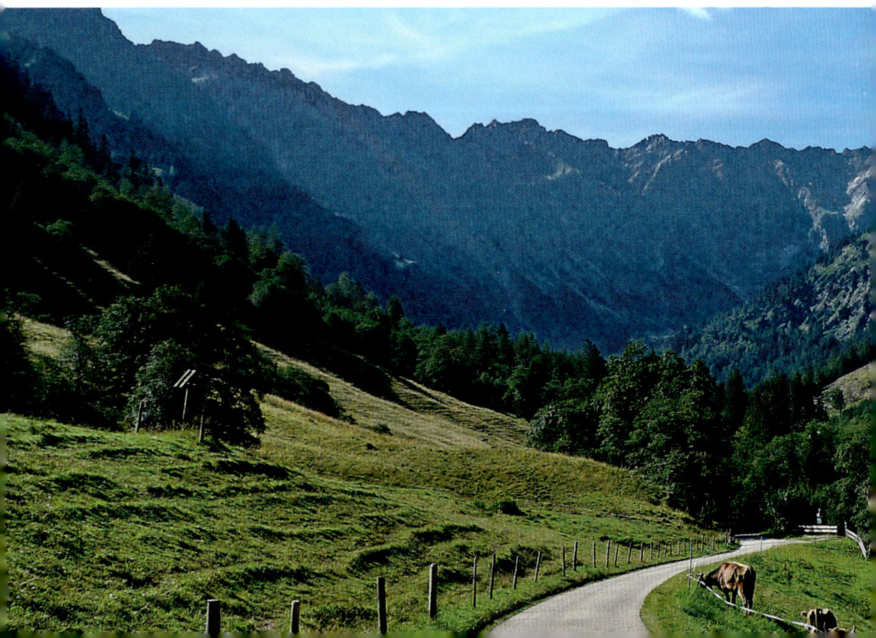

marschieren wir direkt neben der Bsonderach fast eben auf dem kleinen Asphaltsträßchen über die weitläufigen Weiden, erfreuen uns an der Ruhe und der Beschaulichkeit, die hier im Retterschwanger Tal noch herrschen, und blicken bereits 20 Minuten nach der Brücke auf die **Alpe Mitterhaus 5**, die wir erreichen, wenn wir der nun etwas abwärtsführenden Straße weiter folgen.

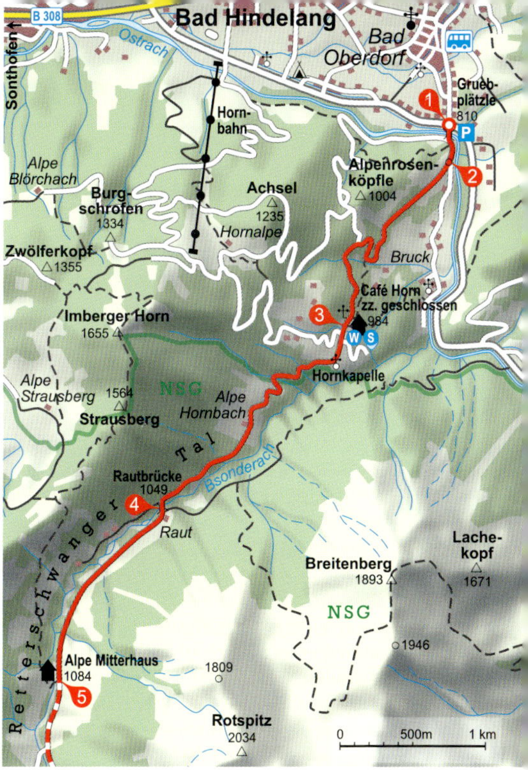

Wer nicht in der Alpe einkehren möchte, kann der Straße noch ein Stückchen geradeaus folgen und findet bald rechts des Weges eine unter einem Bergahorn stehende Bank. Eine weitere Rastbank (links in den Wiesen am Abzweig zum Großen Daumen) erreicht man, wenn man noch etwa 700 m weitergeht. Dort kann man sich auch auf den Wiesen ein lauschiges Plätzchen zum Brotzeit machen suchen. Den Rückweg zum **Parkplatz 1** bestreiten wir auf dem Hinweg.

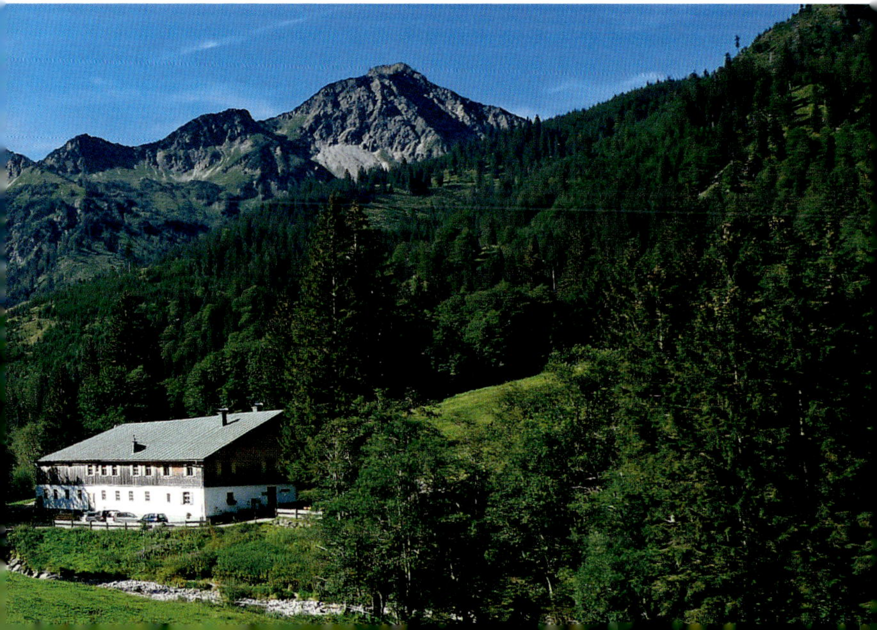

24 Bad Hindelang

Vom Busbahnhof ★★

Dorfrallye und Barfußweg

In Bad Hindelang hat man sich etwas ganz Besonderes einfallen lassen: Die schöne Kneippanlage im Hirschbachwäldchen wurde kurzerhand mit der 700 m entfernt liegenden Kneippanlage im Schanzpark mittels eines Barfußpfades (mit Kinderwagen befahrbar bzw. Umgehung vorhanden) verbunden. Der Barfußpfad wiederum ist Teil der Streckenführung der Dorfrallye, auf deren Weg wir uns begeben wollen – das Dorfrallye-Quizheft gibt es in der Touristinfo (siehe auch »Tipps« in der Kurzinfo). Eine schöne Sache für größere Begleitkinder. Aber auch die Eltern und die Kleinsten haben viel Spaß an diesem Rundweg. Mehrere liebevoll gestaltete Spielplätze, ein Bach, Kiesbänke an der kristallklaren Ostrach, schöne Blicke auf die Berge, eine abwechslungsreiche Wegführung – teilweise entlang des Flusses – und nicht zuletzt der Barfußpfad lassen keine Langeweile aufkommen. Fast am Schluss unseres Rundgangs verlassen wir den Dorfrallye-Weg, um am bepflanzten Regenerationsweiher für das Naturbad Bad Hindelang vorbeigehend zum Restaurant Wiesengrund mit seinem wunderschönen Gastgarten mit Trampolin, Fußballfeld mit Minitoren und kleinem Spielplatz zu kommen – dort kann man den schönen Ausflug gemütlich ausklingen lassen.

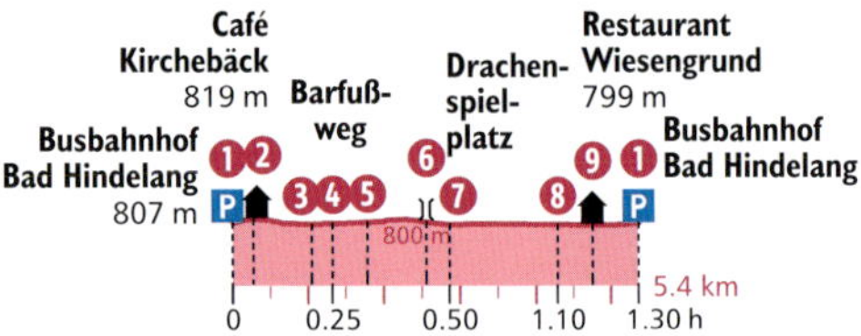

Blick vom Regenerationsweiher des Naturbads auf Bad Hindelang.

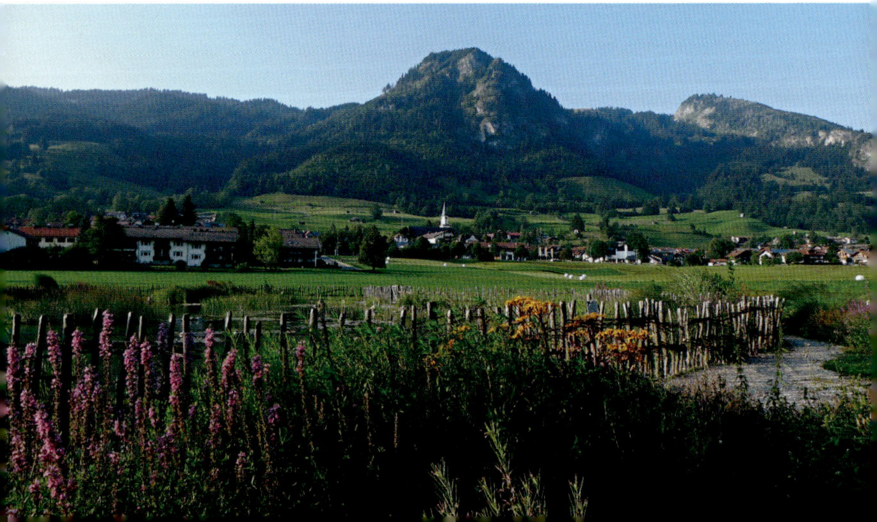

KURZINFO

Ausgangspunkt: Großer Parkplatz am Busbahnhof in Bad Hindelang, 807 m, (Navi: 87541 Bad Hindelang/Am Bauernmarkt 1). Auf der B 308 von Sonthofen oder Oberjoch kommend zum direkt neben der B 308 liegenden Parkplatz.
Mit Bahn und Bus: Vom Bahnhof Sonthofen mit dem Bus 48 im Stundentakt nach »Bad Hindelang, Busbahnhof« direkt zum Ausgangspunkt.
Gehzeit: 1.30 Std.
Distanz: 5,4 km.
Höhenunterschied: 40 m.
Höchster Punkt: 820 m.
Anforderungen: Leichte Rundwanderung auf Kieswegen und einigen kurzen Asphaltstrecken ohne große Steigungen. Ein Teilstück verläuft auf einem Wiesenweg (Barfußpfad) – hier tut man sich mit einem geländegängigen Kinderwagen leichter.
Hinweise: Für Doppelkinderwagen geeignet. Der Weg ist überwiegend – bis auf die abschüssigen und ansteigenden Strecken – für Kinder mit Laufrädern geeignet. Unterwegs Rastbänke.
Ausrüstung: Wechselkleidung (Kneippbecken, Kiesstrand an der Ostrach, Wasserspielplatz).
Einkehr: Café Konditorei Kirchebäck, geöffnet Montag bis Freitag 6.30–18 Uhr, Samstag 6.30–13 Uhr, Tel. +49 8324/368, kirchebaeck.de. Hotel Restaurant Wiesengrund, ganzjährig geöffnet (Betriebsferien siehe Website), kein Ruhetag, Spielplatz, Wickeltisch, Tel. +49 8324/2219, wiesengrund.com.
Tipps: Die Minigolfanlage am Hirschbachwäldchen ist bei gutem Wetter im Sommerhalbjahr täglich 13–20 Uhr geöffnet. Die Touristinfo befindet sich im Kurhaus im Unteren Buigenweg 2, Tel. +49 8324/8920. Vom Busbahnhof folgt man (von Sonthofen kommend) in Fahrtrichtung ein Stück der B 308 und biegt dann bei nächster Gelegenheit rechts ein zum Kurhaus.

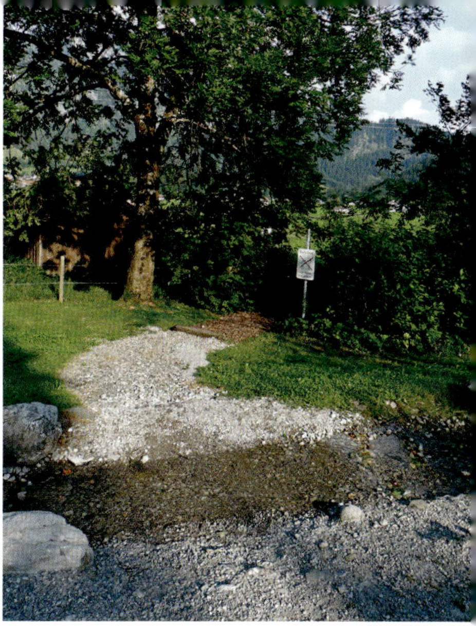

Bachdurchquerung am Barfußweg.

Am oberen Ende des **Busbahnhofes** ❶ führt uns eine Rampe quasi durch das dort stehende Gebäude hinauf zum Schäferladen, wir spazieren hier nach rechts und wandern die nächste Straße links hinauf. Oben biegen wir rechts in die Marktstraße zum neu gestalteten Dorfplatz ein, marschieren am **Café Kirchebäck** ❷ vorbei, schwenken gleich darauf nach rechts und gehen zwischen Rathaus und Raiffeisenbank nach rechts hinunter. Wir erreichen einen kleinen Spielplatz, biegen links in den Fuggerweg ein und folgen kurz darauf dem Wegweiser halbrechts zum Barfußweg. Mittels eines Tunnels unterqueren wir die B 308 und wandern auf der als Sackgasse beschilderten Straße nach Süden. Wir kommen an einem gut gepflegten Minigolfplatz vorbei und sehen kurz darauf bereits einige Stufen, die zum neu angelegten **Wildererspielplatz** hinaufführen. Wir gehen aber erst einmal geradeaus weiter, bie-

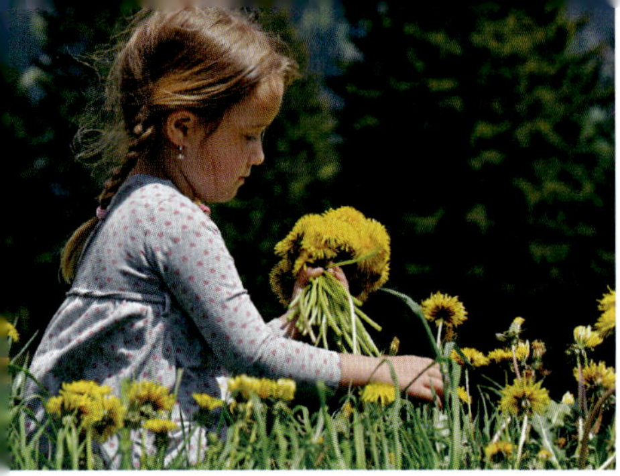

Bad Hindelanger Löwenzahnstrauß.

gen nach wenigen Metern links in das **Hirschbachwäldchen** ❸ ab (Beschilderung »Barfußweg«) und gelangen nun ohne Treppen zum Spielplatz. Nach diesem biegen wir rechts ab, gehen über eine Brücke und schwenken nach links. Etwa 50 m weiter wenden wir uns an einer Tafel rechts hinunter. Auf der rechten Seite können wir zum großen Kneippbecken gehen, hier beginnt auch der **Barfußweg** ❹. Zuerst über verschiedene Untergründe, dann an einer Furt durch einen kleinen Bach, spazieren wir sodann auf einem Wiesenweg wunderschön am Wildbach auf blanken Sohlen weiter. Bei trockenen Bodenverhältnissen ist dieser Weg mit dem Kinderwagen gut befahrbar. Es kommt noch einmal eine kurze Fühlstrecke, dann erreichen wir einen Asphaltweg, gehen geradeaus weiter und können nun rechts oder links (hier schmaler Barfußpfad) des Wildbaches unseren Weg fortsetzen. Mit dem Kinderwagen empfiehlt sich der breitere Kiesweg rechts des Baches. Wir betreten den **Schanzpark** ❺ und erreichen schnell die zweite, ebenfalls sehr schöne Kneippanlage. Von hier marschieren wir nach Osten auf dem Weg weiter, bis wir auf einen Asphaltweg (Weihergasse/Schrotweg) stoßen. Hier biegen wir rechts ein, spazieren durch eine Allee von Apfelbäumen und treffen auf die Hintersteiner Straße, auf der wir nach rechts schwenken. Bald überqueren wir die Ostrachstraße, gehen am Parkplatz Gruebplätzle vorbei, überqueren die **Ostrach** ❻, wenden uns nach rechts (links könnte man nach ein paar Metern mit dem Kinderwagen zum Kiesstrand der Ostrach hinuntergehen) und folgen dem Wegweiser zur Hornbahn. Nach fünf Minuten erreichen wir den schönen **Drachenspielplatz** ❼, folgen weiter dem Weg, bis wir nach weiteren fünf Minuten zu einem **Wasserspielplatz** kommen. Dort überqueren wir die Ostrach und schwenken nach links. Fünf Minuten später stehen wir bereits an der Talstation der **Hornbahn** ❽, wenden uns nach rechts, überqueren die Ostrachstraße und bald darauf geradeaus gehend einen Bach. Unmittelbar hinter der Brücke biegen wir rechts in einen Kiesweg ein. Wir kommen am sehr schön angelegten Regenerationsweiher des

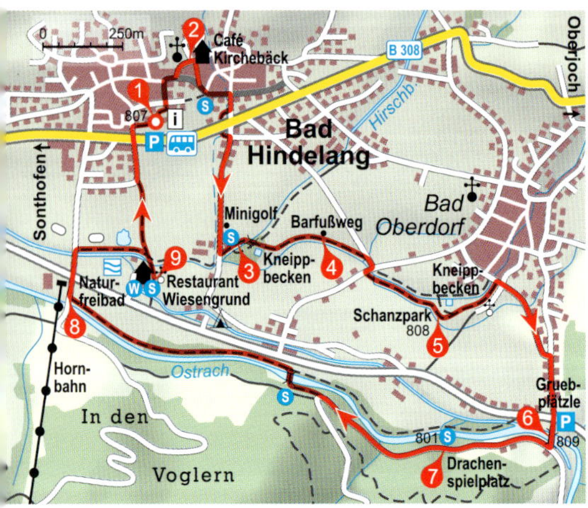

danebenliegenden Naturbads Bad Hindelang (Eingang nur von der Ostrachstraße – siehe auch Tipp) vorbei und erreichen kurz darauf den Abzweig (Schild, unter dem man hindurchgeht) zum **Restaurant Wiesengrund** ❾ mit seinem schönem Wirtsgarten und dem Spielplatz.
Genau gegenüber dem Abzweig verläuft ein kleiner Teerpfad über die Wiesen, dieser führt uns über die Jörg-Lederer-Straße – geradeaus gehend –, nachdem wir vorsichtig die B 308 überquert haben, wieder zurück zum Ausgangspunkt.

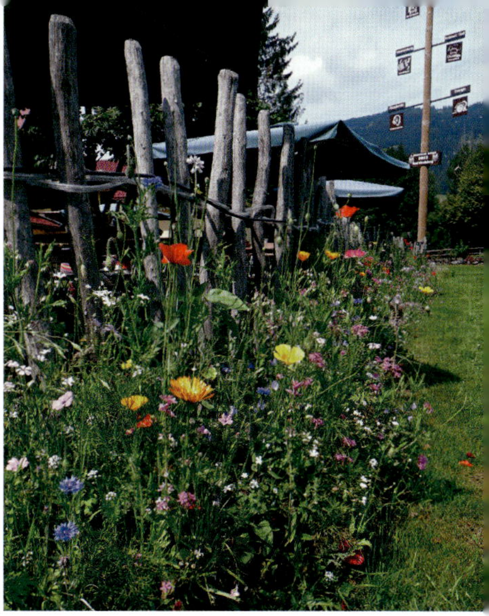

Am Restaurant Wiesengrund.

Tipp: Naturbad Bad Hindelang

Im Naturbad Bad Hindelang wartet weiches, auf der Haut sehr angenehmes Wasser ohne Chemie auf die Familien. Die Wasserreinigung des grünen Wassers erfolgt durch den Regenerationsweiher, an dem wir bei unserer Wanderung vorbeigekommen sind. Das weitläufige Areal umfasst ein Erwachsenen-Schwimmbecken, ein 50-m-Naturkinderbecken, einen Spielbach, Sprungfelsen, Wasserrutsche, Wasserfall, Pirateninsel, Floß und Felsendusche sowie einen Spielplatz, ein Beach-Volleyballfeld und einen Biergarten mit (zeitweise) Live-Musik. Kein Zutritt für Hunde. Von unserer Wanderung erreicht man das Bad, indem man unmittelbar am Gastgarten des Restaurants Wiesengrund auf dem kleinen Pfad vorbeigeht und am Ende des Weges am großen Parkplatz des Naturfreibads an der Ostrachstraße nach rechts schwenkt.

Adresse: Ostrachstraße 21, 87541 Bad Hindelang, Tel. +49 8324/953 056.

Öffnungszeiten: Ende Mai bis Mitte September täglich bei schönem Wetter 9–19 Uhr.

Anfahrt: Auf der B 308 von Bad Hindelang kommend Richtung Lexenmühle. Am Kreisverkehr die vierte Abfahrt in die Ostrachstraße nehmen und dieser ca. 850 m bis zum Parkplatz des Bades auf der linken Straßenseite folgen.

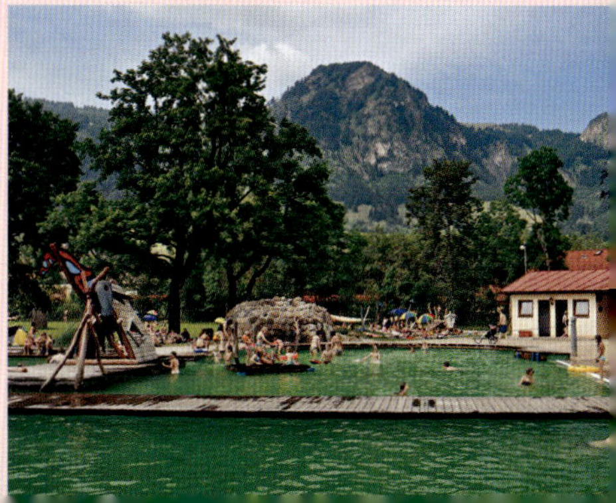

Im Naturbad wartet weiches, grünes Wasser ohne Chemie.

25 Waldspielplatz »Großer Wald«

Vom Parkplatz »Großer Wald« ★

Runde über zwei schöne Alpen

Zwischen Rettenberg und Wertach wartet eine schöne Kinderwagentour auf Asphaltwegen über die bewirtschafteten Alpen Metzeberg und Burgerschläg und führt uns nach zwei Dritteln des Weges zum Waldspielplatz »Großer Wald«. Mit dem Versprechen, dass man bei der Wanderung direkt an einem großen Abenteuerspielplatz mit vielen Klettermöglichkeiten, einer langen Kurvenrutsche, Vogelnestschaukel, Hängebrücke und tollen Spielmöglichkeiten im breiten, aber ganz seichten Bach vorbeikommt, kann man auch die älteren Begleitkinder (ab 6 Jahren) zu dieser Runde motivieren. Der Spielplatz befindet sich auf zwei Ebenen und hat auch eine Unterstellmöglichkeit bei Regen und einen Grillplatz zu bieten.

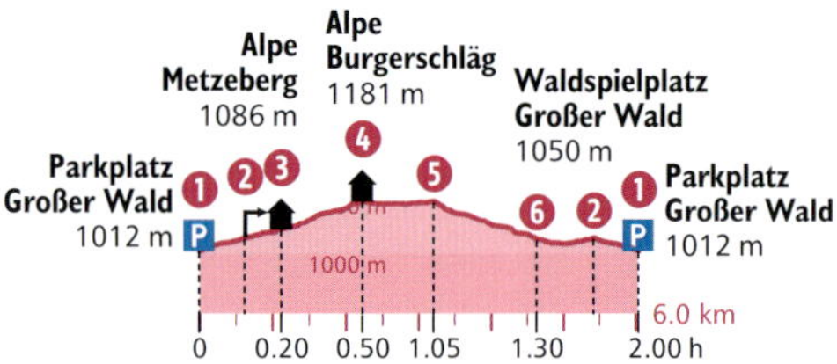

Hängebrücke und seichter, breiter Bach am Waldspielplatz.

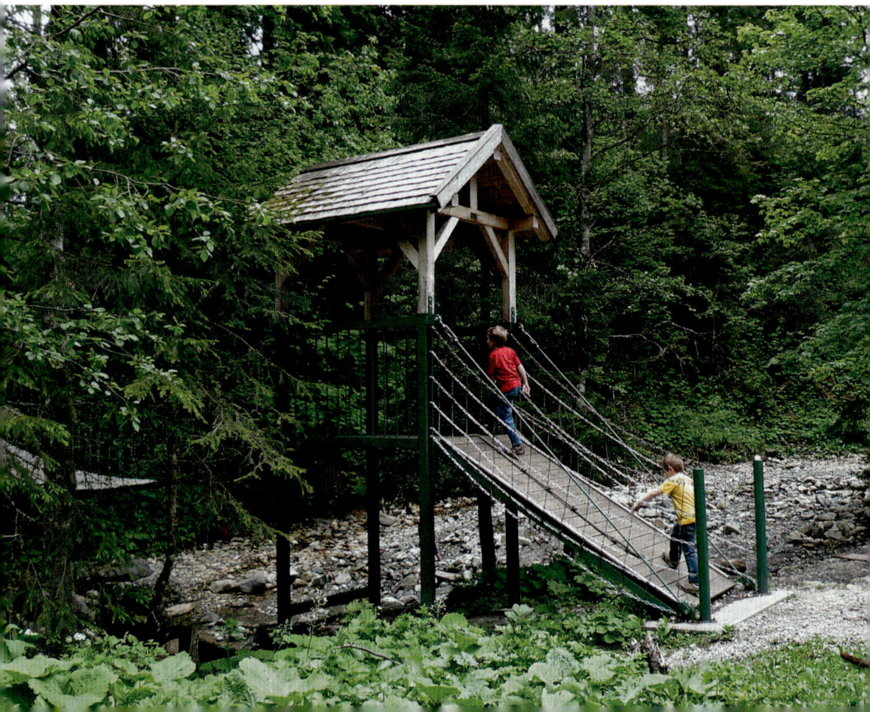

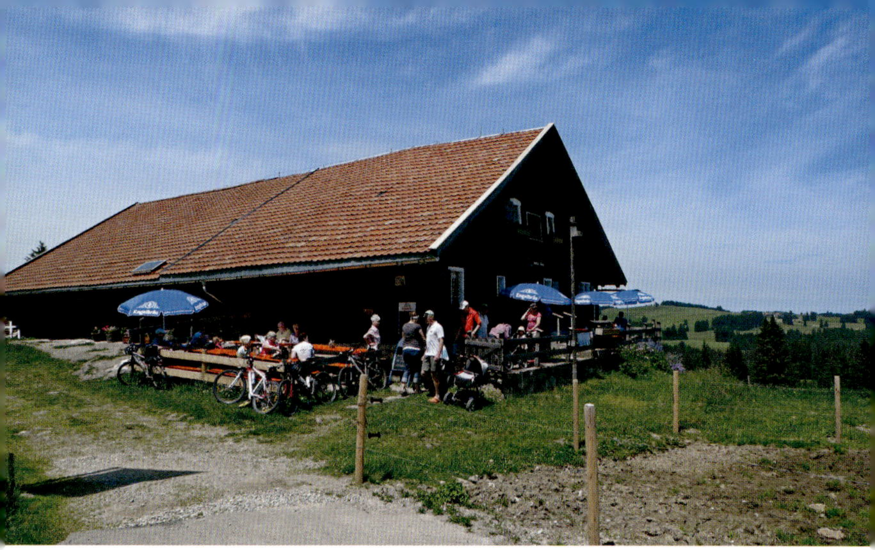

Einkehr in der Alpe Metzeberg.

KURZINFO

Ausgangspunkt: Parkplatz »Großer Wald«, 1012 m (Navi: N 47.583893/ E 10.371201). Von Rettenberg auf der Staatsstraße 2007 Richtung Wertach und ca. 4 km nach Kranzegg an der Beschilderung »Parkplatz Großer Wald« rechts abbiegen und nach 150 m parken. **Mit Bahn und Bus:** Vom Bahnhof Immenstadt mit Buslinie 81 bis Haltestelle »Wertach, Großer Wald«. Samstags Busverkehr nur bis zum frühen Nachmittag, sonn- und feiertags keine Busse.
Gehzeit: 2.00 Std.
Distanz: 6,0 km.
Höhenunterschied: 200 m.
Höchster Punkt: 1181 m.
Anforderungen: Die Runde verläuft ausschließlich auf Teer-/Asphaltwegen, lediglich hinunter zum Spielplatz ist der Weg gekiest. Kondition erforderlich.
Hinweise: Für Doppelkinderwagen bedingt geeignet (Gewicht!). Bänke nur am Waldspielplatz.
Ausrüstung: Turnschuhe oder Trekkingsandalen, Wechselkleidung (Bach am Spielplatz).
Einkehr: **Alpe Metzeberg**, 1086 m, geöffnet ca. Mitte Mai bis Sept., kein Ruhetag, Tel. +49 162/6724220. **Alpe Burgerschläg**, 1181 m, bewirtschaftet Mitte Mai bis Anfang Okt. (witterungsbedingte Änderungen möglich), Mittwoch Ruhetag, Tel. +49 176/80418564.

Am **Parkplatz ❶** empfängt uns Felix, der schlaue Fuchs, mit einer großen Tafel, auf der er uns das Wanderwegnetz am nördlichen Grünten aufzeigt, und verspricht, uns auf dem Weg zum Waldspielplatz seine Freunde vorzustellen. Wir wandern die Asphaltstraße bergan, kommen an der Tafel von Liesl, der Kuh, vorbei, verlassen aber an der nächsten **Straßeneinmündung ❷** den direkten Weg zum Waldspielplatz nach rechts (Schild »Alpe Metzeberg, Alpe Burgerschläg«), schließlich wollen wir ja den Besuch des Spielplatzes mit einer kleinen Wanderung verbinden. Zehn Minuten später stehen wir bereits an der bewirtschafteten **Alpe Metzeberg ❸**, 1086 m, wir schieben den Kinderwagen weiter bergan und kommen bald an eine Wegverzweigung. Hier wenden wir

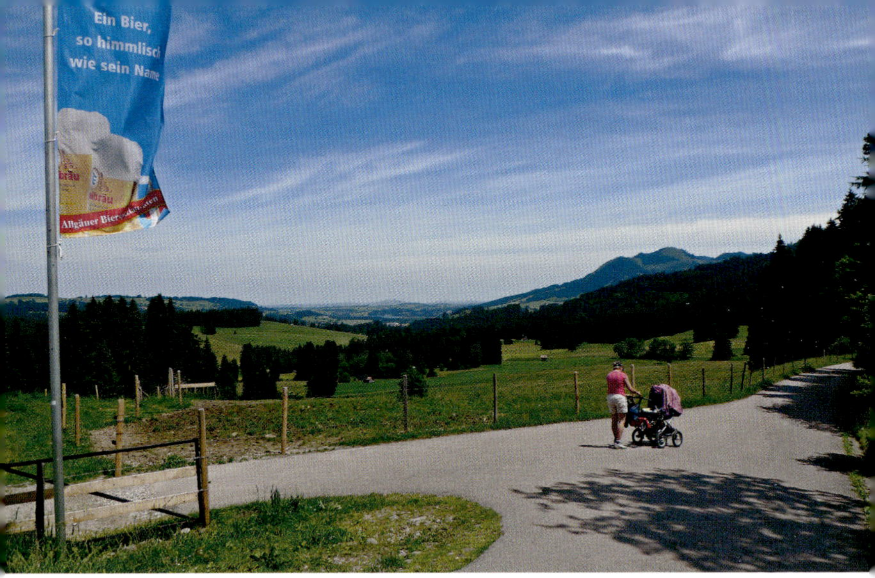

Schöne Aussicht von der Alpe Metzeberg in das hügelige Voralpenland.

uns nach links (»Alpe Burgerschläg«) und brauchen nun eine gute Kondition, um mit dem Kinderwagen die fast 100 Höhenmeter bis zur schön gelegenen **Alpe Burgerschläg ❹**, 1181 m, zu schaffen, an der es auch einen kleinen Sandkasten gibt. Hier sind die meisten Höhenmeter bewältigt, zur Alpe Vordere Kölle geht es nun durch die liebliche Mittelgebirgslandschaft in leichtem Auf und Ab weiter. An der **Alpe Vordere Kölle ❺**, von der wir weit ins Voralpenland blicken können, biegen

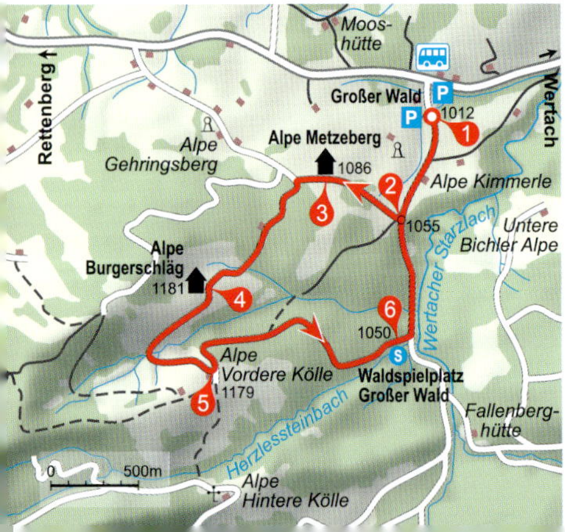

wir links ab (»Waldspielplatz«), das kleine Asphaltsträßchen führt uns erst über die Weiden, dann durch Wald zum **Waldspielplatz ❻**, 1050 m, der rechts neben der Straße liegt. Hier gibt es mehrere Holztische mit Bänken, die zu einem Picknick einladen. Besonders beliebt ist bei den Kindern neben den mannigfaltigen Spielgeräten der ganz flache, am Grünten entspringende Herzlessteinbach, an dem der Nachwuchs nach Herzenslust spielen und plantschen kann.

Wieder zurück auf der Straße passieren wir die Tafel von Sepp, dem Forstwirt, der uns etwas über seine Arbeit im Wald erzählt, stoßen auf eine breitere Straße, biegen links ein und können an einer weiteren Tafel Schorsch, den Frosch, kennenlernen. Erst noch etwas abwärts, dann steiler ansteigend erreichen wir wieder den Abzweig ❷ zur Alpe Metzeberg, gehen aber nun geradeaus weiter und kommen schnell zum **Parkplatz ❶** zurück.

Dengelstein

Vom Waldgasthaus »Zum Tobias« ★★

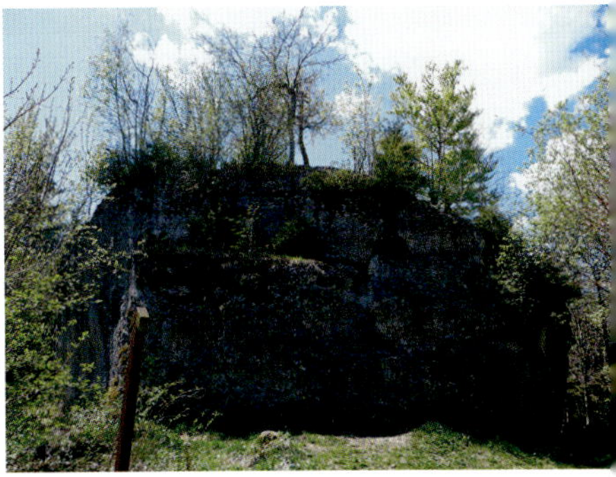

Der zwölf Meter hohe Dengelstein.

Riesenfindling und Bergpanorama
Der Sage nach dengelt (schärft) der Teufel höchstpersönlich am Dengelstein seine Sense, wenn der Tod ein großes Loch in die streitsüchtige Menschheit mähen möchte. Viele Sagen und Geschichten ranken sich um diesen zwölf Meter hohen Findling aus Nagelfluh, was wohl daran liegt, dass sich die Leute früher nicht erklären konnten, wie so ein riesiger Felsbrocken in diesen weit vom Gebirge entfernten Landstrich kommen konnte. Doch das ist einfach erklärt. Während der letzten Eiszeit fielen Schutt und große Gesteinsbrocken von den Gipfeln der Nagelfluhkette (Hochgrat, Steineberg, Stuiben) auf den etwa 1000 Meter hohen Illergletscher, der den Dengelstein dann quasi auf seinem Rücken bis zum Kemptener Wald transportierte. Bei dieser schönen Runde wandern wir erst auf dem »Mythenweg« mit einigen interessanten Tafeln, insbesondere zu Märchen und Sagen rund um den Dengelstein, zu diesem Riesenfindling, lassen aber dann den Wald bald hinter uns. Bei einer fantastischen Sicht auf die Allgäuer Berge spazieren wir über die fast verfallene Burgruine Schönesberg wieder zum Waldgasthaus »Zum Tobias« mit seinem schönen Kinderspielplatz und den Haflingern zurück, wo wir dann noch gemütlich einkehren können.

KURZINFO

Ausgangspunkt: Kostenloser Parkplatz am Waldgasthaus »Zum Tobias«, 828 m, (Navi: 87474 Durach/Rothen 129½) – bitte nur auf den für Wanderer vorgesehenen Parkplätzen parken (beschildert). Von Durach Ortsmitte auf der Vorwaldstraße ortsauswärts, rechts unter der Autobahn hindurch und geradeaus Richtung Rothen bis zum Ende der für den öffentlichen Verkehr freigegebenen Straße. Kommt man auf der Autobahn A7, kann man auch an der Ausfahrt Betzigau abfahren, auf der OA 23 wenige hundert Meter Richtung Betzigau fahren und die OA23 rechts Richtung Haßberg verlassen. Durch den Weiler hindurch und vor der Autobahnunterführung links über Rothen zum Parkplatz.
Gehzeit: 1.30 Std.
Distanz: 5,4 km.
Höhenunterschied: 50 m.
Höchster Punkt: 854 m.
Anforderungen: Leichter Rundweg auf Kies- und Asphaltwegen.
Hinweise: Für Doppelkinderwagen geeignet. Größtenteils laufradgeeignet (bis auf die Strecke von Betzenried bis zur Straße, die zum Waldgasthaus führt). Unterwegs einzelne Rastbänke.
Ausrüstung: Profilierte Schuhe.
Einkehr: Waldgasthaus »Zum Tobias«, Donnerstag u. Freitag Ruhetag (außer an Feiertagen), Wickeltisch, Spielplatz, Rothen 129½, 87471 Durach, Tel. +49 831/63355, waldgasthaus-tobias.de.

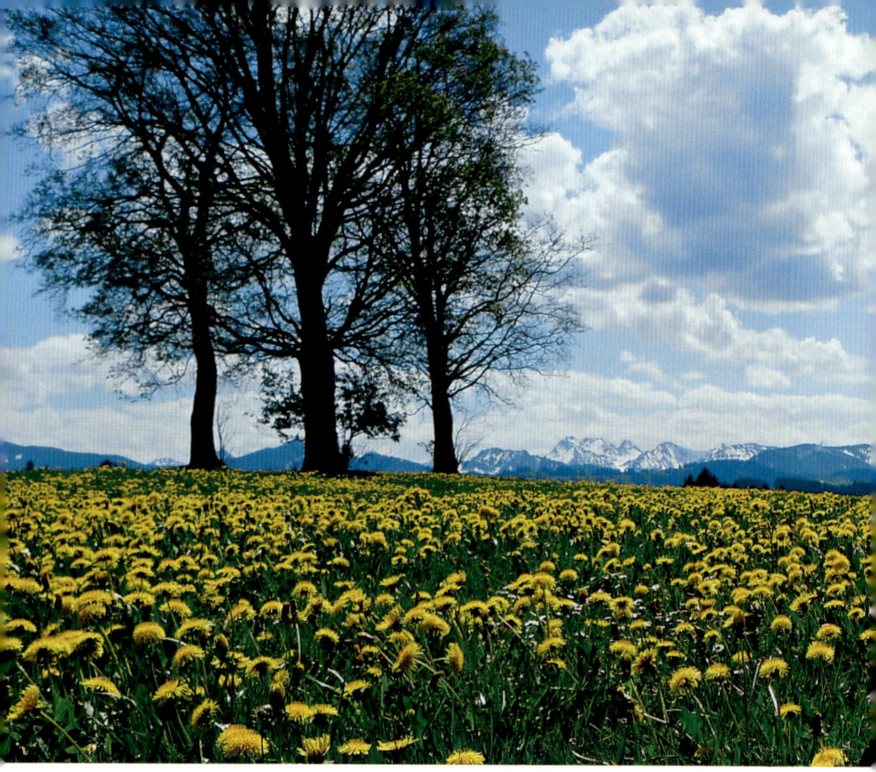

Vom **Parkplatz** gehen wir in Fahrtrichtung weiter, lassen das **Waldgasthaus »Zum Tobias«** ❶ erst einmal rechts liegen, spazieren den leicht abschüssigen Asphaltweg an der kleinen Kapelle vorbei hinunter und wandern auf einer Straßenbrücke über die **Durach**. Hier wird uns auf zwei Tafeln etwas über die Wasserbeschaffenheit des aus einem Moorgebiet stammenden Baches und über den weiten Weg seines Wassers über Iller und Donau bis zum Schwarzen Meer erklärt. Kurz darauf wenden wir uns am **ersten Abzweig** ❷ nach links (Beschilderung »Dengelstein«), folgen nun einem gekiesten Weg über die im Frühjahr weiß und gelb blühenden Wiesen und überqueren im Wald auf einer überdachten Holzbrücke erneut die Durach. 300 m später halten wir uns links, marschieren bald am Dengelsteiner Moos vorbei und treffen auf ein kleines **Asphaltsträßchen** ❸, in das wir nach rechts einbiegen. An der nächsten Verzweigung halten wir uns wiederum rechts und erreichen nach etwa 200 m – nun auf einem Kiesweg – den rechts des Weges liegenden imposanten **Dengelstein** ❹ mit seinen interessanten Informationstafeln und einer kleinen Rastbank.

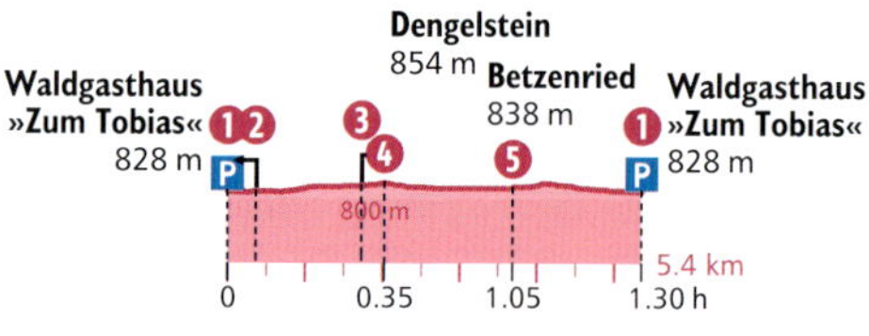

Weiter geht es ein Stück auf dem Hinweg zurück, wir wandern nun am Abzweig ❸ geradeaus

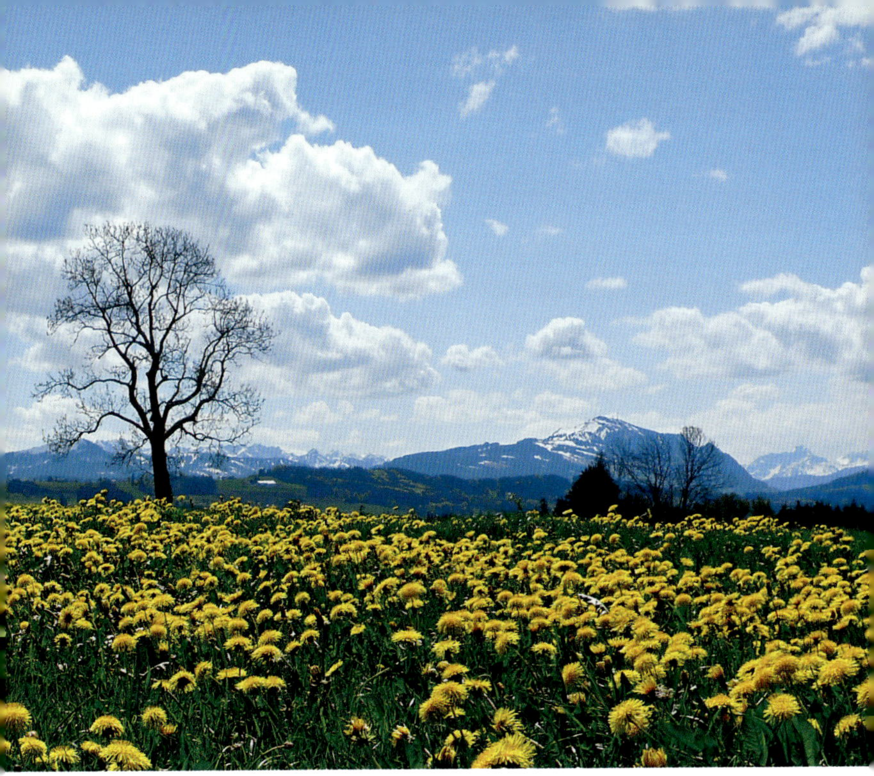

Großartige Löwenzahnwiese mit Alpenpanorama im zeitigen Frühjahr.

weiter Richtung Betzenried und verlassen bald den Wald. Jetzt spazieren wir ganz leicht ansteigend auf einem kleinen Asphaltsträßchen über die Wiesen bergan, können auf einer Rastbank unter einem Baum eine Pause einlegen und erreichen bei einem wunderschönen Blick nach rechts ins Voralpenland und nach links auf die aufgereihten Allgäuer Berge nach einer guten Stunde Gesamtgehzeit den Weiler **Betzenried ❺**.

Hier wenden wir uns nach links (»Tobias«) und wandern nun direkt auf die im Frühjahr schneebedeckten Berge zu. Wir kommen am **Einsiedlerhof Schönberg** und seiner auf einer Weide befindlichen, fast zerfallenen **Burgruine** vorbei (die Ruine ist zeitweise mit mobilem Elektrozaun eingezäunt – dann bitte am Hof bzgl. Besichtigung fragen). Beim Abwärtsgehen staunen wir erneut über den schönen Bergblick und stoßen bald auf eine Teerstraße. In diese biegen wir links ein und erreichen fünf Minuten später wieder das **Waldgasthaus »Zum Tobias« ❶**.

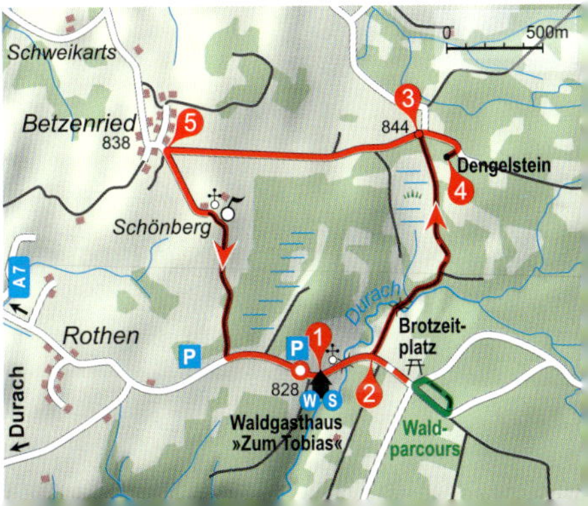

27 Waldgasthaus »Zum Tobias«

Vom Parkplatz Bachtelweg ★★

Entlang der Durach und durch den Kemptener Wald
In Durach wartet eine abwechslungsreiche Kinderwagentour auf uns, die uns erst entlang der Durach zum Gasthof Waldschenke mit ihrem Spielplatz und von dort auf einer schönen Runde zum Waldgasthaus Zum Tobias mit seinen Haflingern und einem weiteren Spielplatz führt. Durch den Kemptener Wald kommen wir schließlich zurück zum Gasthof Waldschenke und wiederum entlang der Durach zum Ausgangspunkt.

KURZINFO

Ausgangspunkt: Parkplatz an der Schule in der Vorwaldstraße in Durach, 715 m (Navi: 87471 Durach, Vorwaldstraße). Von Kempten auf der B 309 nach Durach, in der Ortsmitte auf Höhe der Kirche links in die Vorwaldstraße einbiegen. Der Parkplatz am Ende des Bachtelweges darf nur noch von Schwerbehinderten mit sichtbarem Ausweis im Auto benutzt werden.
Mit der Bahn: Von Kempten oder Reutte mit dem Zug nach Durach. Vom Bahnhof rechts auf der Bahnhofstraße am Rathaus vorbei, links bis zur Füssener Straße und diese überqueren. Nun rechts ein Stück entlang der Füssener Straße und nach ca. 200 m links in den Sägmühlenweg einbiegen. An dessen Ende führt eine Brücke über die Durach auf den Bachtelweg. Hier rechts und nach 800 m zum Ausgangspunkt.
Gehzeit: 3.40 Std.
Distanz: 12,2 km.
Höhenunterschied: 175 m.
Höchster Punkt: 836 m.
Anforderungen: Die Tour verläuft entlang der Durach bis zur Waldschenke auf einem Kiesweg und von dort bis zum Waldgasthaus »Zum Tobias« auf kaum befahrenen Asphaltstraßen. Danach autofrei abwechselnd auf Asphalt- und Kieswegen wieder zur Waldschenke.
Hinweise: Für Doppelkinderwagen geeignet. Einzelne Rastbänke.
Ausrüstung: Profilierte Schuhe, eventuell Wechselkleidung für Wasserspielplatz am Duracher Wasserweg.
Einkehr: Gasthof Waldschenke, Montag und Dienstag Ruhetag (außer an Feiertagen, im Winter eventuell geänderte Ruhetage), Wickeltisch, Spielplatz, Waldschenke 1, 87471 Durach, Tel. +49 831/ 65251, waldschenke-durach.de.
Waldgasthaus »Zum Tobias«, Donnerstag und Freitag Ruhetag (außer an Feiertagen), Wickeltisch, Spielplatz, Rothen 129½, 87471 Durach, Tel. +49 831/ 63355, waldgasthaus-tobias.de.
Variante: Abstecher zum Waldparcours und Brotzeitplatz vom großen Schilderbaum ❺. An dem links bergan führenden Weg steht ein hölzernes Wildschwein. In diesen Weg biegen wir ein und kommen zum Brotzeitplatz mit zwei großen hölzernen Tischen und jeweils zwei Bänken. Gegenüber beginnt ein Balancierparcours, der auch schon Kleinkindern Spaß macht. Mit dem Kinderwagen kann man nebenherfahren, bis ein schmaler Baumstamm über einen Graben führt (wer den Pfad mit Kinderwagen weitergehen möchte, muss umdrehen und von der anderen Seite kommen). Hinter dem Baumstamm kommt noch eine riesige hölzerne Liege und ein Schwingseil. Wir stoßen wieder auf den Kiesweg und gehen diesen nach rechts hinunter. Etwa in der Mitte des Kiesweges führt ein Balancierbaum (weitere befinden sich davor und dahinter) in den Wald, wo es ein großes Baumhaus zu erklettern gilt und mehrere gespannte Slackline-Bänder warten.

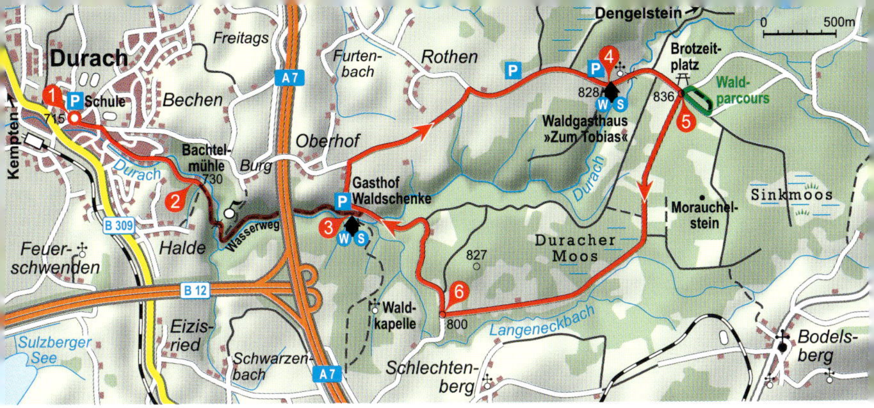

Vom **Parkplatz** ❶ überqueren wir die Vorwaldstraße, folgen der von der Vorwaldstraße abzweigenden Oberhofer Straße (liegt gegenüber dem Parkplatz), biegen die erste Straße rechts in den **Bachtelweg** ein und folgen diesem bis zu seinem Ende ❷. Nun geht es auf einem Kiesweg entlang der Durach weiter. Wir überqueren die Floriansbrücke, 737 m, mit verschiedenen Lehrtafeln, und erreichen wenig später eine breite Rutsche; von hier könnte man ohne Kinderwagen einen Abstecher (hin und zurück 15 Minuten) hinauf zur Burgruine Neuenburg machen. Wenig später spazieren wir unter der Autobahnbrücke hindurch, hier wartet eine tolle Hangrutsche für größere Begleitkinder. Wenige Minuten später stehen wir bereits am **Gasthof Waldschenke** ❸, 757 m, mit seinen vielen sonnigen Sitzgelegenheiten, die sich direkt neben dem eingezäunten Wiesenspielplatz befinden.

Nun müssen wir uns entscheiden, ob wir es bei dem kleinen Spazier-

Vom Waldgasthaus »Zum Tobias« Richtung Kemptener Wald.

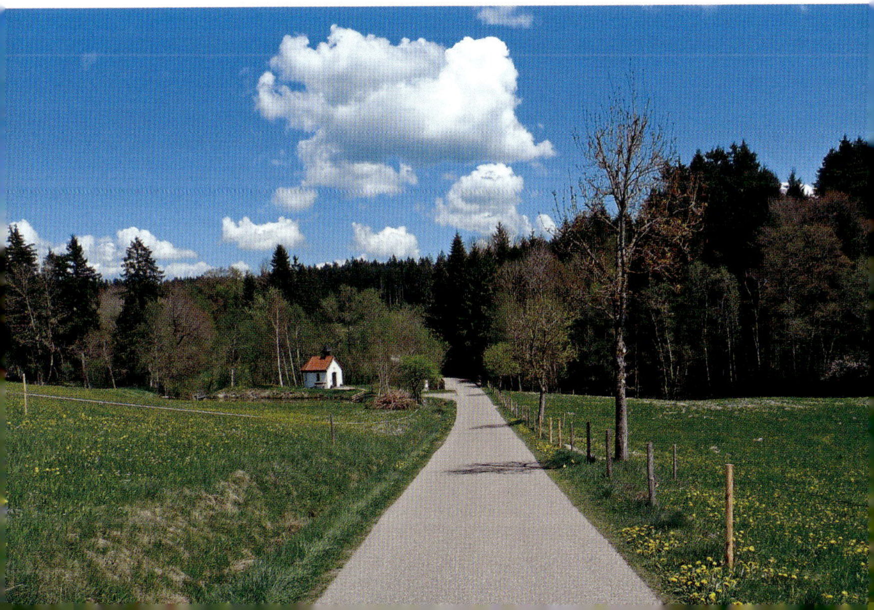

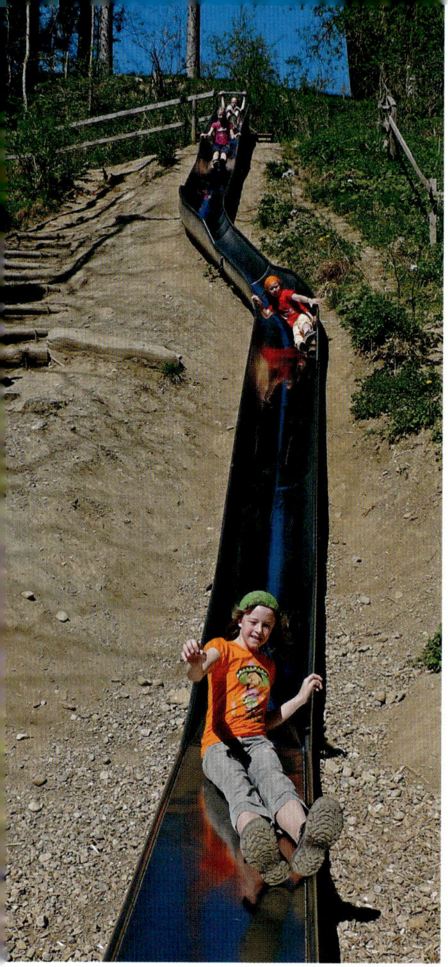

Die superlange Hangrutsche an der Durach begeistert die größeren Kinder.

gang belassen und wir gleich wieder auf dem Hinweg zurückkehren oder ob wir noch hinauf zum Waldgasthaus »Zum Tobias« und durch den Kemptener Wald wandern wollen. Wir entscheiden uns für Letzteres, schieben den Kinderwagen die Straße gegenüber dem Gasthaus hinauf, halten uns entgegen der Ausschilderung an der Verzweigung links (von rechts kommen wir auf dem Rückweg) und müssen weiter kräftig schieben, um zur Straße hinaufzukommen, die von Oberhof kommt. An der Kreuzung biegen wir rechts ein (»Tobias ½ h«) und spazieren auf der kleinen, kaum befahrenen Straße über die Wiesen. Nach einer Viertelstunde stoßen wir auf die Zufahrtsstraße zum Waldgasthaus, biegen rechts ein und haben nach rechts einen schönen Blick auf die Berge. Auch auf dieser Straße fahren nur wenige Anlieger und die Gäste des Waldgasthauses. 15 Minuten später stehen wir bereits vor der schönen Einkehrmöglichkeit **»Zum Tobias« 4** mit seinen Pferden und dem Spielplatz.

Ab hier ist das Sträßchen für den allgemeinen Verkehr gesperrt, es geht nun etwas hinunter, an einer Kapelle vorbei und über die Durach. Kurz darauf kommen wir am Abzweig zum Dengelstein (siehe Tour 26) vorbei, spazieren geradeaus weiter, ignorieren die nächste Abzweigung nach rechts und erreichen 200 m später einen großen **Schilderbaum 5**. Hier wenden wir uns nach rechts (Schild »Durach 1½ h«) in ein Teersträßchen. (Hinweis: Biegt man am Schilderbaum links ein, kommt man nach 75 m zu einem Brotzeitplatz und zum Beginn des Waldparcours – siehe Variante; geradeaus weiter, entdeckt man nach etwa 100 m links im Wald ein Spielbaumhaus und mehrere gespannte Slacklines.)

Auch von dem Weg Richtung Durach, auf dem wir uns nun befinden, können Kinder bald auf einem abgeflachten Baumstamm über einen Graben in den Wald gelangen und auf einem Seil (mit einem weiteren Seil zum Festhalten) von einem Baum zu einem anderen balancieren, dann geht es wieder auf dem

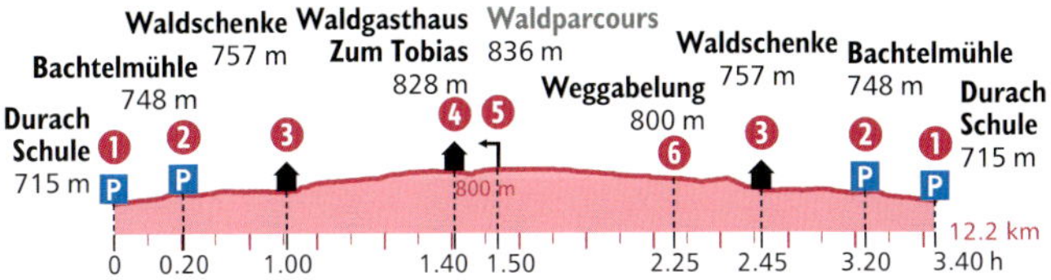

Teersträßchen am Waldrand entlang weiter. Wir lassen eine Abzweigung nach Bodelsberg links liegen, spazieren geradeaus weiter und folgen dem kurz darauf nach rechts drehenden Sträßchen durch den Wald. Bald weichen die Bäume links des Weges einer Weide, dann schlängelt sich unser Weg schön über die Wiesen auf die Berge zu. Der Kinderwagen schiebt sich jetzt fast schon von allein, denn es geht nun leicht abwärts. Bald führt uns das Sträßchen geradeaus nach Westen und wir kommen an eine große **Weggabelung 6**. Hier wenden wir uns rechts, ignorieren bald darauf eine Abzweigung nach rechts und stoßen zehn Minuten später auf einen von oben kommenden Forstweg, in den wir links einbiegen. Der Weg wird zur Straße und führt zur Verzweigung oberhalb der Waldschenke, an der wir unsere Runde begonnen haben. Wir können nun noch im **Gasthof Waldschenke 2** einkehren, bevor wir auf dem Hinweg zum **Parkplatz 1** zurückkehren.

Kunstvoll gesägter Adler beim Waldparcours.

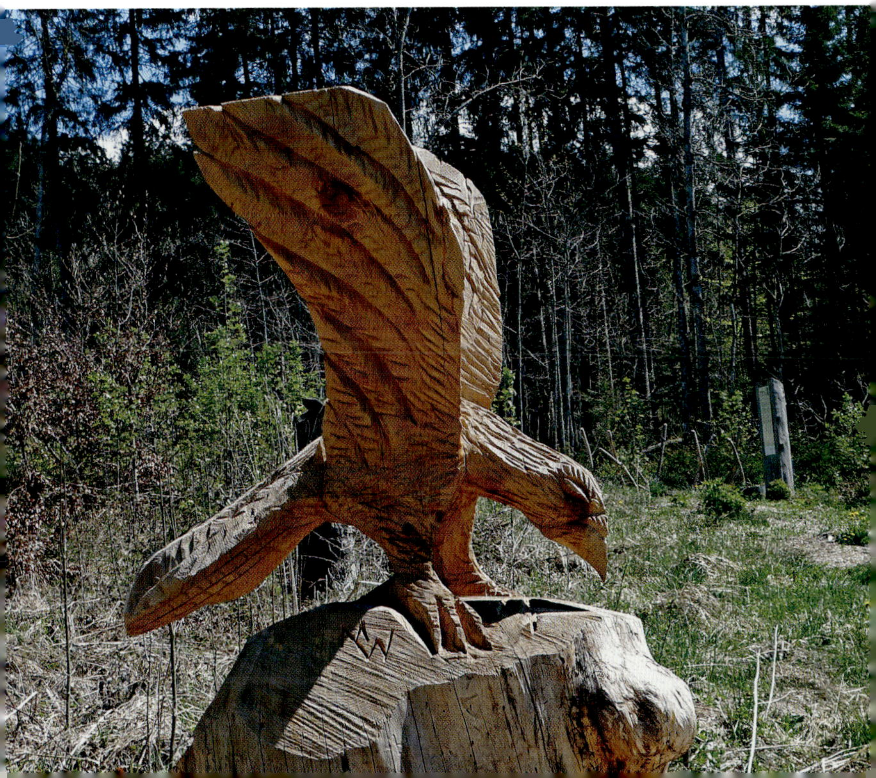

28 Grüntensee

Vom Buron-Stadl ★

Rundwanderung mit Bademöglichkeit
Der in den Jahren 1959 bis 1961 künstlich mit dem Wasser der Wertach aufgestaute Grüntensee dient als Hochwasserrückhaltebecken für bis zu 10 Millionen Kubikmeter Wasser, liefert durch das angeschlossene Wasserkraftwerk Strom für 1.300 Haushalte und bietet mit seinen Ruhebereichen ideale Bedingungen für viele Wasservögel, Fische, Amphibien und Libellen. Bei unserer Rundwanderung um den See kommen wir an einem kostenlosen, sehr schönen Badestrand mit Liegewiese und flach abfallendem Kieselstrand vorbei, können am Klettergarten im Seehaus mit seinem Spielplatz einkehren, um dann den Tag im Buron-Kinderpark (siehe Tipp S. 131) direkt am Ausgangspunkt actionreich ausklingen zu lassen.

KURZINFO

Ausgangspunkt: Großer Parkplatz am Buron-Stadl an der Straße zwischen Nesselwang und Wertach, 901 m (Navi: 87497 Wertach/Grüntenseestraße 44). Von der A7 an den Ausfahrten Oy-Mittelberg oder Nesselwang abfahren und weiter nach Nesselwang. Am westlichen Ortsanfang von Nesselwang auf der OAL1 in Richtung Wertach fahren und nach 3,8 km zum Parkplatz.
Mit der Bahn: Vom Bahnhof Wertach-Haslach auf der Grüntenseestraße in südöstlicher Richtung und nach etwa 150 m der Beschilderung nach rechts zum Kletterwald Grüntensee folgen, dort Einstieg in die Tour.
Gehzeit: 2.30 Std.
Distanz: 8,9 km.
Höhenunterschied: 60 m.
Höchster Punkt: 901 m.

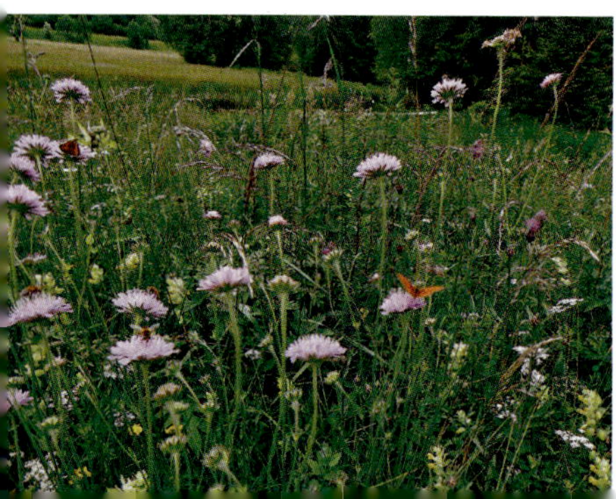

Anforderungen: Leichte Wanderung überwiegend auf Kies- und Asphaltwegen ohne große Steigungen. Ein kurzes Stück am Westufer verläuft auf einem erdigen Pfad und über einen Hackschnitzelweg.
Hinweise: Für Doppelkinderwagen bedingt geeignet, nach dem Staudamm muss eine zu enge Schranke auf einem anderen Weg (siehe Text) umgangen werden. Für Laufräder nur stellenweise geeignet (Steigungen, Kieswege). Unterwegs sind Rastbänke vorhanden.
Ausrüstung: Badesachen.
Einkehr: Buron-Stadl, im Sommer geöffnet von Anfang April bis Ende Oktober, Montag Ruhetag, in den bayerischen Pfingst- und Sommerferien kein Ruhetag, Öffnungszeiten Winter siehe Website, Wickeltisch, Spielplatz, Tel. +49 8365/7059820, buron-familienspass.de. Seehaus am Kletterwald, Öffnungszeiten wie Kletterwald Grüntensee, Tel. +49 8361/925105, seehaus-allgaeu.de.
Tipp: Im Kletterwald Grüntensee können Kinder ab 6 Jahren und einer Körpergröße von 1,20 m in Begleitung eines Erwachsenen (ein Erwachsener kann bis zu 5 Kinder begleiten) klettern, ein Slackline-Parcours steht kostenlos zur Verfügung; Tel. +49 8323/968050, kletterwald-gruentensee.de.

Blütenzauber am Wegesrand.

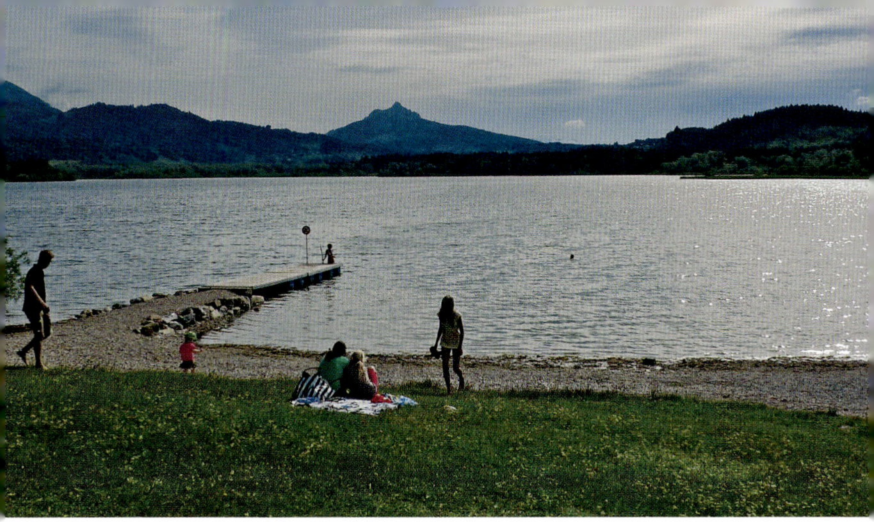

Abendstimmung am Grüntensee unterhalb des Kletterwaldes.

Vom **Parkplatz** ❶ wandern wir auf einem Kiesweg zum See hinunter, wenden uns am Schilderbaum links (»Wertach«) und kommen bald an einem Campingplatz vorbei, an dem eine erste Bademöglichkeit mit einem flach abfallenden Kiesstrand auf uns wartet. Eine Viertelstunde später erreichen wir eine Wegverzweigung, hier wenden wir uns nach rechts aufwärts (»Grüntenseerundweg«), gehen auf einer **Metallbrücke** ❷ über die Wertach und erreichen bald einen Schilderbaum mit einer Rastbank. Hier biegen wir scharf rechts ab, wandern nun eben über die Wiesen auf einem Kiesweg, der nach einer Weile in einen etwas holprigen Erd-/Wiesenpfad übergeht. Bald ist der Weg wieder gekiest und wir marschieren an einer Feuchtwiese mit blühenden Blumen vorbei, auf der sich viele Schmetterlinge und andere Honiginsekten tummeln. Ein Schild weist uns hier auf den Biber hin, der zwar im Jahr 1867 in Bayern ausgerottet, aber 99 Jahre später vom Bund Naturschutz mit 120 Exemplaren erfolgreich wieder angesiedelt wurde – mittlerweile ist die Biber-Population in Bayern wieder auf 10.000 Exemplare angewachsen.

Wir kommen auf einem Hackschnitzelweg in lichten Wald und stoßen nach einer Weile auf einen Weg, der uns zur B 310 hinaufbringt. Wir folgen nun bei schöner Aussicht auf den See und die dahinterliegenden Hügelketten dem Wegweiser »Kletterwald Grüntensee« auf einem parallel zur Straße verlaufenden Kiesweg, der sich aber nach einigen

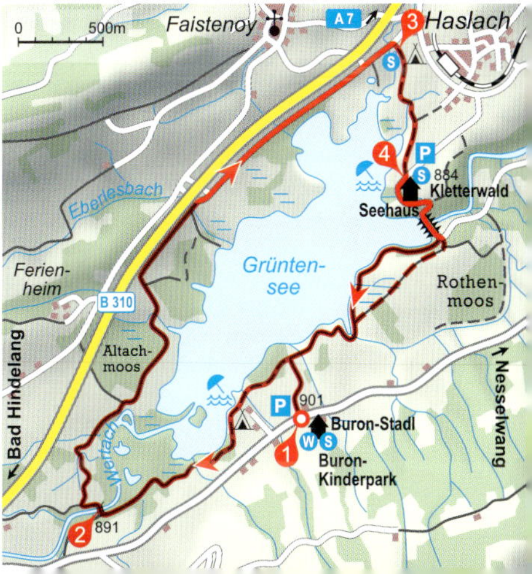

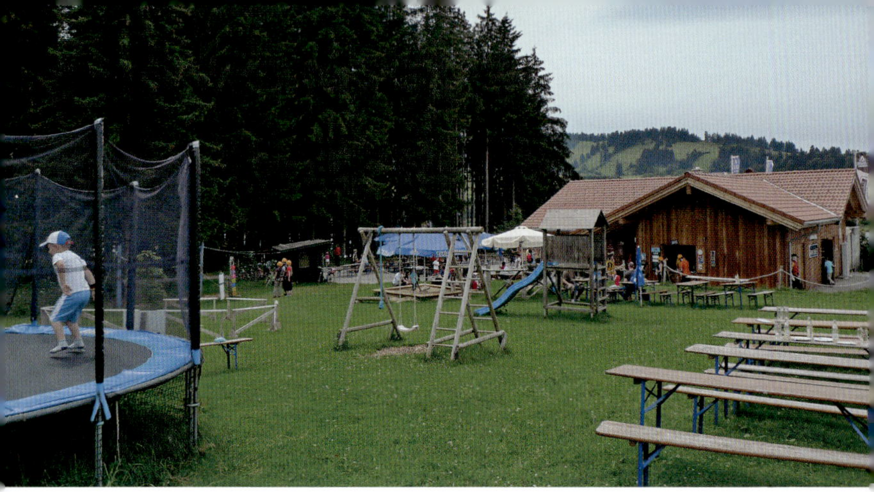

Das Restaurant Seehaus mit seinem Spielplatz am Kletterwald.

hundert Metern wieder etwas nach rechts von der Straße entfernt, und biegen nach dem Seeende rechts ein (»Kletterwald Grüntensee«). Wir kommen an einem weitläufig angelegten **Wiesenspielplatz ❸** mit einigen Rastbänken vorbei, spazieren an einem weiteren Campingplatz vorbei und könnten an einer Bank nach rechts einen Abstecher zum See machen. Wieder auf dem Weg erreichen wir nach zehn Minuten einen freien Wiesenhang mit einer wunderschönen **Badestelle** mit Blick auf den mächtigen Grünten und das Wertacher Hörnle. Das Ufer fällt hier ganz flach ab, für Schwimmer gibt es einen Holzsteg. Oberhalb der Badestelle liegt der **Kletterwald Grünten ❹** und das kleine Restaurant **Seehaus** mit einem Spielplatz und einigen gespannten Slackline-Bändern.

Auf einer für den Verkehr gesperrten Teerstraße marschieren wir hinauf auf eine Kuppe, hinter der es steil hinunter zur Staumauer des Wasserkraftwerks geht. Wir spazieren über den Damm und wenden uns an dessen Ende rechts in einen von einer Schranke versperrten Weg, der direkt zum Seeufer hinunterführt. Mit einem normal breiten Kinderwagen kann man hier rechts an der Schranke vorbeigehen. Wer mit einem Doppelkinderwagen unterwegs ist, geht noch ein paar Meter geradeaus weiter und schwenkt dann nach rechts in einen über die Wiesen führenden Weg, der nach einigen hundert Metern wieder mit dem Seeweg zusammenläuft. Nun ist es nicht mehr weit bis zum Schilderbaum unterhalb des Buron-Stadels, hier wenden wir uns nach links und schieben den Kinderwagen auf dem bereits vom Hinweg bekannten Weg wieder hinauf zum **Parkplatz ❶** und dem Buron-Kinderpark.

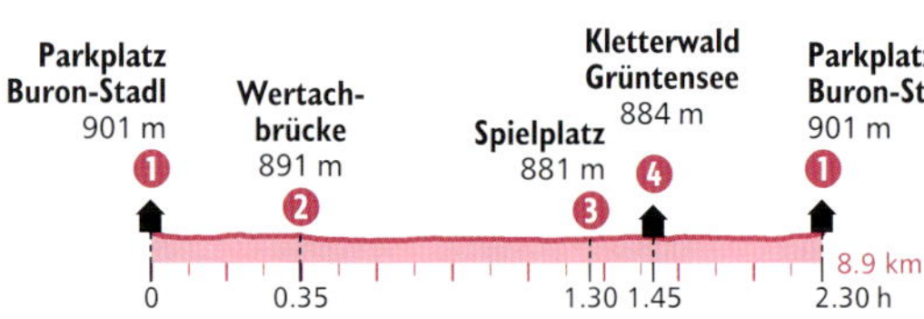

Tipp: Buron-Kinderpark

Direkt am Ausgangspunkt hinter dem Buron-Stadl befindet sich der Buron-Kinderpark mit vielen spannenden Attraktionen für Kinder aller Altersgruppen. Kostenlos angeboten werden dort zu den Öffnungszeiten: Wasserspielplatz, Trampoline, Sandkasten, Minirutschen, Schaukeln, Fred-Feuerstein-Wagen, Kinderspielhaus, Riesen-Mensch-ärgere-dich-nicht-Spiel, Bobby-Cars, Traktoren, Torwandschießen, Riesenwürfel und Sonnenstühle.

Daneben gibt es vier kostenpflichtige Attraktionen, die mit einer übertragbaren Punktekarte (ideal bei mehreren Kindern) oder nicht übertragbaren Stunden- oder Tageskarten genutzt werden können: Eine 70-m-Riesenrutsche, die mit Bobs befahren wird, eine Kletterwiese mit 20 Kletterstationen, eine Tubingbahn, bei der die Kinder mit einem Lift in Reifen hinaufgezogen werden und dann eine 300 m lange Bahn hinuntersausen dürfen, sowie eine Crosskart-Strecke (auch für Erwachsene in großen Karts mit zusätzlichem Kleinkindsitz).

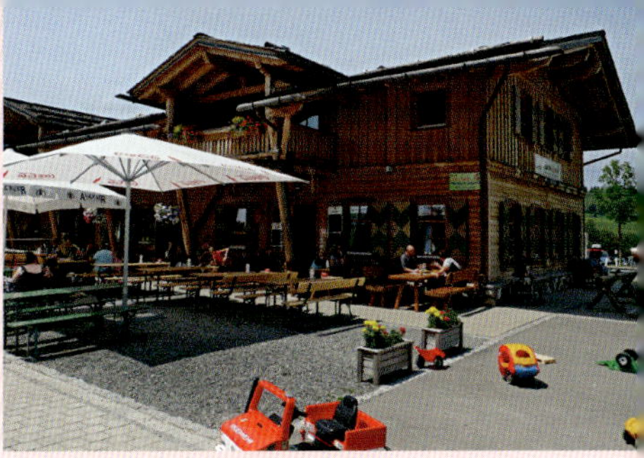

Vom Buron-Stadl hat man den Kinderpark im Blick.

Einkehrmöglichkeit im direkt angrenzenden Buron-Stadl.

Adresse: Grüntenseestraße 44, 87497 Wertach, Tel. +49 8365/703 536, buron-skilifte.de/96-0-Kinderpark.html.

Öffnungszeiten: Anfang April bis Ende Oktober 10–18 Uhr täglich außer Montag (in den bayerischen Pfingst- und Sommerferien aber kein Ruhetag). Tubingbahn und Crosskart-Strecke außerhalb der bayerischen Ferien nur Samstag und Sonntag von 11–17 Uhr geöffnet.

An der Tubingbahn geht's mit einem Schlepplift nach oben.

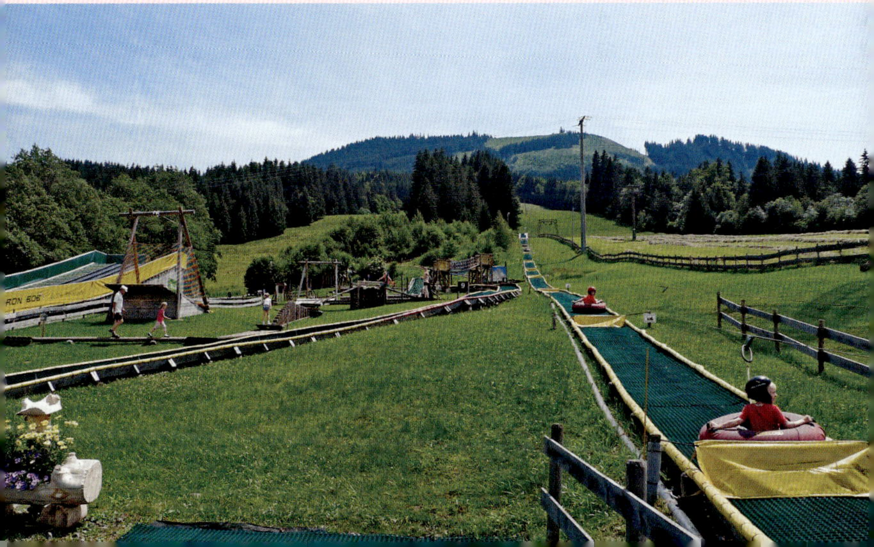

29 Schwaltenweiher

Vom Parkplatz am Strandbad ★

Runde über Luimooser- und Trollweiher

Der Schwaltenweiher ist ein Stausee mit ausgezeichneter Wasserqualität, den Kaiser Maximilian I. von Habsburg im Jahr 1514 zur Fischzucht und als Wasservogeljagdrevier anlegen ließ. Oberhalb des Schwaltenweihers erwarten uns eine kleine gemütliche Runde über die Eiszeitgewässer Luimooser- und Trollweiher und eine lohnende Sicht auf die Ostallgäuer Berge. Gegen Ende der Tour ist es besonders schön, über eine Holzbrücke auf eine kleine Insel des Schwaltenweihers hinüberzuspazieren und dort auf den Bänken in der Sonne die Seele baumeln zu lassen, zu picknicken oder mit dem Nachwuchs am Wasser zu spielen. Im Frühling und Sommer locken zudem zwei schöne Bademöglichkeiten am Schwaltenweiher. Im kostenpflichtigen Strandbad am Nordufer des Sees mit vielen schattenspendenden Bäumen gibt es neben einer Einkehr (ganzjährig geöffnet) und einem Spielplatz auch an einer Stelle einen sandigen, flach abfallenden Seezugang, während an der Westseite des Sees unterhalb des Kiosks Seeterrasse (siehe Variante) kostenlose (nur Parkgebühr) in der Sonne liegende Badeplätze ebenfalls mit flach abfallendem Ufer vorhanden sind.

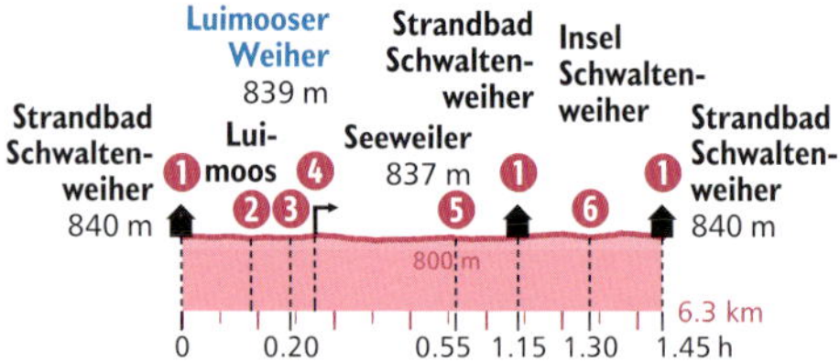

Im Strandbad des Schwaltenweihers gibt es auch viele Schattenplätze.

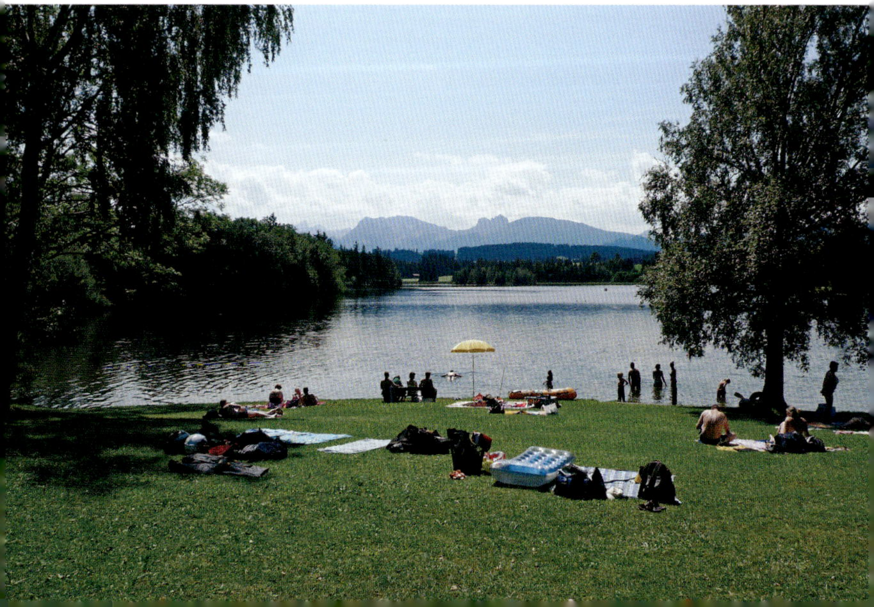

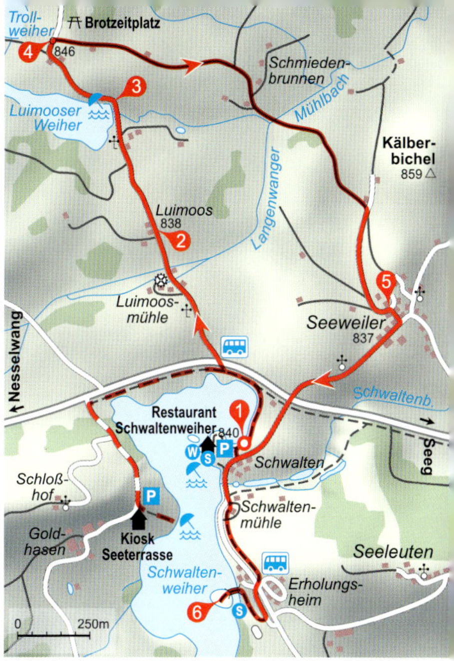

KURZINFO

Ausgangspunkt: Kostenloser Parkplatz am Strandbad an der Nordseite des Schwaltenweihers, 840 m (Navi: 87637 Seeg/Schwalten 2). Der Schwaltenweiher liegt direkt an der OAL 1 westlich von Seeg. Auf der A 7 bis Ausfahrt Nesselwang, Richtung Nesselwang fahren und nach 500 m links Richtung Seeg abbiegen. Nach 5 km rechts zum Schwaltenweiher abzweigen.
Mit Bahn und Bus: Vom Bahnhof Seeg oder Bahnhof Nesselwang mit dem Bus 60 bis Haltestelle »Seeg, Abz. Seeweiler« oder »Schwalten, Schlößle«.
Gehzeit: 1.45 Std.
Distanz: 6,3 km.
Höhenunterschied: 50 m.
Höchster Punkt: 850 m.
Anforderungen: Leichte Wanderung auf Asphalt- und Kieswegen ohne große Höhenunterschiede. Mit einem geländegängigen Kinderwagen tut man sich auf den geschotterten Wegen leichter.
Hinweise: Für Doppelkinderwagen geeignet. Unterwegs stehen Bänke zum Stillen und Rasten zur Verfügung.
Ausrüstung: Picknickdecke und Badesachen.
Einkehr: Restaurant Schwaltenweiher (Einkehr auch ohne Badbesuch möglich), geöffnet 01.04.–30.10., bei schlechtem Wetter Montag Ruhetag, Wickeltisch, Tel. +49 8364/416, schwaltenweiher.de. Kiosk-Imbiss Seeterrasse, keine exakt feststehenden Öffnungszeiten, im Sommer bei schönem Wetter (fast) täglich geöffnet, Tel. +49 174/3121763.
Variante: Eine weitere Bademöglichkeit besteht am Schwaltenweiher, wenn man vom Parkplatz gegen den Uhrzeigersinn zur OAL 1 fährt oder geht (wie zu Beginn der Tour beschrieben), sich nach links wendet und dann so lange dem Fuß-/Radweg neben der Straße folgt, bis links eine Straße (Schild: »Kiosk Seeterrasse«) abgeht. Hier biegt man ein und folgt der Straße ansteigend bis zum Kiosk und dem darunterliegenden Badeplatz.

Wir gehen über den **Parkplatz ❶** Richtung See und wandern entgegen dem Uhrzeigersinn ein Stück auf einem kleinen, bald geteerten Pfad in Seenähe, bis wir auf die Straße (OAL 1) treffen. Hier halten wir uns links, spazieren etwa 150 m auf dem Fuß-/Radweg neben der Straße weiter, wenden uns am nächsten Wegweiser nach rechts (»Luimoosweiher«), überqueren die Straße und marschieren auf einem Asphaltsträßchen nach **Luismoos ❷** hinauf. Nach dem Weiler wird die kleine Straße zum Schotterweg, es geht etwas hinunter und wir erreichen bald den idyllischen **Luismooser Weiher ❸**, in dem man ein erfrischendes Bad nehmen kann – zwischen Ufer und Weg befindet sich ein kleines Stück Wiese, auf dem man sein Handtuch ausbreiten kann.
Am nächsten Wegweiser blicken wir bereits auf den Trollweiher, gehen geradeaus weiter und folgen nun der Beschilderung nach Seeweiler.

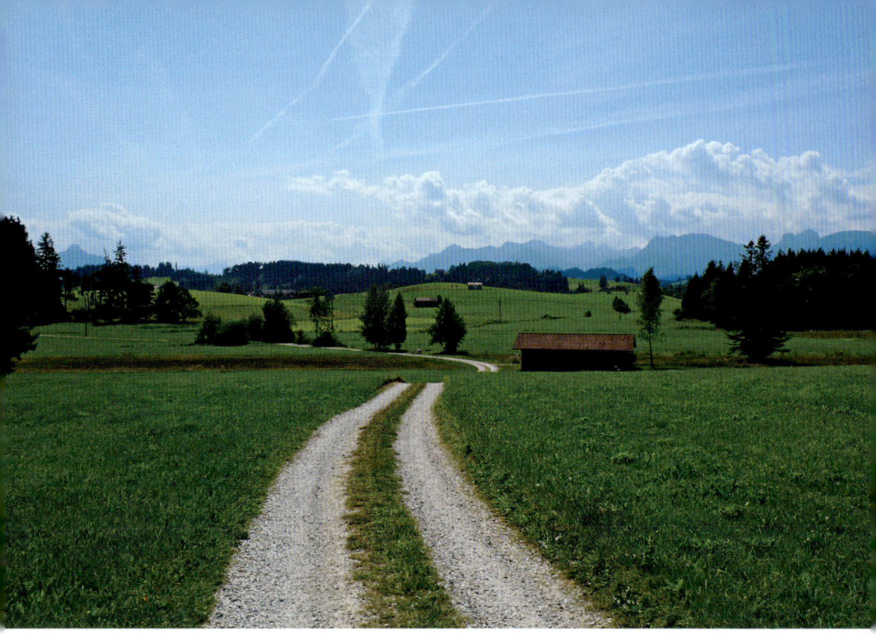

Der Weg durch die hügelige Landschaft bezaubert durch das Bergpanorama.

Am nächsten **Schilderbaum** ❹ wenden wir uns daher nach rechts. (Geht man hier 50 m geradeaus, kann man einen Abstecher zu einem im Wald liegenden Brotzeitplatz mit zwei Tischen und Bänken sowie einer Grillmöglichkeit machen.)

Auf dem Weg nach **Seeweiler** haben wir nun einen wunderschönen Blick auf die Berge. Der geschotterte Weg führt uns in einer halben Stunde – einmal rechts haltend – in den kleinen Ort ❺. Dort biegen wir rechts ein und kommen nach zehn Minuten an einer nicht ganz alltäglichen, unter zwei Bäumen errichteten, kleinen Kapelle vorbei. Wir wandern weiter zur OAL 1, überqueren sie und spazieren wieder zum **Parkplatz** ❶ zurück. Wir sollten uns aber die schöne kleine Insel des Schwaltenweihers nicht entgehen lassen und wandern daher auf der zum Parkplatz führenden Zufahrtsstraße in südlicher Richtung auf dem Fußweg neben der Straße – bald stark ansteigend – weiter. Wenn dieser endet, überqueren wir die Straße, gehen noch ein Stück weiter und schwenken dann rechts (»Seerundweg«) hinunter zum Spielplatz. Vor diesem wenden wir uns nach rechts und kommen nach etwa 80 m zu einer Brücke, die uns auf die kleine **Insel** ❻ hinüberführt. An der Südseite gibt es zwei idyllisch gelegene Sitzbänke direkt am Wasser – hier könnte man auch ein erfrischendes Bad nehmen.

Wieder zurück am **Parkplatz** ❶ können wir dem schönen Strandbad einen Besuch abstatten, das über viele Schattenplätze, einen Spielplatz und am Spielplatz über ein ganz flach abfallendes Ufer mit sandigem Untergrund verfügt. Im Bad besteht auch eine Einkehrmöglichkeit im Restaurant Schwaltenweiher, dieses kann man auch, ohne Eintritt für das Bad zu bezahlen, besuchen.

Burgruinen Hohenfreyberg und Eisenberg

Vom Wanderparkplatz bei Zell ★★

Gut erhaltene Ritterburgen mit fantastischem Ausblick

Die weithin sichtbaren und sich gegenüberliegenden Burgruinen Hohenfreyberg und Eisenberg gehören zu den besterhaltenen Burganlagen Bayerns. Ein Besuch der aufwendig in den letzten Jahrzehnten restaurierten Ruinen ist jederzeit frei möglich und auch mit einem Kinderwagen sehr empfehlenswert – kann man doch mitten in die Burgen mit dem Kinderwagen hineinfahren. Von dort oben haben wir einen fantastischen Blick auf die Seenlandschaft des Königswinkels sowie die Pfrontener und Tiroler Berge. Auf dem Rückweg wartet eine schöne Einkehrmöglichkeit auf halber Höhe in der Schlossbergalm mit Kinderspielplatz und Tiergehegen mit Hasen und Ziegen. Die beiden Burgen waren nicht verfeindet, Burg Hohenfreyberg wurde im frühen 15. Jahrhundert vom Sohn des Burgherrn der Burg Eisenberg errichtet, weil Burg Eisenberg nicht des Sohnes Vorstellungen einer imposanten Ritterburg entsprach. Obwohl das Geld für den Ausbau von Burg Hohenfreyberg teilweise auch aus einem Raubzug auf einen Kaufmannszug stammte, brachte der Bau der Burg die Familie an den Rand des Ruins – der kostspielige Unterhalt der Burg tat sein Übriges, sodass die nächste Generation verarmte und die Burg an Österreich-Tirol verkaufen musste. 1646 wurden die beiden Burgen, genauso wie Burg Falkenstein, auf Geheiß der österreichischen Regierung von den eigenen Leuten niedergebrannt, damit die Burgen nicht den Franzosen und Schweden am Ende des Dreißigjährigen Krieges in die Hände fallen und als Stützpunkte dienen konnten. Bei der Restaurierung von Burg Eisenberg wurden erstaunlich viele Funde aus der Ritterszeit zu Tage gebracht, diese kann man im Burgenmuseum in Zell neben zahlreichen Bildern und Schautafeln in elf Vitrinen besichtigen.

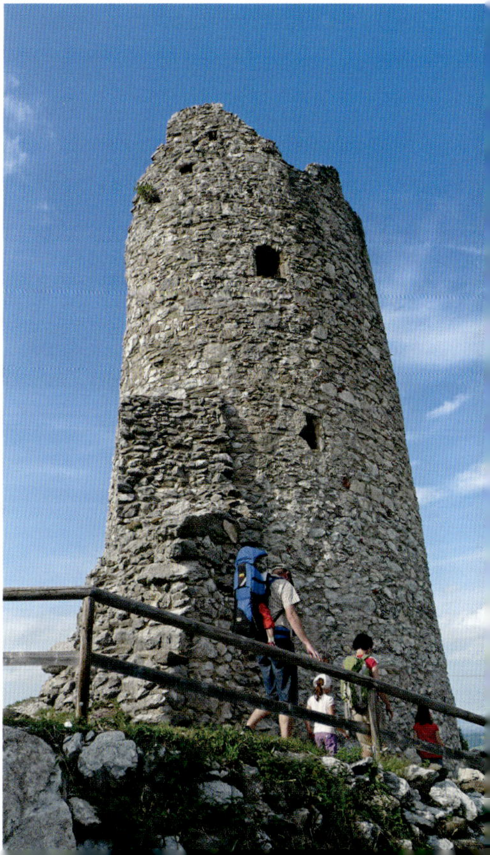

Die Ruinen kann man mit Kraxe oder Kinderwagen besuchen.

KURZINFO

Ausgangspunkt: Kostenloser Wanderparkplatz kurz hinter Zell, 906 m (Navi: N 47.60812 / E 10.583922; bzw. 87367 Eisenberg-Zell / Dorfstraße 26, von dort ortauswärts noch 200 m Richtung Schweinegg weiterfahren). Von Füssen auf der B 310 kommend bis zum Kreisverkehr auf der Höhe von Pfronten, dort die erste Abfahrt Richtung Eisenberg nehmen. Auf der OAL 2 weiter, nach etwa 2 km links in die Dorfstraße von Zell einbiegen und dieser durch den Ort (am Burgenmuseum vorbei) Richtung Schweinegg folgen. Kurz hinter dem Ortsendeschild von Zell rechts zum ausgeschilderten Parkplatz.
Mit Bahn und Bus: Mit dem Zug bis zum Bahnhof Pfronten-Ried und von dort mit dem Bus 56 bis Haltestelle »Zell, Abzw. Eisenberg«.
Gehzeit: 1.45 Std., bitte zusätzlich Zeit für die Burgruinen einplanen.
Distanz: 4,2 km.
Höhenunterschied: 150 m.
Höchster Punkt: 1056 m.
Anforderungen: Steiler Anstieg auf Kieswegen hinauf zur Ruine Hohenfreyberg, von dort zurück in einen Sattel und auf einem Kiesweg steil ansteigend zur Burgruine Eisenberg. Wieder zurück zum Sattel und von dort Abstieg über einen nicht allzu steilen Kiesweg zur Schlossbergalm. Von dort führt eine Asphaltstraße wieder hinunter nach Zell. Kondition, geländegängiger Kinderwagen, Handbremse und Fangriemen erforderlich.
Hinweise: Für Doppelkinderwagen bedingt geeignet (Gewicht!). Rastbänke vorhanden.
Ausrüstung: Profilierte Schuhe.
Einkehr: Schlossbergalm, Montag Ruhetag, im Juli, August und September kein Ruhetag, Mitte November bis einschließlich 24. Dezember Betriebsruhe, Wickeltisch, Spielplatz, Tel. +49 8363/1748, schlossbergalm.de.
Variante: Von der Burgruine Hohenfreyberg kommend kann man kurz vor Erreichen des Anstiegsweges nach links über eine Asphaltstraße zur Schlossbergalm gelangen.
Tipp: Das Burgenmuseum in Zell (Dorfstraße 12, 87367 Eisenberg, in der Nähe der Kirche) ist mittwochs, sonn- und feiertags 14–17 Uhr geöffnet, der Eintritt ist frei, Infos auch zu den Burgruinen unter eisenberg-allgaeu.de/burgenmuseum-eisenberg.
Weitere Parkmöglichkeiten am Ortseingang von Zell auf einem großen, rechts der Dorfstraße liegenden Parkplatz (Navi: 87637 Eisenberg-Zell / Dorfstraße 4) sowie direkt an der Schlossbergalm (Navi: 87637 Eisenberg-Zell / Burgweg 50).

Tipp: Mittelalterfest

Jedes Jahr im Sommer (meist im August) findet in und um die Burgruinen Hohenfreyberg und Eisenberg ein zweitägiges Mittelalterfest mit Musikanten, Schelmentheater, Schaukämpfen, Kindertheater, Mittelaltermarkt, Schmiede, Bogenschießen usw. statt. In der Ruine Hohenfreyberg ist dann auch für das leibliche Wohl gesorgt.
Der Eintritt ist kostenlos. Informationen u. a. zum genauen Termin erteilt die Tourist-Info Eisenberg unter Tel. +49 8364/1237.

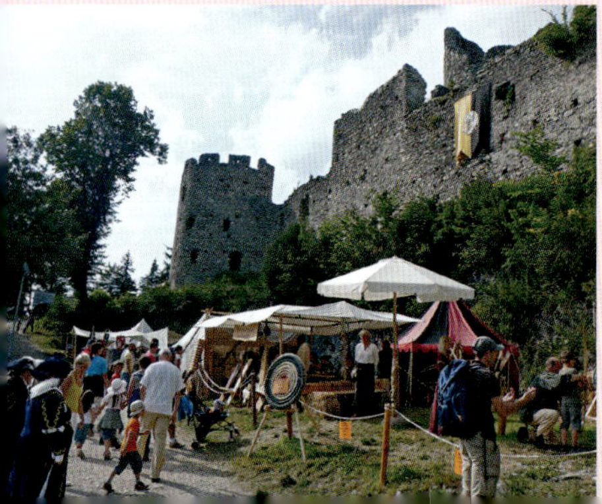

Das alljährliche Mittelalterfest findet vor und in den Burgmauern statt.

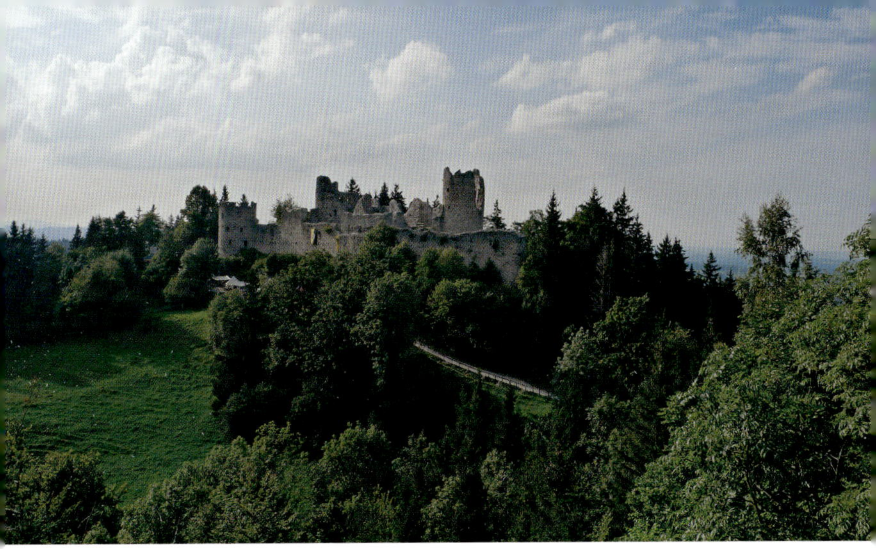

Ruine Hohenfreyberg von der Ruine Eisenberg aus gesehen.

Vom **Parkplatz 1** folgen wir der Ausschilderung zu den Burgruinen und wandern relativ stark ansteigend auf einem Kiesweg bergan. Schauen wir nach ein paar Minuten nach rechts, haben wir schon einen schönen Blick hinunter nach Zell und auf die dahinterliegenden Berge. Wir kommen zu einem Wegweiser, biegen rechts ein und können schon kurz darauf die stattliche Burgruine Hohenfreyberg auf dem Hügel über uns entdecken. Erst geht es nun ein Stück ebenerdig weiter, dann steigt der Kiesweg stark an. Hier kommt man mit dem Kinderwagen schnell ins Schwitzen. Wir passieren ein etwas versteckt am rechten Wegesrand aufgestelltes Holzschild unter einem Wegweiser, das uns anzeigt, dass wir ein paar Meter weiter rechts zur Schlossbergalm (in den von dort hinaufführenden Waldlehrpfad) abbiegen könnten. Hier gehen wir aber Richtung Burgruine geradeaus weiter – merken uns jedoch diese **Abzweigung 2** für unseren Rückweg. Nicht mehr so steil schieben wir nun den Kinderwagen entlang einiger Klapptafeln des hier weiterführenden Waldlehrpfades hinauf zu einem querenden Weg in der **Senke 3** zwischen den beiden Burgruinen, schwenken hier links (»Hohenfreyberg«) und erreichen schnell die große, bestens erhaltene **Burgruine Hohenfreyberg 4**. Wollen wir die Ruine in allen Verwinkelungen erforschen,

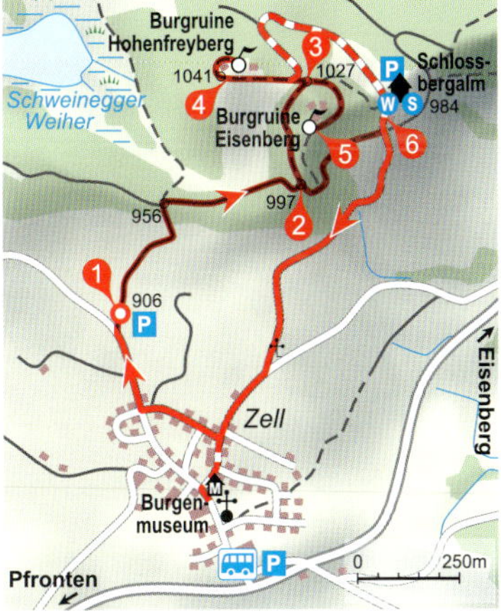

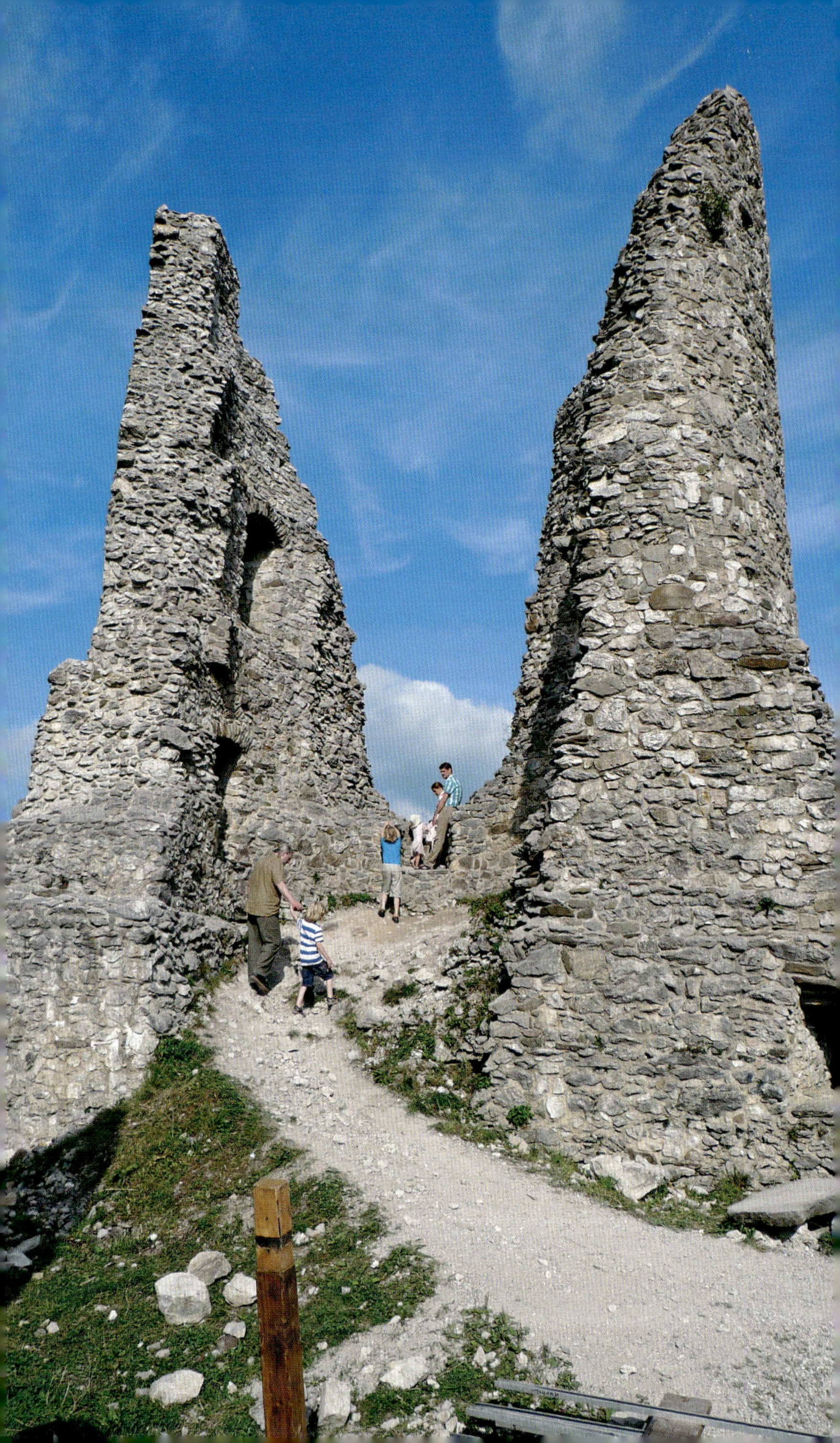

parken wir am besten den Kinderwagen und gehen mit dem Baby/Kleinkind im Tragebeutel oder auf dem Arm auf Erkundungstour.

Um zur Ruine Eisenberg zu gelangen, wandern wir wieder ein Stück auf dem Hinweg zurück – vorbei an einer links abzweigenden Teerstraße (diese führt zur Schlossbergalm, siehe Variante) – hinunter in die **Senke ❸**. Wir gehen geradeaus an der Einmündung unseres Anstiegswegs weiter (dieser ist später der Beginn unseres Rückwegs) und kommen kurz darauf zu einem Wegweiser, der uns geradeaus in fünf Minuten wiederum steil ansteigend zur ebenfalls sehenswerten **Burgruine Eisenberg ❺** leitet. (Anmerkung: An diesem Wegweiser weist uns ein Schild nach links in fünf Minuten zur Schlossbergalm, dieser Weg ist aber wegen seiner Steilheit für Kinderwagen nicht geeignet.)

Die Ruine Eisenberg ist wesentlich größer, als es von der Ruine Hohenfreyberg aus den Anschein hat, auch hier kann man mit dem Kinderwagen mitten in die Burg hineinfahren und kommt sogar bis auf eine riesige Holzterrasse, von der man einen fantastischen Blick auf den Forggensee und die sich dahinter aufbauenden Ammergauer Alpen hat. Von einem vorgelagerten Turm blickt man fantastisch hinüber zur Burgruine Hohenfreyberg.

Für den Rückweg spazieren wir wieder zurück in die **Senke ❸**, ignorieren vorher den von oben kommenden, nach rechts ausgeschilderten Weg zur Schlossbergalm (siehe oben) und biegen kurz darauf links in unseren Anstiegsweg ein (Beschilderung »Zell, Schlossweiher«). Wir marschieren diesen nicht allzu steilen Weg ein Stück bis zu der beim Aufstieg beschriebenen **Abzweigung ❷** hinunter, halten uns dort links (unbeschildert bis auf das erwähnte Holzschild unter einem Wegweiser, beide sind aber von oben kommend nicht zu sehen) und folgen dem Waldlehrpfad direkt zur **Schlossbergalm ❻**.

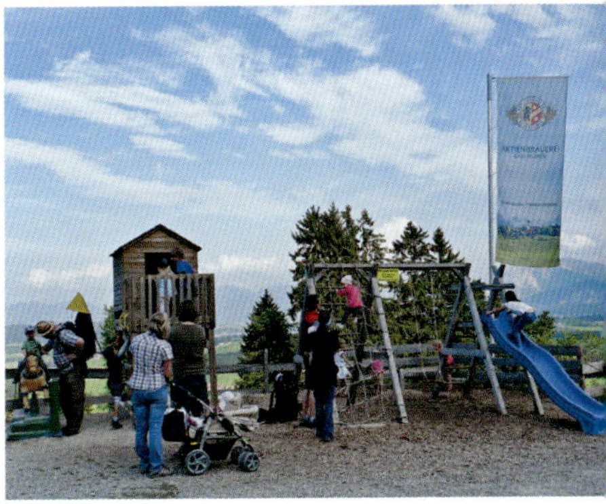

An der Schlossbergalm wartet ein kleiner Spielplatz auf die Kinder.

Der weitere Abstieg verläuft auf der direkt von der Gaststätte abwärtsführenden Asphaltstraße hinunter in den Ort Zell. Dort biegen wir – außer, wir wollen noch dem Burgenmuseum einen Besuch abstatten – in die erste abgehende Straße (»Am Melbacker«) nach rechts ein, folgen dieser bis zu deren Ende, halten uns rechts und kommen schnell wieder zu unserem **Parkplatz ❶**.

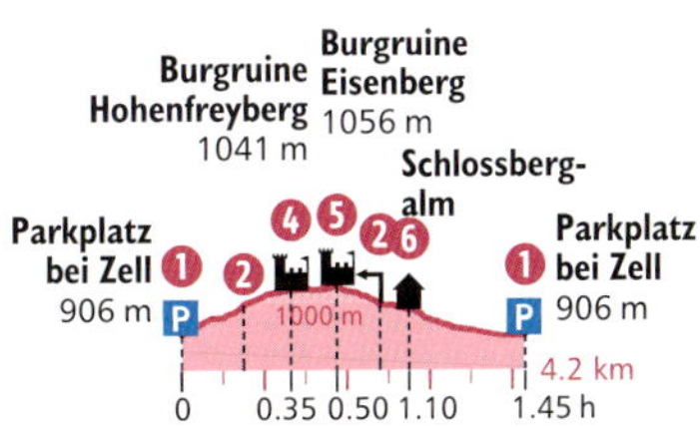

Gut erhaltene Reste des Bergfrieds (=Hauptturm) der Burg Hohenfreyberg.

31 Moor- und Streuwiesenpfad Pfronten

Im Berger Moos

★

Barfuß über weichen Moorboden

Der Moor- und Streuwiesenpfad in Pfronten verspricht das Moor einmal etwas anders zu erleben: nicht als Filmkulisse eines Sherlock-Holmes-Filmes, sondern als faszinierenden Lebensraum mit vielen verschiedenen Kostbarkeiten und einigen (Mitmach-)Stationen. Wir tauchen ein in eine besondere Flora und Fauna, eingebettet in die schöne Landschaft des Allgäus und können beim Barfußlauf durchs Moor den schwankenden Moorboden im wahrsten Sinne des Wortes hautnah erleben. Gegen Ende der Wanderung wartet dann noch ein toller Burgenspielplatz auf die Familien.

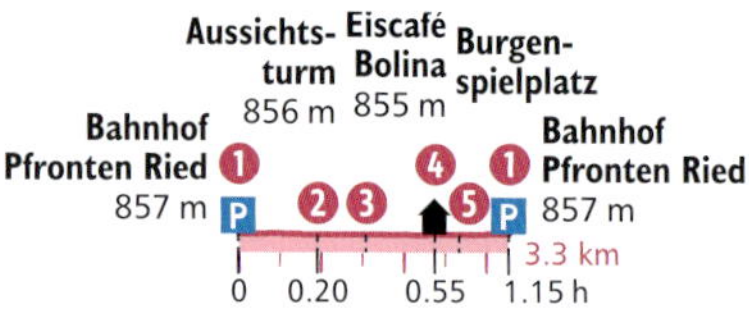

KURZINFO

Ausgangspunkt: Parkplatz am Bahnhof Pfronten-Ried, 857 m (Navi: 87459 Pfronten/Ladehofstraße 5). Auf der A 7 bis Ausfahrt Oy-Mittelberg oder Ausfahrt Nesselwang und über Nesselwang auf der B 309 nach Pfronten-Ried. Dort links in den Birkenweg und die nächste rechts in die Ladehofstraße einbiegen.
Mit der Bahn: Mit dem Zug direkt bis zum Bahnhof Pfronten-Ried.
Gehzeit: 1.15 Std.
Distanz: 3,3 km.
Höhenunterschied: Unbedeutend.
Höchster Punkt: 859 m.
Anforderungen: Leichter Spaziergang auf ebenen Kies- (teilweise mit Wiesenmittelstreifen) und Asphaltwegen. Ins Moor führen gut befahrbare Bretterwege. Für den Abstecher ins Moor hinter den Guckrohren muss man den Kinderwagen abstellen.
Hinweise: Für Doppelkinderwagen und Laufrad bestens geeignet. Unterwegs einige Rastbänke.
Ausrüstung: Keine besondere Ausrüstung erforderlich.
Einkehr: Eiscafé Bolina, Tel. +49 8363/928109, eiscafe-bolina.de.
Tipp: In Pfronten gibt es zwölf (Themen-)Spielplätze, z. B. auch den großen Spielplatz »Schatzinsel« im Kurpark in Pfronten-Heitlern (u. a. mit seichtem Spielbach und Schatztruhe). Parken in der Frühlingsstraße, Info unter pfronten.de/familie/spielplaetze.

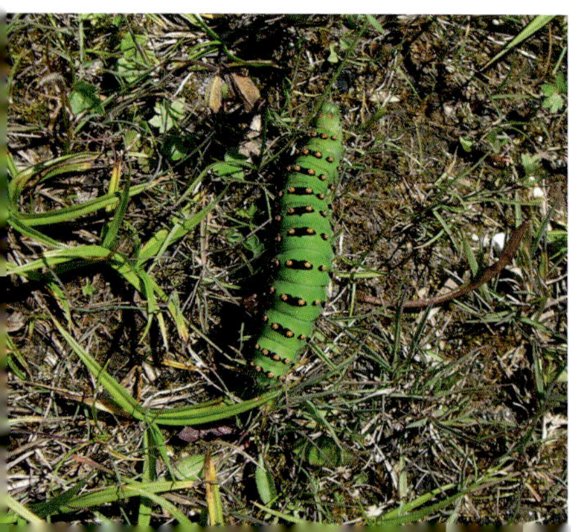

Vom Bahnhof gehen wir nach Norden zum Ende des Parkplatzes **1**, biegen nach rechts in den Birkenweg ein, überqueren die Gleise, wenden uns nach links (Schild: »Moorweg 5 Minuten«) und wandern auf einem Teerweg neben den Gleisen bis zu einem Schilderbaum

Eine Raupe des Kleinen Nachtpfauenauges in der Streuwiese.

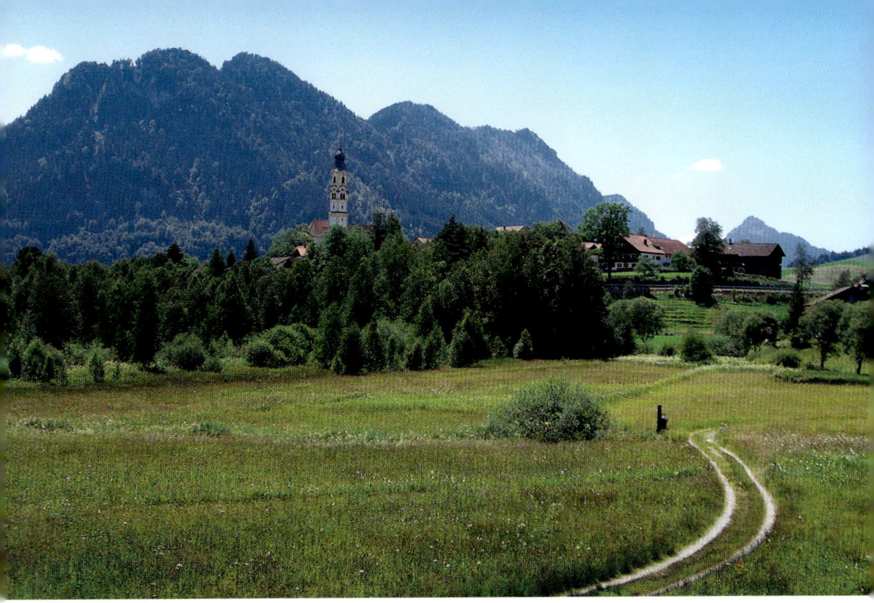

Blick vom Aussichtsturm auf die Kirche St. Nikolaus und den Kienberg.

mit einem kleinen Schild mit Grashalmen. Hier halten wir uns rechts, kommen an einem Karpfenteich vorbei und erreichen den **Aussichtsturm 2**. Oben warten Schautafeln und ein schöner Blick auf die Berge. Vom Turm geht es nach rechts auf einen Schotterweg, nach ca. 200 m führt rechts ein Abstecher über einen Bretterweg zu einem Torfstadel. Wieder auf dem Weg treffen wir nach weiteren 200 m auf einen zweiten Bretterweg, auf dem wir zu einer **Plattform mit Guckrohren 3** gelangen. Wir stellen hier oder etwas später unseren Kinderwagen ab, und können nun bald – am besten barfuß – über herrlich weichen, schwankenden Boden und kleine Holzstege das Moor erkunden.

Dieses Stück ist Teil des Moorrundweges, aber für Kinderwagen nicht geeignet, daher gehen wir zum Kiesweg zurück und folgen diesem nach rechts, schwenken an der Meilinger Straße rechts und folgen dieser am **Eiscafé Bolina 4** vorbei. 100 m später biegen wir links in den »Wiesenweg« ein, der uns zum **Burgenspielplatz 5** bringt.

Von dort gehen wir wieder zur Meilingerstraße, überqueren diese und kommen geradeaus gehend in den Birkenweg, der uns zurück zu unserem **Parkplatz 1** führt.

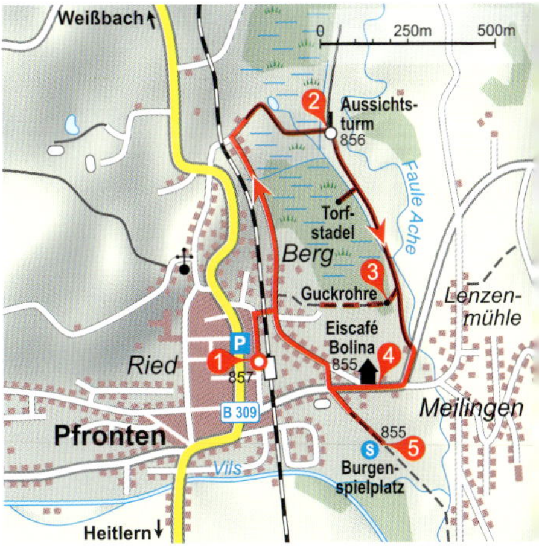

32 Vilsalpe

Von Tannheim

★★★

Entlang des malerischen Vilsalpsees

Unsere heutige Wanderung führt uns entlang des herrlich gelegenen Vilsalpsees oberhalb des Tannheimer Tales, den man bis zum Jahr 2012 auch noch umrunden konnte. Nachdem das Ostufer wegen einiger kleinerer Felsstürze bereits im Sommer 2012 gesperrt war, ereignete sich im November 2012 ein gigantischer Felssturz, bei dem sich geschätzte 100.000 Kubikmeter Fels und Geröll von einer Bergflanke des Geierköpfle lösten und etwa zehn Hektar Wald unter sich begruben. Nach einer mehrjährigen Sperrung des kompletten Ostweges wurden zwei große Schutzdämme errichtet, die den darunterliegenden Wanderweg schützen, sodass der Weg vom Nordufer bis zur Unteren Traualpe wieder freigegeben werden konnte. Eine Umrundung ist aber weiterhin nicht möglich (Stand 2024). Trotzdem ist die Wanderung entlang des kalten, von Bergen eingerahmten Gebirgssees sehr lohnenswert. Am Nordufer des Sees kann man herrlich auf der Liegewiese des ganz flach abfallenden Ufers picknicken, sich an heißen Tagen im See abkühlen und über das Westufer des Sees zur Vilsalpe weiterwandern, an der auch ein Spielplatz mit Wassertrog auf den Nachwuchs wartet.

KURZINFO

Ausgangspunkt: Parkplatz P2 in Tannheim, 1113 m (Navi: A-6675 Tannheim/Schmieden 19). Von der Hauptstraße in Tannheim nach Süden zur Tourist-Information abbiegen und geradeaus fahren, bis ein Schild unmittelbar vor der halbseitigen Straßensperrung Richtung Vilsalpsee nach links weist (zur erlaubten Befahrbarkeit dieser Straße siehe unter Variante). Geparkt wird auf verwinkelten Flächen und Wiesen um ein Anwesen herum, an dem auch der Kassenautomat angebracht ist.

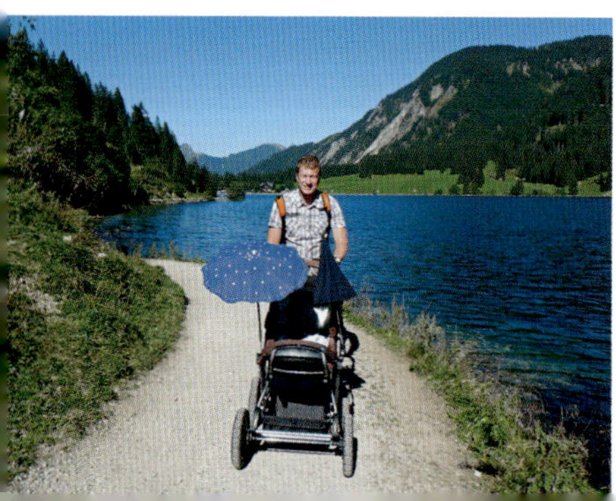

Mit Bahn und Bus: Mit dem Zug bis Reutte und von dort mit dem Bus 4262 Richtung Oberjoch nach Tannheim.
Gehzeit: 2.45 Std.
Distanz: 10,1 km.
Höhenunterschied: 100 m.
Höchster Punkt: 1186 m.
Anforderungen: Leichte Wanderung überwiegend auf ausreichend breiten Kieswegen. Vom Parkplatz zum Vilsalpsee gemächlicher Anstieg. Die Uferwege am See verlaufen fast ebenerdig, sind aber an einigen Stellen etwas holprig. Kleinkinder auf dem Uferweg bitte an die Hand nehmen, da es auf der Seeseite stellenweise ein Stück hinuntergeht.
Hinweise: Für Doppelkinderwagen ist eine Brücke auf dem ersten Teil des Waldweges beim Aufstieg zum See zu schmal, wir bleiben deshalb mit diesem Gefährt erst einmal auf der Teerstraße, bis der Waldweg auf der anderen Straßenseite (links) weiterführt. Dieser Ab-

Der Weg zur Vilsalpe führt direkt am Westufer des Sees entlang.

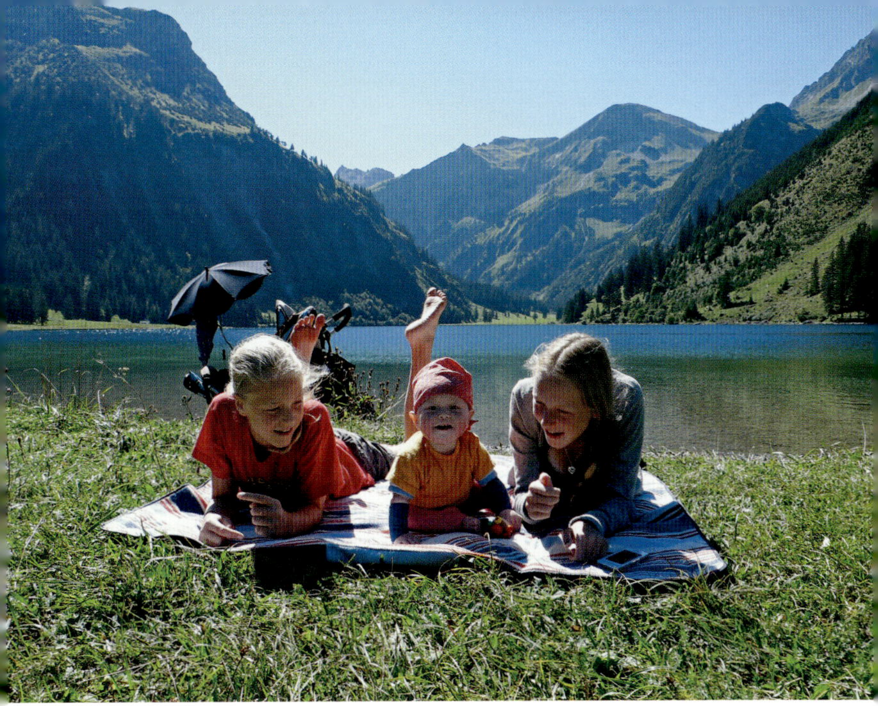

Vergnügtes Damentrio an der schönen Liegewiese am Nordufer.

schnitt ist, wie auch der Weg entlang des Sees, dann auch für Zwillingskinderwagen geeignet. Einige Rastbänke.
Toilette am Parkplatz P2: Wendet man sich am unteren Teil des Parkplatzes nach Osten, kommt man am Gasthaus Tirolerhof vorbei. Dort darf man, auch wenn man nicht im Gasthaus einkehrt, die Toiletten für 50 Cent (zahlbar an der Theke) benutzen.
Ausrüstung: Profilierte Schuhe, Badesachen und Wechselkleidung (Wassertrog an der Vilsalpe). Die Wiese direkt zu Beginn des Sees eignet sich sehr gut für ein Picknick, daher eventuell Picknicksachen und -decke einpacken.
Einkehr: **Hotel-Restaurant Café Bogner Hof**, kein Ruhetag, Betriebsferien Nov. bis Mitte Dez. und April bis Mitte Mai, Tel. +43 5675/6297, bognerhof.at. **Gasthof Vilsalpsee**, ganzjährig geöffnet, kein Ruhetag, Anfang Nov. bis ca. 20. Dez. Betriebsruhe, Tel. +43 5675/6293. **Fischerstube**, geöffnet vom zweiten Maiwochenende bis Mitte Okt., Ruhetag wechselnd, Wickeltisch im angrenzenden Kiosk, Tel. +43 5675/6278. **Vilsalpe**, geöffnet von Ende Mai bis Ende Okt., kein Ruhetag, Spielplatz, Tel. +43 5675/6558, Tel. Tal +43 676/921 6157.
Variante: Verkürzung der Tour durch Auffahrt zum See mit dem Auto. Vor 8 Uhr und nach 17 Uhr darf man über die sonst in beide Richtungen für den Verkehr gesperrte Straße direkt zum Vilsalpsee hinauffahren. Das Tagesparkticket kostet oben allerdings derzeit 8 €. Alternativ besteht die Möglichkeit, ab der Tourist-Info in Tannheim (Parkplatz P1) mit dem Postbus, dem Tannheimer Alpenexpress (auf der Straße fahrender kleiner Zug) oder mit der Pferdekutsche hinaufzufahren – mit dem Kinderwagen allerdings nur mit dem Postbus (fährt stündlich, auch abwärts).
Tipps: Am Gasthaus Tirolerhof gibt es Steckerleis und einen Minigolfplatz (Öffnungszeiten wie Gaststätte). Ruderbootverleih im Gasthof Fischerstube.

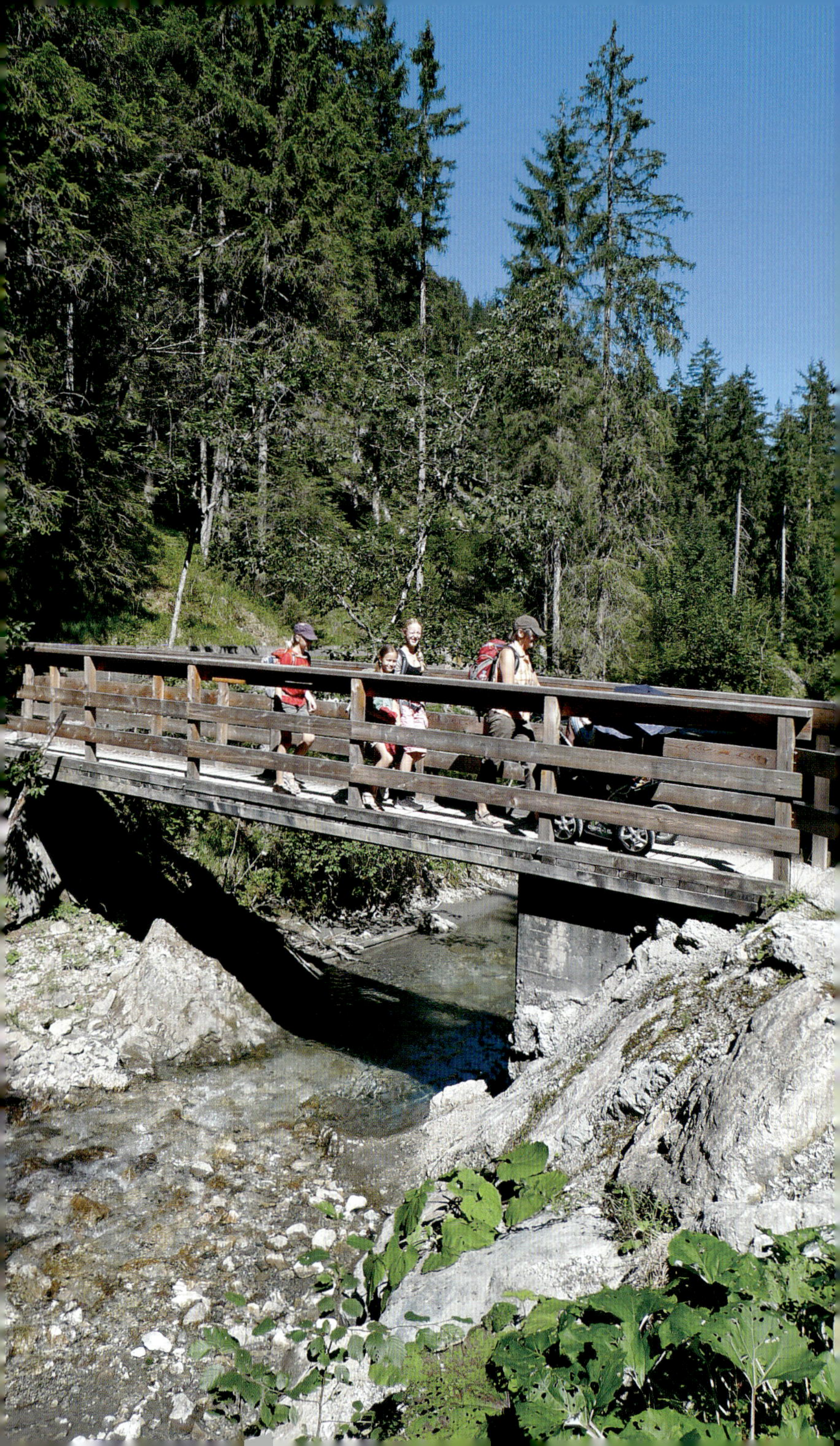

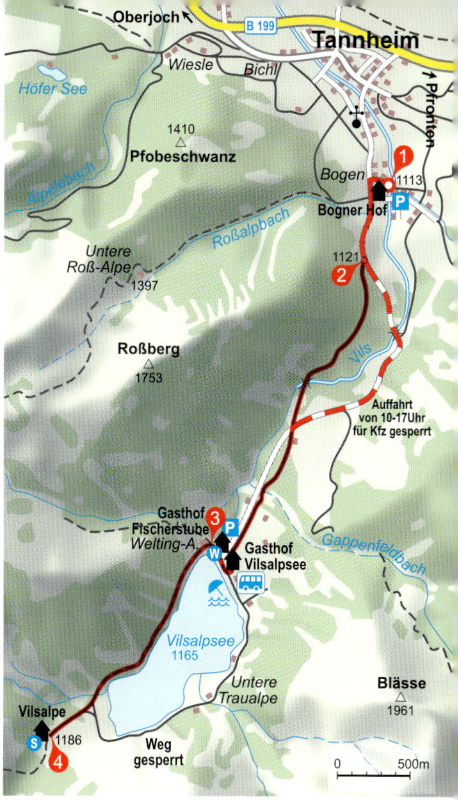

Vom **Parkplatz ❶** gehen wir entweder auf der Zufahrtsstraße oder, wenn wir im unteren Bereich des verwinkelten Parkplatzes parken, vorbei am Hotel-Restaurant Bogner Hof und dann links auf der Vilsalpstraße zur halbseitigen Straßensperre (zur zeitweise erlaubten Befahrung siehe »Variante« in der Kurzinfo). Auf der während des Tages nur vom Postbus, einem Zubringerzug und wenigen Pferdekutschen aufwärts befahrenen Straße marschieren wir nach Süden bergan. Nach 500 m weist uns ein Schild nach rechts in einen abzweigenden **Waldweg ❷**, dem wir nun auf gekiestem Untergrund folgen. Nicht allzu steil ansteigend spazieren wir meist im Schatten durch den Wald, kommen an die **Vils** und überqueren diesen aus dem Vilsalpsee fließenden Gebirgsbach auf einer Holzbrücke, die sowohl für hintereinander (sehr enger Wegknick vor der Brücke im 90-Grad-Winkel) wie nebeneinander konstruierte Zwillingskinderwagen nicht passierbar ist (mit einem solchen also bitte unten auf der Straße bleiben). Wir kommen aus dem Wald, blicken nun bereits auf die ersten Berge und erreichen schließlich über einen rechts und links abschüssigen Damm (kleinere Begleitkinder bitte hier an die Hand nehmen) wieder die Straße. Wir überqueren sie und wandern auf der anderen Seite wiederum schräg in den Wald – ab hier können auch die Doppelkinderwagen die Straße verlassen. Der Weg geht schnell in einen kinderwagenfreundlichen Weg über.

15 Minuten später treffen wir wieder auf die Straße, können kurz darauf noch mal die Straße in einen Kiesweg verlassen und wandern schließlich auf dem Kiesweg neben der Straße leicht bergab, bevor wir vorbei am Parkplatz den **Vilsalpsee ❸** erreichen. Obwohl die beiden

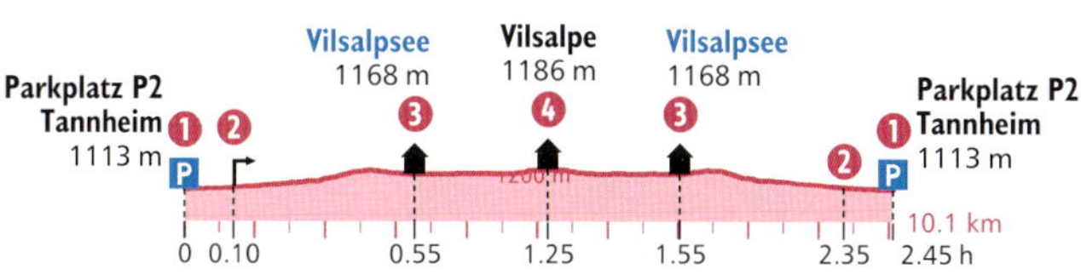

Beim Aufstieg zum See führt uns diese schmale Brücke über die Vils.

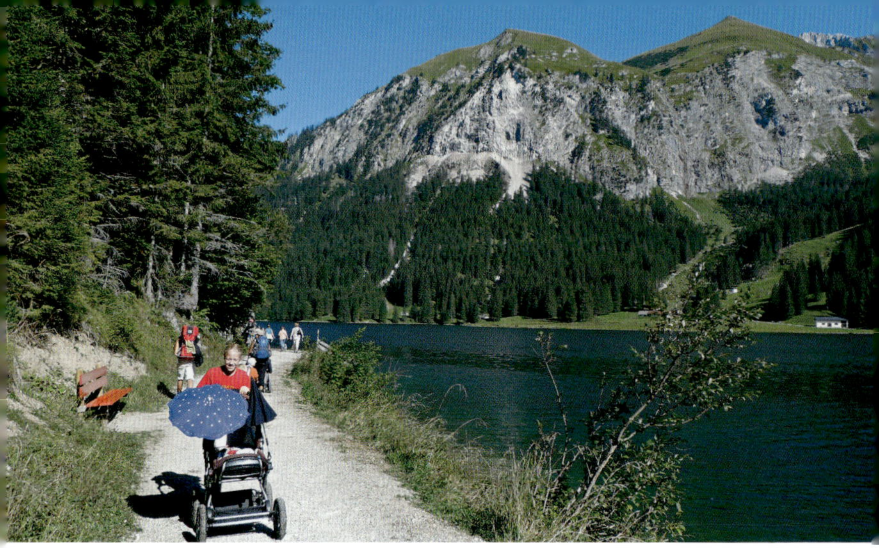

Im Hintergrund sieht man das Geierköpfle vor dem großen Felssturz. Der dortige Wald wurde im November 2012 von den Geröllmassen zerstört.

Parkplätze im Tal wie auch der hier oben groß angelegt sind, verläuft sich die Menschenmenge gut, sodass es auf der frei zugänglichen, wunderschönen Liegewiese des Vilsalpsees eigentlich nie überfüllt ist.
Nach der Rast gehen wir Richtung Westen (von unten kommend nach rechts) am Ufer entlang, kommen am **Gasthof Vilsalpsee** und der bewirtschafteten **Fischerstube** mit ihren zur Vermietung bereitliegenden Booten vorbei, überqueren die aus dem See fließende Vils auf einer Brücke und schwenken dahinter links in den Uferweg, dem wir nun ca. 20 Minuten leicht über dem Wasser bei herrlichem Blick auf die über dem See hochaufragenden Berge folgen. Fast am Kopf des Sees angekommen weist uns ein Schild geradeaus zur zehn Minuten entfernt liegenden **Vilsalpe** ❹. Dort kann man gemütlich draußen in der Sonne sitzen, für die Kinder gibt es einen Spielplatz und einen Wassertrog. (Hinweis: Der ab hier ausgeschilderte Weg zum Wasserfall (nach der Alp links halten) ist recht holprig und während der Almsaison nach ca. 300 m wegen eines Stacheldrahtzaunes für Kinderwagen nicht passierbar.)
Zurück wandern wir wieder auf dem Hinweg, wobei auch die Möglichkeit besteht, ab dem Parkplatz Vilsalpsee stündlich mit dem Postbus wieder zurück ins Tal zu fahren.

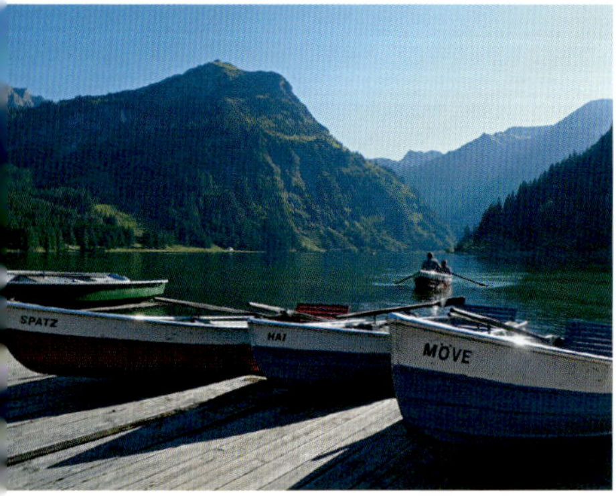

Bootsverleih an der Fischerstube.

Alatsee

Rundweg von Bad Faulenbach ★

Über den Ländeweg zu einem geheimnisvollen See

Der Ländeweg führt vom Füssener Ortsteil Bad Faulenbach ins österreichische Vils, von dort überqueren wir beim Aufstieg zum sagenumwobenen Alatsee erneut die Grenze und können im See ein erfrischendes Bad nehmen und im Hotel Restaurant Alatsee einkehren. Viele Mythen und Geschichten ranken sich um diesen klaren See, was wohl damit zusammenhängt, dass sich in 15 bis 18 Metern Tiefe eine giftige Schwefelschicht befindet, auf der sich unzählige leuchtend rote Purpur-Bakterien tummeln, die vom Schwefel leben. Vom Ufer oder vom Wasser aus ist dieses Naturschauspiel nicht zu sehen, dies bleibt einigen wenigen Tauchern (mit Sondergenehmigung) vorbehalten. Man erzählt sich aber, dass diese roten Schichten von Zeit zu Zeit aufsteigen und dann Teile des Sees rot färben. Tatsächlich hat dies aber seit Jahrzehnten niemand mehr gesehen. Über der Schwefelschicht hat das Wasser Trinkwasserqualität und ist voller Leben, sodass wir uns bedenkenlos in dem kühlen Nass erfrischen können.

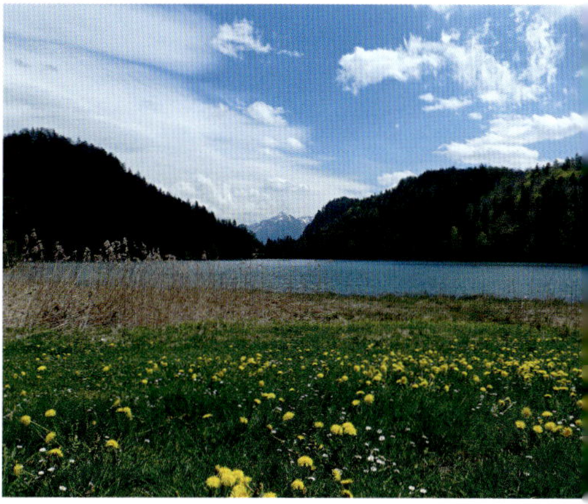

Den Alatsee erreicht man von Füssen aus über Vils in zwei Stunden.

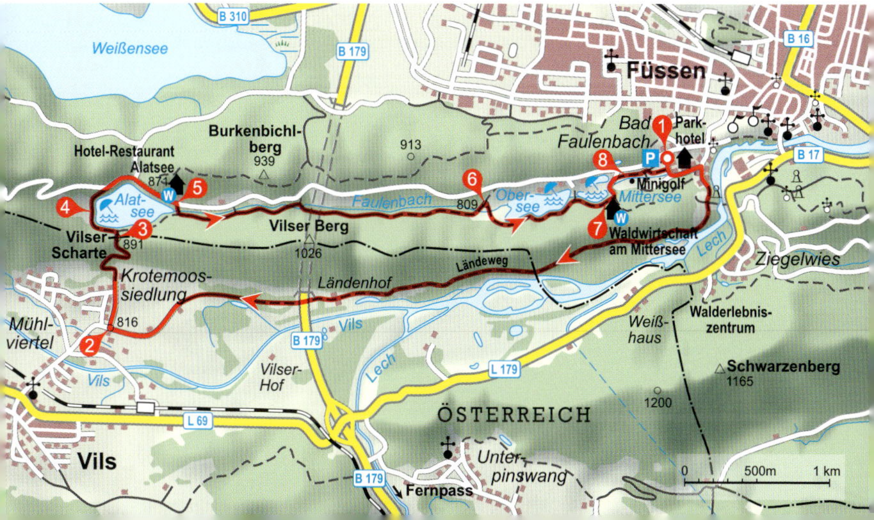

KURZINFO

Ausgangspunkt: Gebührenpflichtige Parkplätze im Füssener Ortsteil Bad Faulenbach im Fischhausweg, 800 m (Navi: 87929 Füssen/Fischhausweg). In Füssen am Kreisverkehr an der Kemptener Straße unterhalb des Stadtparks in die Straße »Morisse« fahren, rechts in die Alatseestraße und links in den Fischhausweg einbiegen.
Mit der Bahn: Vom Bahnhof Füssen links in die Bahnhofsstraße, nach 200 m rechts und über einen Fußweg nach Süden zu einem Kreisverkehr. Über die Ottostraße zur Kemptener Straße, diese überqueren und über die Straße »Morisse« zur Alatseestraße. Hier rechts und nach 200 m links in den Fischhausweg.
Gehzeit: 3.15 Std.
Distanz: 11,2 km.
Höhenunterschied: 185 m.
Höchster Punkt: 891 m.
Anforderungen: Der Rundweg verläuft überwiegend in einem stetigen Auf und Ab über stellenweise steile Kies- und Asphaltwege. Kondition, geländegängiger Kinderwagen, Handbremse und Fangriemen erforderlich.
Hinweise: Für Doppelkinderwagen ist die Tour nicht zu empfehlen (Gewicht!). Unterwegs sind mehrere Rastbänke vorhanden.
Ausrüstung: Gut profilierte Schuhe sowie Picknickdecke und Badesachen.
Einkehr: Hotel-Restaurant Alatsee, ganzjährig geöffnet, außerhalb der Hauptsaison Dienstag Ruhetag, Wickeltisch, Tel. +49 8362/6205, hotel-alatsee.de. Parkhotel Bad Faulenbach, Dienstag bis Sonntag geöffnet (montags nur kleine Karte), Fischhausweg 5, 87629 Füssen/Bad Faulenbach, Tel. +49 8362/91980. Waldwirtschaft am Mittersee, geöffnet von März bis Ende Okt. am Wochenende, übrige Tage wechselnd je nach Monat, siehe Website, Wickeltisch, Tel. +49 8362/9303930, waldwirtschaft-am-mittersee.de. Kiosk am Minigolfplatz, Tel. +49 176/10037646, während der Saison täglich geöffnet.

Vom **Parkplatz** ❶ wandern wir in Anfahrtsrichtung den Fischhausweg weiter und biegen an dessen Ende links in die Straße Schwärzerweg ein. Am Parkplatz des Hotels Jakob ignorieren wir einen Wegweiser, der nach rechts zum Ländeweg und nach Vils weist – dieser Weg ist mit einem Kinderwagen nicht befahrbar. Stattdessen bleiben wir auf der Straße, die bald auf die Straße Ländeweg trifft. Hier biegen wir nach rechts ein, wandern die steile Straße hinauf und kommen bald an eine Wegverzweigung. Hier folgen wir dem Wegweiser in den zweiten abwärtsführenden Weg in Richtung »Ländeweg/Vils«, der uns bald in einem stetigen, bisweilen steilen Auf und Ab auf einem Kiesweg durch den Wald führt. Nach einer halben Stunde überschreiten wir die Grenze zu Österreich und kommen jetzt nah an den im Sommer oft türkisfarbenen **Lech** heran, hinter dem sich die Lechtaler Alpen aufbauen. Nun geht es unter der Fernpassstraße hindurch und dahinter ganz eben auf einem asphaltierten Weg am sonnigen Waldrand entlang. Dann wandern wir über die Wiesen auf **Vils** zu, leider stört hier eine unschöne Fabrik das Panorama.

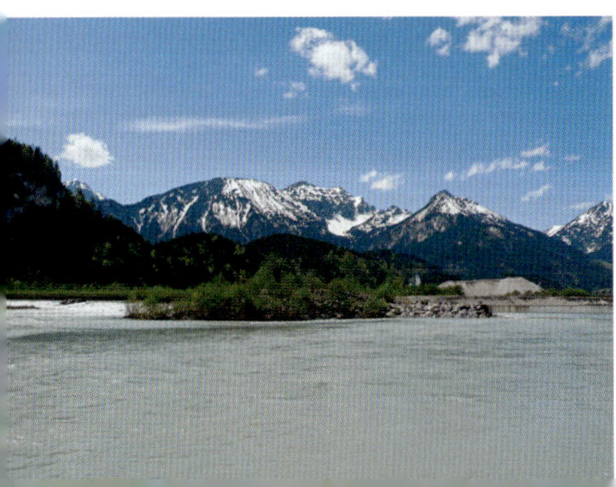

Mit schönem Bergblick wandern wir ein Stück direkt am Lech entlang.

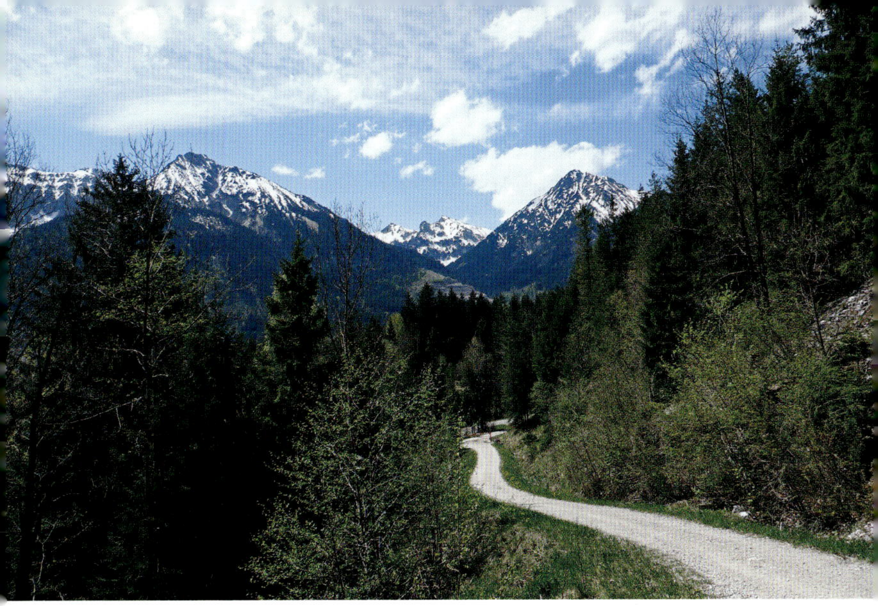

Von Vils steigt der Weg zum Alatsee steil an, hinten die Lechtaler Alpen.

An einem Wohnhaus ❷ weist uns ein Schild nach rechts zum Alatsee, hier biegen wir ein und folgen der Teerstraße immer geradeaus. Etwa 80 m nach einem Linksknick leitet uns ein Wegweiser nach rechts in einen stark ansteigenden Kiesweg, der in Kehren zur **Vilser Scharte** ❸ führt, an der wir die Grenze nach Deutschland überschreiten. Kurz darauf stehen wir an einem Wegweiser vor dem **Alatsee**, wir schwenken nach links und spazieren nun im Uhrzeigersinn um den See. Nach fünf Minuten erreichen wir eine schöne **Badestelle** ❹ am Westufer des Sees mit Liegewiese und Bänken, hier kann man auch schön picknicken und in der Sonne liegen. Wir setzen unseren Weg um den See fort und erreichen am Ostufer das **Hotel-Restaurant Alatsee** ❺ mit einem Wirtsgarten, in dem man gut essen kann. Am Ufer laden mehrere Bänke zu einer Rast ein, hier gibt es auch eine kleine Wiese und ein vom Faulenbach gespeistes Naturkneippbecken, in dem die Kinder ihren Spaß haben.

Für unseren Rückweg müssen wir uns entscheiden, ob wir auf der für den Verkehr gesperrten Straße, die am Hotel verbeiführt, nach Bad Faulenbach zurückwandern wollen, oder ob wir die Straße kurz nach dem Hotel nach rechts verlassen

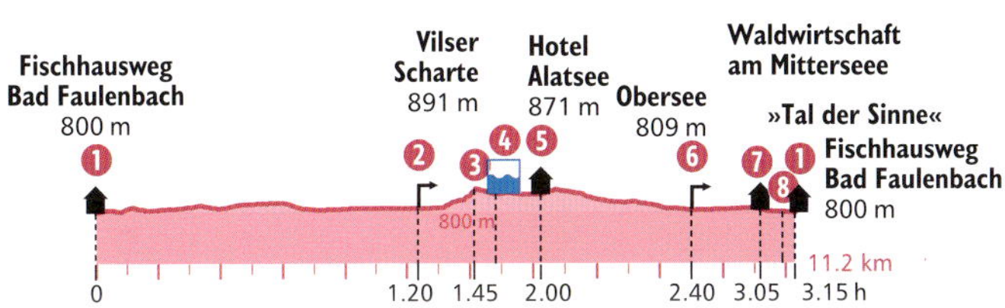

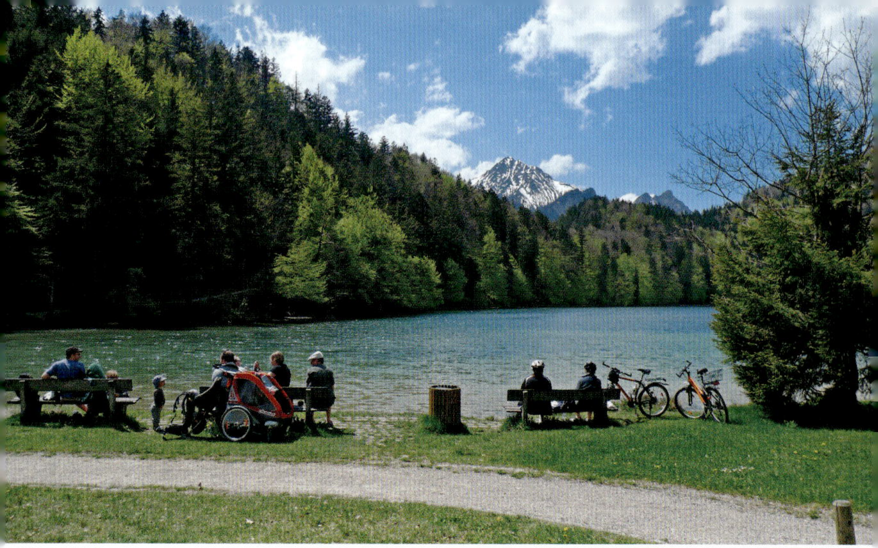

Am Alatsee-Ostufer warten Rastbänke und ein schönes Naturkneippbecken.

(Beschilderung »Bad Faulenbach (Fußweg)« und über einen Kiesweg auf der anderen Seite des Faulenbaches absteigen wollen. Wir entscheiden uns für Letzteres, wenden uns an dem Briefkasten nach rechts, überqueren den Faulenbach und schwenken bei der nächsten Verzweigung nach links. Zweimal besteht nun beim Abstieg die Möglichkeit, wieder auf die Straße zu kommen, wir halten uns aber jeweils rechts und kommen kurz vor dem **Obersee** zu einer weiteren Weggabelung **6**. Links geht es auch hier wieder zur Straße, wir biegen aber rechts ein (»Bad Faulenbach Fußweg«) und wandern am schönen Südufer des Obersees (Achtung, ein Schild weist auf Steinschlaggefahr hin) entlang. Wer baden möchte, wendet sich nach dem Obersee links und geht zwischen Ober- und Mittersee zur Straße, wo man wählen kann, welches der beiden Strandbäder man besuchen möchte. Die anderen halten sich rechts und spazieren am Südufer des **Mittersees** weiter, kommen an der **Waldwirtschaft am Mittersee** **7** vorbei, schwenken am Seeende mit dem Weg nach links, überqueren den Faulenbach und biegen rechts in einen kleinen Weg ein, der uns durch des **»Tal der Sinne«** **8** mit seinen spannenden Stationen (siehe Tipp) am Minigolfplatz vorbei wieder zum **Parkplatz** **1** bringt.

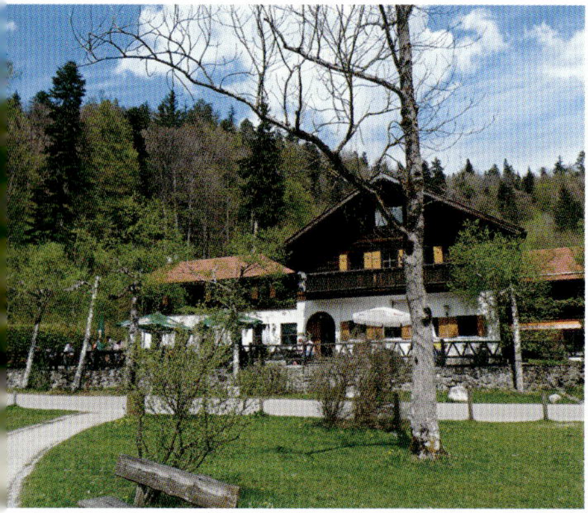

Das Restaurant Alatsee verfügt auch über einen schönen Wirtsgarten.

Tipp: Tal der Sinne

Am Ende der Wanderung zum Alatsee kommen wir durch das vom Walderlebniszentrum Ziegelwies (von dem auch die kinderwagentauglichen Erlebniswege Auwaldpfad und Bergwaldpfad unterhalten werden – siehe hierzu Touren 34 und 35) errichtete »Tal der Sinne«. Dieses Ziel kann man aber auch als separaten Ausflug mit dem Kinderwagen planen. Ausgangspunkt ist wie bei der Wanderung 33 der Fischhausweg in Füssen/Bad Faulenbach. Am besten packen wir unsere Schuhe, gleich bevor wir losgehen, in eine Tasche, gehen hinüber zur linken Seite der Parkanlage und versuchen, auf einer 75 m langen Balancierstrecke unser Gleichgewicht zu halten. Hier gilt es, unter anderem über einen wippeartig befestigten Baumstamm zu balancieren, der sich, nachdem man die Mitte überschritten hat, nach unten senkt. In der Mitte des Balancierpfades kann man auch nach links über Baumstämme einen Abstecher ins Schilf machen und dort die weichen Pfade, die nach längerem Regen allerdings nicht passierbar sind, barfuß erkunden. Wieder auf dem Balancierpfad kommen wir schnell zu einem Steg, der uns ein Stück ins Schilf führt, gleich daneben befindet sich ein Naturkneippbecken mit Matschstrecke und ein Barfußparcours. Auf einem Asphaltweg spazieren wir nach Westen an der Minigolfanlage vorbei, können nun auf einem gekiesten Weg unsere Fußsohlen etwas trainieren, bevor es links zu einem Schwefelbecken geht oder nach rechts zu einer großen Kneippanlage und einem rechts dahinterliegenden großen Klangwald (ca. 250 senkrecht aufgehängte Baumstämme, durch die man gehen kann und dadurch Klänge erzeugt). Wer möchte, kann nun noch in der Waldwirtschaft am Mittersee einkehren, eine Runde Minigolf spielen und Mitter- und/oder Obersee umrunden und sich in einem der beiden Strandbäder abkühlen.

Liebevoll gestalteter Balancierpfad im Tal der Sinne.

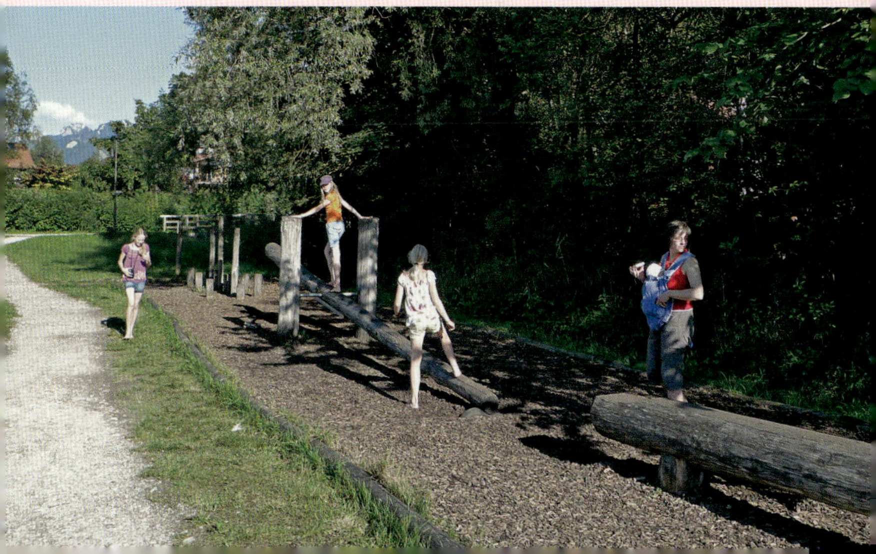

34 Auwaldpfad und Baumkronenweg Füssen

Rundweg beim Walderlebniszentrum Ziegelwies ★★★

Erlebnisrunde am Lech

In Füssen gibt es das tolle Walderlebniszentrum WEZ Ziegelwies, das neben einer auf Kinder zugeschnittenen kleinen Ausstellung (u. a. Naturmemory, Ameisenecke, CO_2-Maschine) mit dem hier vorgestellten Auwaldpfad und dem Bergwaldpfad (siehe Tour 35) zwei liebevoll gestaltete Erlebnispfade, einen 450 Meter langen und 20 Meter hohen Baumkronenweg und das »Tal der Sinne« in Bad Faulenbach (siehe Tipp S. 151) zu bieten hat. Bis auf den vom Parkplatz zum WEZ führenden Baumkronenweg (ca. 5 € für Erwachsene, Kinder bis 15 Jahre frei) sind die Attraktionen kostenlos. Der überwiegend schattige Auwaldpfad mit seinen ideenreichen Stationen und den vielen Möglichkeiten, mit Wasser in Berührung zu kommen (Sandbucht am Lech, Kneippbachlauf, Floßüberfahrt, Schleuse), ist besonders an heißen Sommertagen ein wundervolles Erlebnis. Dann kann man auch auf den ausschließlich sandigen Wegen den Auwaldpfad komplett barfuß erleben. Wer gleich vom großen Parkplatz aus ohne Schuhe starten möchte, wählt zum Auwaldpfad den lechnahen, in der Karte rot gestrichelt eingezeichneten Weg.

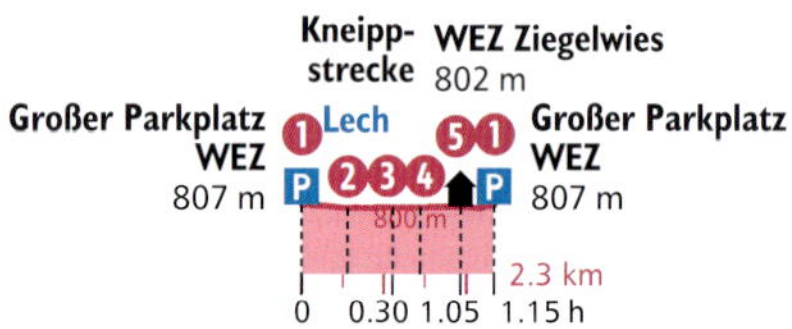

KURZINFO

Ausgangspunkt: Kostenlose Parkplätze in der Nähe des Walderlebniszentrums (WEZ) Ziegelwies bei Füssen. Von Füssen auf der B 17 Richtung Reutte/Tirol, nach ca. 2,5 km am WEZ vorbeifahren und 250 m später rechts zum großen Parkplatz, 807 m (Navi: N 47.557118/ E 10.68856).
Mit Bahn und Bus: Vom Füssener Bahnhof mit dem Linienbus 74 (entspricht Postbus ÖBB 4258) Richtung Reutte bis Haltestelle »Ziegelwies«.
Gehzeit: 1.15 Std. Bei Aufenthalt an den einzelnen Stationen und Besuch der Ausstellungsräume, des Baumkronenweges und des Spielplatzes bitte mindestens einen halben Tag einplanen.
Distanz: 2,3 km.
Höhenunterschied: Unwesentlich.
Höchster Punkt: 808 m.
Anforderungen: Leichter, fester Sandweg durch die Lechauen. Der Baumkronenweg ist ebenfalls kinderwagentauglich.
Hinweise: Öffnungszeiten der WEZ-Ausstellungsräume (Tirolerstraße 10, 87629 Füssen, Tel. +49 8362/9387550, wez-ziegelwies.de): von Mai bis Oktober täglich 10–17 Uhr, übriger Zeitraum siehe Website. Auwald- und Bergwaldpfad können jederzeit besucht werden; Öffnungszeiten des Baumkronenwegs auf baumkronenweg.eu.
Nach Hochwasser des Lechs ist der Auwaldpfad nicht oder nur begrenzt begehbar. Für Doppelkinderwagen und Buggy (außer nach Überschwemmungen) geeignet. Laufrad möglich, aber nicht empfehlenswert (viele Stationen). Unterwegs einige Bänke.
Ausrüstung: Wechselkleidung, eventuell Handtuch zum Füßeabtrocknen, Picknickdecke für Lechinsel.
Einkehr: Imbiss am Walderlebniszentrum, Gasthäuser in Füssen.

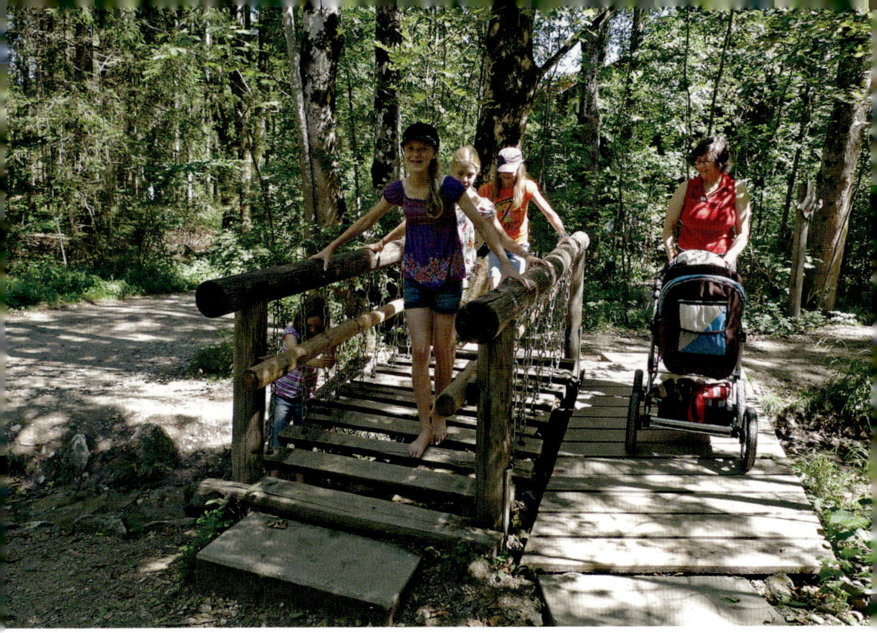

Der Auwaldpfad macht der ganzen Familie Spaß.

Vom großen, bereits in Österreich gelegenen **Parkplatz ❶** gehen wir auf einem gekiesten Fußweg neben der B 17 zurück Richtung Füssen und wenden uns an einem Abzweig links hinunter (rechts geht es zur Ausstellung des WEZ und einer rasanten Hangrutsche). Unten laufen wir nach links durch einen Weidentunnel Richtung **Lech** und können einen Abstecher zum sandigen Ufer des Flusses ❷ – und ohne Kinderwagen zu einer Lechinsel – machen. Wieder zurück auf dem Hauptweg wandern wir vorbei an einigen Erlebnisstationen flussabwärts. Wir kommen zur **Kneippstrecke ❸**, die uns 50 m auf sandigem Boden durch einen eiskalten Bach führt, dann können die größeren Begleitkinder (und Erwachsene) auf mehrere Arten (u. a. Drahtseil und Floß) versuchen, einen Bach zu überqueren. An einem Bachlauf spielen die Kinder Schleusenwärter und wir erreichen durch einen Abstecher nach rechts einen kleinen, auf sonniger Lichtung gelegenen **Spielplatz ❹** mit Hängematten und einem Holzschiff, bevor wir zur Hangrutsche unterhalb des Walderlebniszentrums kommen. Wir gehen noch ein Stück geradeaus weiter, wenden uns nach links hinauf zum **Walderlebniszentrum ❺** und können dort noch der kindgerechten Ausstellung einen Besuch abstatten, bevor wir wieder auf dem Hinweg zum **Parkplatz ❶** zurückkehren.

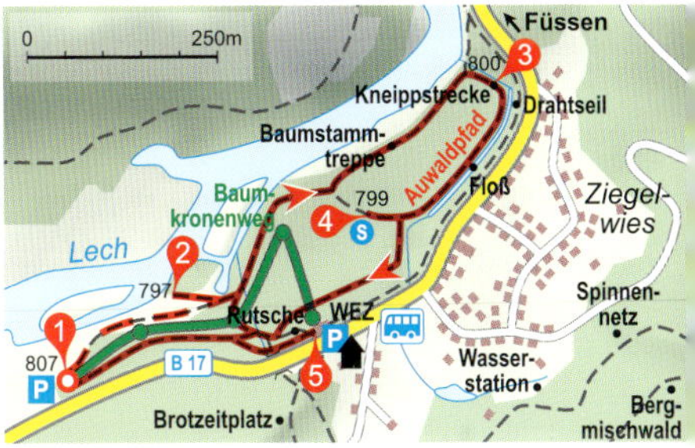

35 Bergwaldpfad Füssen

Rundweg beim Walderlebniszentrum Ziegelwies ★★

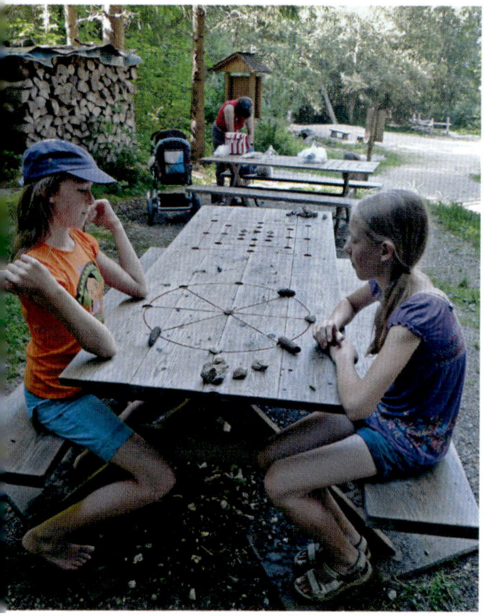

Spiele-Brotzeittisch am Spielplatz.

Spannender Erlebnisweg mit vielen Stationen

Neben dem Auwaldpfad und dem neu errichteten Baumkronenweg (siehe Tour 34) gibt es direkt am Walderlebniszentrum (WEZ) Ziegelwies in Füssen den kostenlosen Bergwaldpfad, der die sportlichere Variante der beiden Erlebnispfade darstellt. Auch hier warten viele spannende Mitmach- und Spielstationen auf die Familien. Ist man auf dem Rückweg wieder am Walderlebniszentrum angelangt, lohnt ein Besuch des imposanten Lechfalls (siehe Variante), an dem der Lech unter lautem Getöse über mehrere Stufen hinabstürzt, bevor sich dann sein Flussbett verengt und der oft türkisfarbene Fluss zwischen den hoch aufragenden Felswänden weiterfließt.

KURZINFO

Ausgangspunkt: Walderlebniszentrum Ziegelwies in Füssen, Anfahrt mit Auto und Bahn/Bus siehe Tour 34.
Gehzeit: 1.30 Std. (bei kurzem Aufenthalt an den Stationen).
Distanz: 2,9 km.
Höhenunterschied: 75 m.
Höchster Punkt: 858 m.
Anforderungen: Gekiester, in ständigem leichten Auf und Ab verlaufender Weg durch den Bergwald. Ein geländegängiger Kinderwagen und Kondition sind erforderlich.
Hinweise: Unterwegs gibt es einige Rastbänke. Die Tour ist für Doppelkinderwagen geeignet. Der Bergwaldpfad ist unabhängig von den Öffnungszeiten des Walderlebniszentrums (siehe unter Hinweise Tour 34) jederzeit begehbar.
Ausrüstung: Gut profilierte Trekkingsandalen oder Turnschuhe.
Einkehr: Imbiss am Walderlebniszentrum. An der Variante: Steakhaus Füssen am Lechfall mit Panoramaterrasse und Wirtsgarten, Tel. +49 8362/509883, steakhouse-shop.de. Kiosk am Lechfall.
Variante: Geht man vom Walderlebniszentrum auf dem Fußweg neben der Tiroler Straße (B 17) etwa 600 m Richtung Füssen, erreicht man links den sehenswerten Lechfall an der B 17. Auf der gegenüberliegenden Straßenseite wartet ein Kiosk.

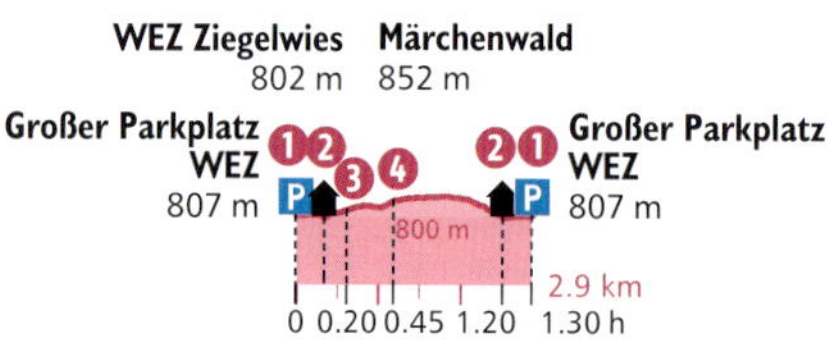

Vom großen **Parkplatz ❶** gehen wir auf einem gekiesten Fußweg neben der B 17 zurück Richtung Füssen, lassen die Kinderwagenabfahrt zum Auwaldpfad links liegen und erreichen das **Walderlebniszentrum ❷** mit seiner besonders auf Kinder abgestimmten Ausstellung. Hier überqueren wir an der Ampel die Tiroler Straße (B 17), wenden uns nach rechts und sehen kurz darauf bereits den Beginn des Bergwaldpfades, den ein viereckig geschliffener, senkrecht aufgestellter Baumstamm mit großen Buchstaben markiert. Der Rundweg (ca. 20 Stationen) ist gut beschildert und führt uns zu einem **Spielplatz ❸** mit einer Riesenlianenschaukel und zwei ganz besonderen Brotzeittischen sowie zu vielen spannenden Spiel- und Erlebniselementen wie Wasserstation, Kletterspinnennetz, **Märchenwald ❸**, Alpenrosensteig (Blütezeit ca. Mitte Juni bis Mitte August) und Musikplatz, bevor wir am überdachten Brotzeitplatz vorbei wieder zurück zum **Walderlebniszentrum ❷** und zum **Parkplatz ❶** kommen.

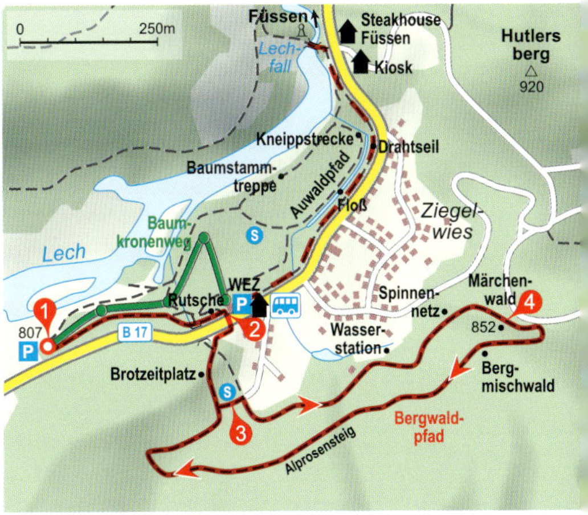

Am Bergwaldpfad sind einige kleinere Steigungen zu meistern.

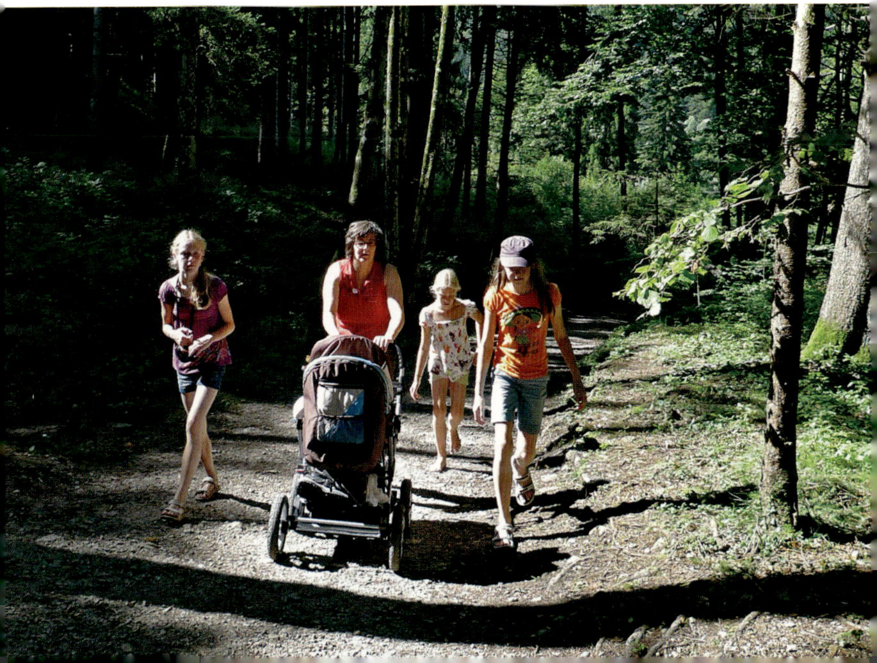

36 Rund um den Hopfensee

Vom Parkplatz Ost in Hopfen ★★★

Traumhafter Eiszeitsee und Landschaftsschutzgebiet

Als am Ende der letzten Eiszeit der Lechgletscher bei Füssen abschmolz, entstand ein riesiger See, der sogenannte Füssener See, der sich etwa bis zum Nordende des heutigen Forggensees erstreckte und eine Wasserfläche von bis zu 60 Quadratkilometern aufstaute. Damals verlandete der Füssener See durch Ablagerungen aus dem Gletscherschmelzwasser relativ schnell, gleichzeitig floss das Wasser des Sees über den Lech ab, der sich durch die Moränen auf der Höhe von Roßhaupten gekämpft hatte. Übrig blieben mit Bannwald-, Hopfen-, Schwansee und Weißensee nur kleinere Seen rechts und links des heutigen Forggensees, die sich in Vertiefungen im einstigen Seegrund halten konnten. Der Forggensee selbst wurde erst 1954 als Stausee künstlich geschaffen, wenn er auch in dem Becken liegt, das den Mittelteil des Füssener Sees ausmachte. Der Hopfensee ist im Schnitt nur noch 4,65 Meter tief, an seiner tiefsten Stelle misst er zwölf Meter und erwärmt sich daher im Frühjahr sehr schnell. Aufgrund seines flachen Uferabfalls ist er für Familien mit Kinderwagenkindern ideal, zudem warten zwei Spielplätze, ein Strandbad, aber auch ein gut gepflegter freier Wiesenstrand und die schöne Seepromenade in Hopfen am See auf die Besucher. Bei einem fantastischen Blick auf die Berge führt uns der wunderschöne Rundweg um den See abwechslungsreich durch ein Landschaftsschutzgebiet mit vielen seltenen Vögeln und Pflanzen. So kann man nicht nur Haubentaucher und Fischreiher im Schilf entdecken, sondern auch Ende April/Anfang Mai in einer Feuchtwiese zu Beginn der Wanderung Hunderte von tiefblauen Enzianen bestaunen. Auf halbem Weg lädt schließlich das erhöht über dem See gelegene Landhotel Wiesbauer mit einem großen Gastgarten und einem schön gestalteten Spielplatz zu einer gemütlichen Rast ein.

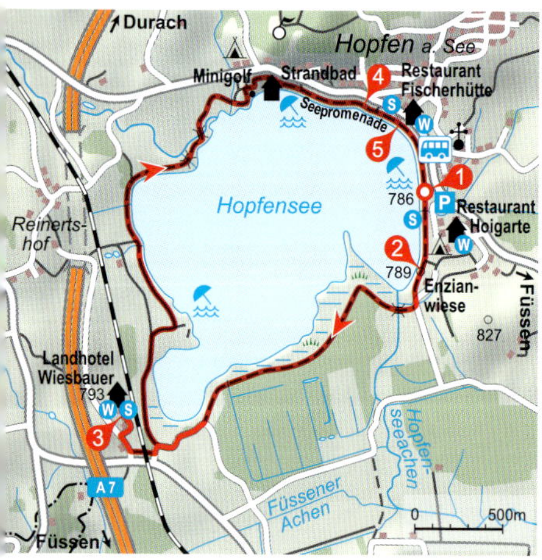

KURZINFO

Ausgangspunkt: Großer gebührenpflichtiger Parkplatz am Ostufer (Uferstraße) des Hopfensees, 786 m (Navi: N 47.602387 / E 10.683646). Von Füssen auf der B 16 (Augsburger Straße) durch den Ort Richtung Forggensee, nach der Feldkirche im Kreisverkehr die zweite Abfahrt in die Hopfener Straße nehmen und nach gut 3 km am südlichen Ortsanfang von Hopfen links zum Parkplatz am Campingplatz.

Mit Bahn und Bus: Vom Bahnhof Füssen mit dem Bus 56 stündlich bis Hopfen (Haltestelle »Ufer-/Höhenstraße«) fast

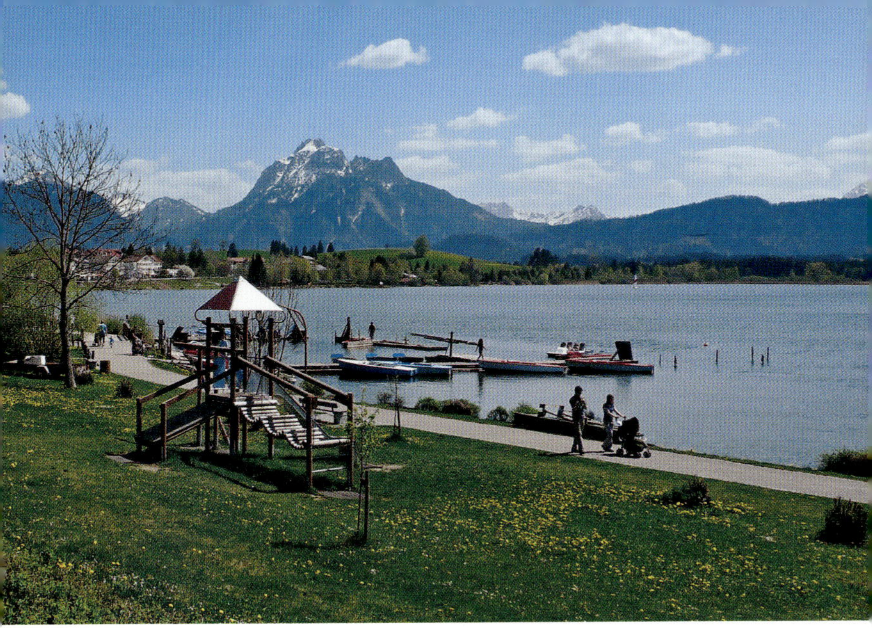

Die Seepromenade des Hopfensees mit Blick auf den mächtigen Säuling.

direkt zum Ausgangspunkt, den man erreicht, wenn man am See entlang gegen die Fahrtrichtung 250 m zurückgeht.

Gehzeit: 2.15 Std.

Distanz: 7,8 km

Höhenunterschied: 30 m.

Höchster Punkt: 793 m.

Anforderungen: Leichte Wanderung ohne Höhenunterschiede auf Kies- und Asphaltwegen um den See, lediglich der Abstecher zum Landhotel Wiesbauer führt etwa 20 Höhenmeter hinauf.

Hinweise: Für Zwillingskinderwagen, Buggy und Laufrad bestens geeignet. Es stehen immer wieder Rastbänke und Plätze, an denen man seine Picknickdecke ausbreiten kann, zur Verfügung.

Ausrüstung: Badesachen und Picknickdecke.

Einkehr: Restaurant Hoigarte im Campingplatz am Hopfensee, während der Saison täglich geöffnet, nach den bayerischen Herbstferien (Anfang Nov.) bis ca. 18.12. geschlossen, Wickeltisch, Tel. +49 8362/917713. Landhotel Wiesbauer, Dienstag Ruhetag, im August sowie zwischen Weihnachten und Heilig Drei König kein Ruhetag, zwischen Heilig Drei König und Ostern Montag und Dienstag Ruhetag, Wickeltisch, Spielplatz, Tel. +49 8362/7933, landhotel-wiesbauer.de. Restaurant im Strandbad Hopfensee (Gaststätte kann ohne Badeintritt besucht werden), während der Badesaison an schönen Tagen täglich geöffnet. Restaurant Fischerhütte, ganzjährig geöffnet, kein Ruhetag, Wickeltisch, Tel. +49 8362/91970, fischerhuette-hopfen.de. Weitere Einkehrmöglichkeiten an der Uferstraße in Hopfen am See.

Tipp: Bei Floris Radlverleih direkt am Ausgangspunkt (Parkplatz Ost) bekommt man Bollerwagen und alle nur erdenklichen Räder von Mountainbikes über Tandems, 4- bis 6-Personen-Familientretmobilen bis hin zu Laufrädern, Kinderrädern und -anhängern, die man auch stundenweise mieten und so um den See radeln kann. Geöffnet ist der Verleih bei schönem Wetter ab dem zeitigen Frühling, sobald die Wege schneefrei sind. Öffnungszeiten siehe Website auf unterfloris-radlverleih.de Helme sind im Leihpreis inbegriffen, Personalausweis erforderlich, Tel. +49 8362/39770 oder +49 171/8088002.

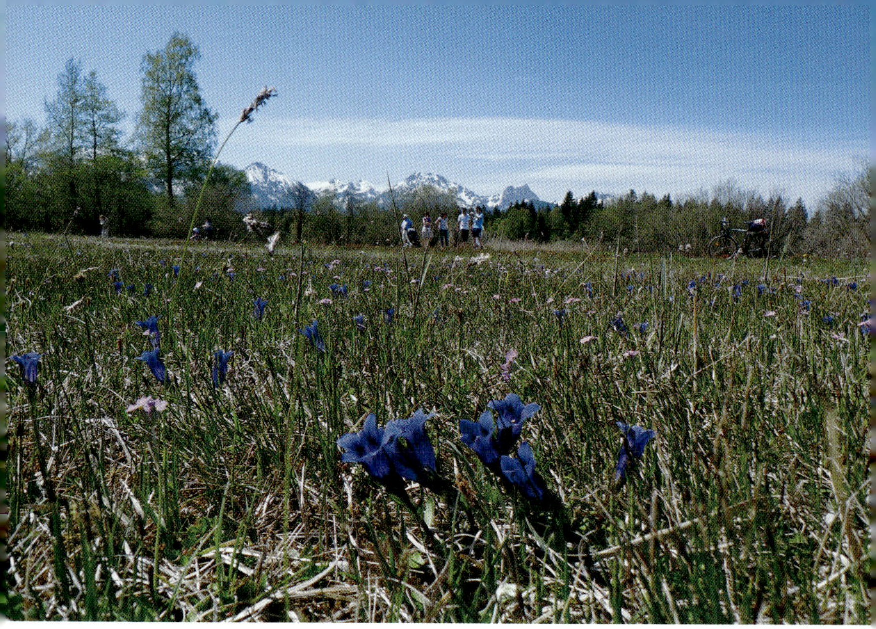

Ende April kann man in einer Feuchtwiese den Stengellosen Enzian bestaunen.

Vom **Parkplatz ❶** wandern wir im Uhrzeigersinn um den See und kommen gleich an einem Spielplatz vorbei, der direkt am ganz flach abfallenden Ufer liegt. Ein Schild weist auf das im Campingplatz gelegene Restaurant Hoigarte hin, wir gehen aber geradeaus weiter. Unmittelbar nach dem Campingplatz beginnt auf der linken Wegseite die **Wiese ❷**, auf der Ende April/Anfang Mai die vielen Stengellosen Enziane blühen – ein Naturschauspiel, das wir so noch nicht gesehen haben.

Kurz darauf weist uns ein Schild nach rechts (»Hopfensee-Rundweg, Wiesbauer«), wir spazieren über die abfließende **Hopfenseeachen** und kommen bald in ein Waldgebiet, in dem man auch einen Abstecher auf einem kleinen Pfad (das erste Stück ist auch mit einem geländegängigen Kinderwagen befahrbar) durch die Heidelbeerfelder in das sumpfige Gebiet am Seeufer machen kann. Dann kommen wir wieder ins Licht, haben nun einen freien Blick auf die Berge und den See, können eine Rast auf einer Bank einlegen und sehen bald schon – nun auf einem Asphaltweg gehend – halbrechts erhöht das **Landhotel Wiesbauer**. Am nächsten Schilderbaum weist uns ein Wegweiser in fünf Minuten zu dem Hotelgasthof, den wir erreichen, indem wir nach links zur OAL 2 gehen, uns rechts halten, auf einem Fußweg über die Gleise gehen und den Kinderwagen bei nächster Gelegenheit nach rechts

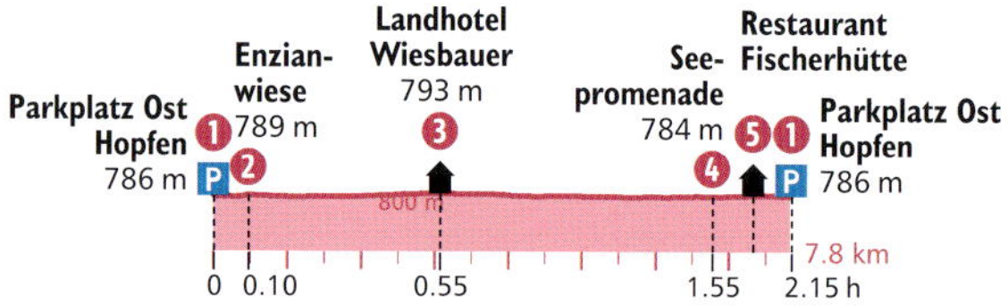

auf der Straße hinaufschieben. Von dem gemütlichen Wirtsgarten ❸ mit den großen Holztischen haben wir einen schönen Blick ins Gebirge und die spielenden Kinder am nahe gelegenen Spielplatz im Auge.
Wieder zurück am Schilderbaum setzen wir unseren Rundweg auf einem Kiesweg fort, halten uns an einer Weggabelung rechts und kommen zu einer weiteren Wegteilung. Geradeaus erreicht man schnell das Ufer und einen Badeplatz, unser Rundweg führt uns aber hier nach links weiter. Wir spazieren durch Sumpfwiesen und vorbei an Schilfgürteln, überqueren die in den See fließende **Hopfenseeachen** auf einer Holzbrücke und kommen zu einem Minigolfplatz, an dem man auch Eis kaufen kann. Nun geht es neben der Uferstraße vorbei am Strandbad, in dem man auch ohne Eintritt zu bezahlen einkehren kann, und wir schlendern die schöne **Seepromenade** ❹ mit den vielen Sitzbänken und einem fantastischen

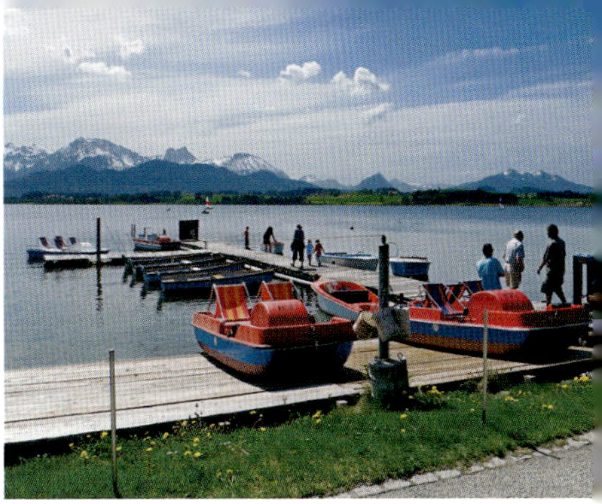

Wie wärs mit einer Treetbootfahrt von der Seepromenade aus?

Blick auf den Säuling entlang. Wir kommen an einem Spielplatz für etwas größere Kinder, einem Bootsverleih und dem **Restaurant Fischerhütte** ❺ vorbei, können uns oben an der Uferstraße in der Eisdiele ein Eis genehmigen, um es uns dann auf den Wiesen direkt am See schmecken zu lassen. Nun ist es nicht mehr weit bis zum **Parkplatz** ❶, den wir erreichen, indem wir einfach dem Uferweg folgen.

Seeumrundung mit einem Riesenkettcar von Floris Radlverleih (siehe Tipp).

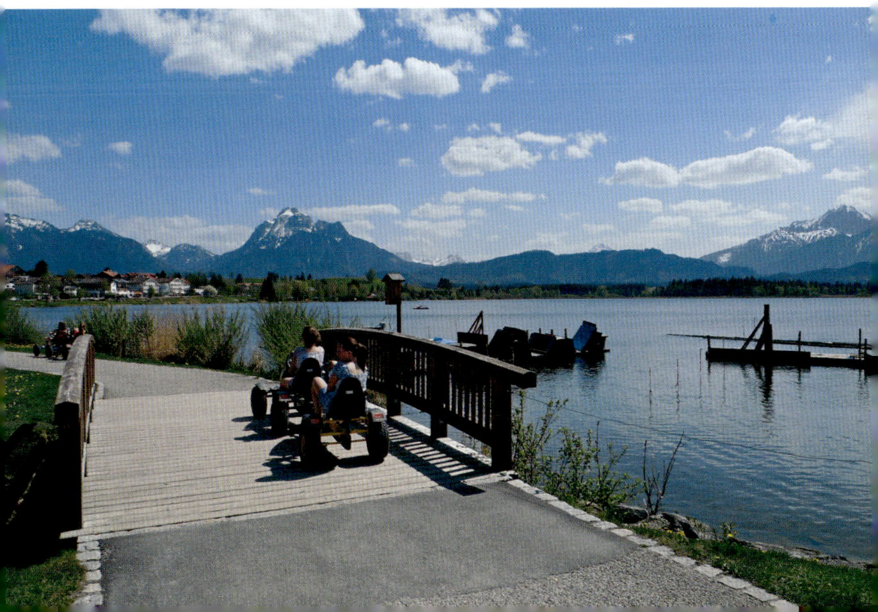

37 Runde am Schmutterweiher

Vom Parkplatz bei Sameister ★★

Bademöglichkeit und Via Claudia Augusta

Die römische Via Claudia Augusta wurde in den Jahren 46/47 nach Christus erbaut und verlief von Venedig über Reschen- und Fernpass über die Alpen, bevor sie hinter Füssen mitten durch den heutigen Forggensee und über Landsberg am Lech nach Augsburg führte. Wenn aus dem 1954 zur Stromerzeugung und zur Regulierung des Lechs errichteten Forggensee im Spätwinter alljährlich das Wasser abgelassen wird, damit im Frühjahr die großen Wassermengen der Schneeschmelze aufgenommen werden können, kann man die Via Claudia Augusta in dem ausgetrockneten See ganz deutlich erkennen. Bei einer Füllhöhe von 775 m über NN ist die Via Claudia Augusta sogar als ein aus dem Wasser ragender Damm zu sehen. Unsere Wanderung führt uns heute bei einem fantastischen Blick auf die nahen Berge des Königswinkels ein Stück an der geschichtsträchtigen Straße entlang, ein nachgebauter Meilenstein erinnert an diese wichtige Verbindungsroute. Am Ende der Tour kommen wir wieder zurück zum Schmutterweiher, der wegen seiner Größe auch immer wieder als Schmuttersee bezeichnet wird, und können am nördlichen Seeufer bei ebenfalls sensationellem Bergblick ein gemütliches Picknick abhalten und uns in dem sich im Sommer schnell erwärmenden See erfrischen.

Spiel- und Krabbelpause am Schmuttersee vor herrlichem Bergpanorama.

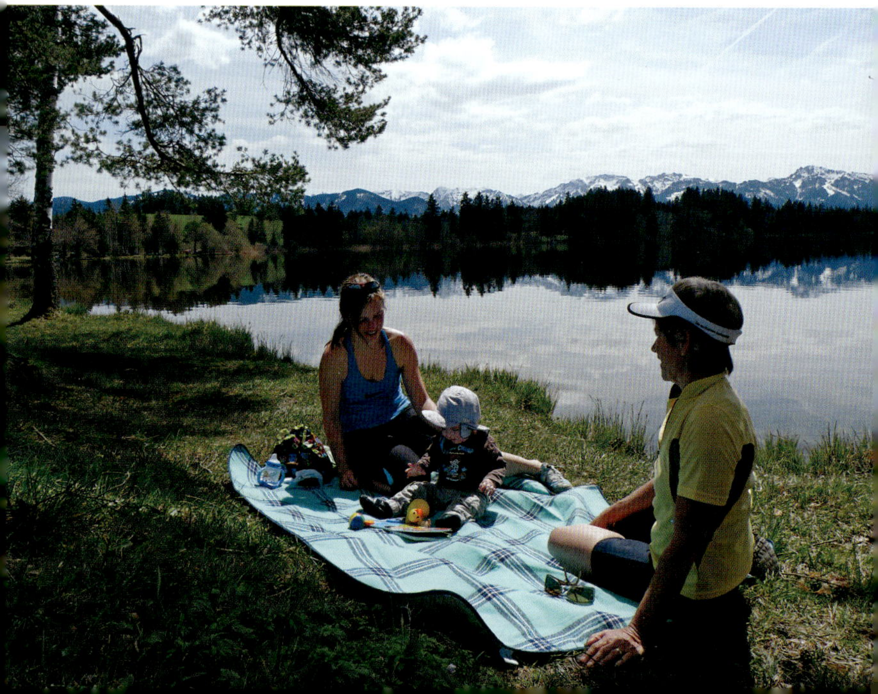

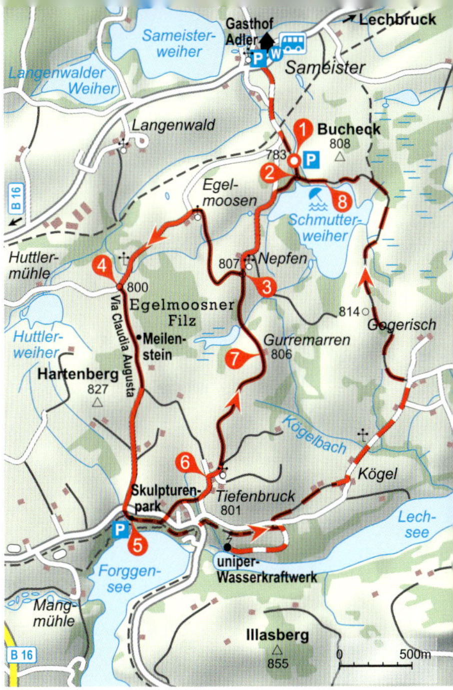

KURZINFO

Ausgangspunkt: Kostenloser Parkplatz am Schmutterweiher, 783 m (Navi: N 47.678059/E 10.755208). Den Weiher erreicht man über die Verbindungsstraße (St 2059) zwischen der B 16 und Lechbruck. Ein Schild weist von der St 2059 im Weiler Sameister nach Süden zum See. Nach 550 m gabelt sich die Zufahrtsstraße, hier halten wir uns links und erreichen nach 150 m den Parkplatz.
Mit Bahn und Bus: Vom Bahnhof Marktoberdorf mit dem Bus 59 bis Haltestelle Sameister am Gasthof Adler. Von dort auf der beschilderten Zufahrtsstraße zu Fuß in 10 Min. zum Parkplatz (siehe Anfahrt Auto).
Gehzeit: 2.15 Std.
Distanz: 8,0 km.
Höhenunterschied: 100 m.
Höchster Punkt: 816 m.
Anforderungen: Leichte Wanderung überwiegend auf Kies- und Asphaltwegen durch das hügelige Alpenvorland.
Hinweise: Für Doppelkinderwagen geeignet. Rastbänke unterwegs vorhanden.
Ausrüstung: Badesachen und Picknickdecke.
Einkehr: Nach der Tour im nahegelegenen Gasthof-Pension Adler in Sameister an der St 2059, geöffnet ab Mitte März, Mo und Di Ruhetag, Wickeltisch, Tel. +49 8367/392, adler-sameister.de.
Variante: Wer mit einem geländegängigen Kinderwagen eine etwas größere Runde (9 km, 2.30 Std., für Doppelkinderwagen geeignet) machen möchte, bleibt nach dem Skulpturenpark Via Claudia auf dem Fußweg neben der OAL 1 und verlässt diesen erst gemeinsam mit den Wanderern, die zum uniper-Informationszentrum wollen (siehe Tipp S. 163). Hierzu überquert man die OAL 1 (Vorsicht: unübersichtliche Stelle), wenn sich diese nach rechts dreht, in eine geradeausführende, verkehrsarme Straße und folgt dieser ca. 500 m. Kurz bevor es rechts hinunter zum Kraftwerk und Infozentrum geht, zweigt links ein geteerter Weg ab, der nach wenigen Metern in einen Wirtschaftsweg mit Wiesenmittelstreifen übergeht. Hier biegen wir ein, gehen an einer Abzweigung geradeaus weiter und zweigen bald darauf nach rechts zum Pferdehof Kögel ab. Wir stoßen auf die Straße, die wir eben verlassen haben, und wandern nun nach links bergan bis zu einem inmitten einer Straßenverzweigung stehenden Marterl mit Sitzbank und Brotzeittisch. Wir gehen auf der linken Straße daran vorbei und schwenken sofort dahinter – vor dem grünen Schild »Gogerisch« – links unbeschildert in einen Kiesweg, der uns erst eben, dann ansteigend durch die schöne Landschaft führt. Nach einer Zeit wird der Wiesenmittelstreifen immer breiter, sodass man mit einer Wagenseite auf der Wiese fährt, bald darauf verläuft sich der je nach Jahreszeit und Grashöhe nunmehr kaum zu erkennende Weg links neben einem Zaun direkt in der Wiese. Hier kommt man nur mit einem geländegängigen Kinderwagen (eventuell rückwärts hinterherziehen) weiter. Nach 150 m führt der Weg aber als Kiesweg weiter, und wir erreichen schnell das Nordufer des Schmutterweihers, an dem wir uns einen Badeplatz suchen können.

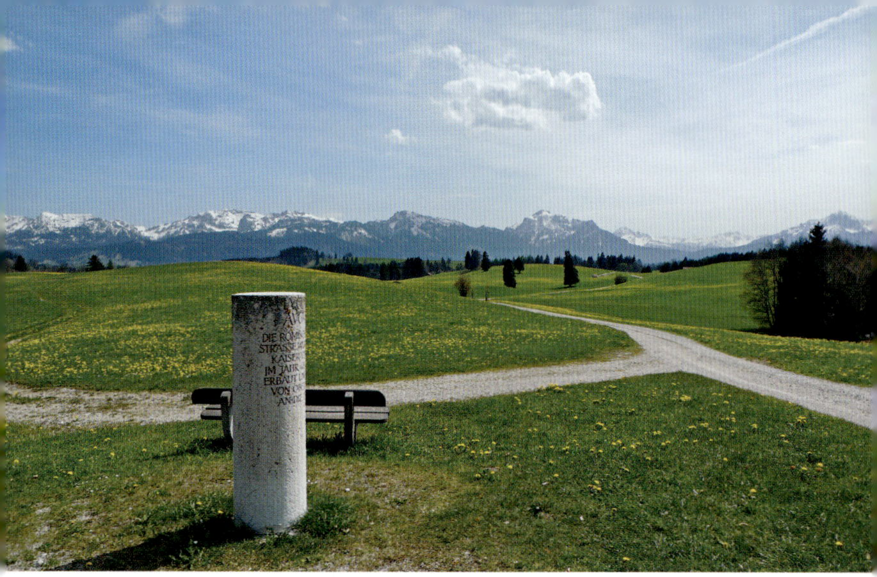

Hier marschierten schon die alten Römer – Meilenstein an der Via Claudia.

Vom **Parkplatz** ❶ wandern wir den breiten Forstweg hinauf, wenden uns nach wenigen Minuten an der Wegverzweigung am **Schmutterweiher** ❷ nach rechts (»Nepfen«), spazieren weiter durch Wald und stoßen auf einen Asphaltweg, in den wir links einbiegen. Zehn Minuten später gehen wir durch das Gehöft Nepfen und wenden uns – nun auf einem geschotterten Weg – an der 60 m dahinterliegenden Verzweigung ❸ rechts Richtung **Egelmoosen**. In dem Weiler überqueren wir eine kleine Straße und folgen nun der Beschilderung »Via Claudia Meilenstein« geradeaus. Wir kommen an einem Marterl mit Bank vorbei, der Asphaltweg führt nun leicht abschüssig wunderschön durch die Wiesen auf die Berge zu. An einem **Schilderbaum** ❹ wenden wir uns scharf links in einen Kiesweg Richtung Füssen, kommen leicht ansteigend an einem Brotzeitplatz vorbei und spazieren nun auf der Via Claudia Augusta bis zu der Nachbildung eines römischen Meilensteins, auf dem in Deutsch einige Zeilen hineingemeißelt worden sind. Von der davorstehenden Rastbank haben wir einen fantastischen Blick auf die aufgereihten Füssener und Tannheimer Berge, die im Frühling noch schneebedeckt sind, während um uns herum der Löwenzahn die Felder in ein gelbes Farbenmeer taucht. Auf einem Asphaltweg geht es leicht abwärts weiter, wir sind fasziniert von den majestätisch vor uns aufragenden Bergen von der Hochplatte über den Säuling und Gimpel bis hin zu Aggenstein und Breitenberg (von Ost nach West). Eine gute Viertelstunde nach dem Meilenstein überqueren wir vorsichtig die OAL 1, schwenken links und wandern auf dem Fuß- und Radweg neben der Straße an dem kleinen, kostenlosen **Skulpturenpark Via Claudia** ❺ vorbei. 200 m später zweigt auf der anderen Straßenseite links ein Weg nach Tiefenbruck ab, wir überqueren daher vorsichtig die Straße und

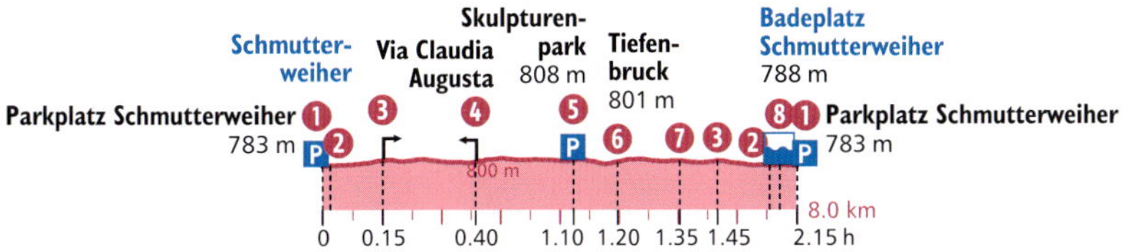

wandern auf diesem erst geteerten, dann recht holprigen Weg bis zur übernächsten von unten kommenden Straße. Hier biegen wir links hinauf nach **Tiefenbruck** ein, wenden uns in dem Weiler 6 vor dem letzten Gehöft nach rechts (»Gurremarren, Schmutterweiher«), um kurz darauf links in einen bald ansteigenden Feldweg mit Wiesenmittelstreifen zu schwenken. Nach einer Viertelstunde kommen wir direkt am Gehöft **Gurremarren** 7 vorbei, dann führt der Weg bald abwärts, vorbei an einem idyllischen Weiher, und leitet uns nach einem kurzen schattigen Stück am Waldrand entlang wieder hinauf zu der Abzweigung 3, an der wir vorhin nach Egelmoosen abgebogen sind. Wir gehen hier geradeaus weiter, kommen wieder durch das Gehöft Nepfen und wandern nun auf dem Hinweg zum **Schmutterweiher** zurück. An der Abweigung 2 zum Parkplatz gehen wir aber geradeaus vorbei und machen erst noch einen Abstecher an das schöne **Nordufer** 8, wo wir unsere Picknickdecke ausbreiten, ein Bad nehmen oder einfach mit dem Nachwuchs bei bestem Blick auf die Berge spielen können.

Tipp: uniper-Wasserkraftwerk

Folgt man am Via-Claudia-Skulpturenpark den Hinweisschildern, erreicht man in 15 Minuten zu Fuß (allerdings stark abwärts und nach dem Besuch stark aufwärts) das uniper-Wasserkraftwerk mit seinem angegliederten Informationszentrum. An Schautafeln, Modellen und mittels kleiner Videofilme kann man sich kostenlos über die Stromerzeugung dieses Kraftwerks informieren. Den Kinderwagen muss man aber leider draußen lassen, da man mit diesem nicht durch die Drehtür bzw. über die vielen Treppen im Gebäude kommt.

Anfahrt: Kraftwerk Forggensee unterhalb des Forggensees (Navi: E 47.654396 / N 10.75005) in der Nähe von Roßhaupten. Von Roßhaupten auf der OAL 1 kommend (auf der Straße oder dem daneben verlaufenden Fußweg), am Skulpturenpark Via Claudia vorbei, verlässt man auf der Höhe von Tiefenbach, die nach rechts abknickende OAL 1 geradeaus in eine kleine, nur wenig befahrene Straße. Als Fußgänger, besonders mit Kindern und Kinderwagen, bitte beim Überqueren der OAL 1 an dieser unübersichtlichen Stelle besonders vorsichtig sein. Der weitere Weg ist ausgeschildert.

Öffnungszeiten: Informationen zu Öffnungszeiten erteilt die Touristinfo in Roßhaupten unter Tel. +49 8367/364. Unter dieser Nummer kann man sich auch zu der jeden Mittwoch um 14 Uhr stattfindenden kostenlosen Führung des Wasserkraftwerks (Gruppen kostenpflichtig) anmelden.

38 Mooserlebnispfad Stötten

Vom Landgasthof Sonne ★★

Spannende Mitmachstationen im Moor

Heute erwartet uns im Stöttener Moos einer der schönsten Erlebnispfade im Allgäu. Besonders größere Begleitkinder werden von dem abwechslungsreichen Rundweg mit den außergewöhnlichen Stationen, die fast alle unsere Sinne ansprechen, begeistert sein. Lediglich für den Geschmackssinn ist jeder selbst verantwortlich, und so empfiehlt es sich, eine Brotzeit einzupacken. Das Stöttener Moos entstand, als zum Ende der letzten Eiszeit durch das Abschmelzen der Gletscher ein großer See zurückblieb, der im Laufe der Jahrtausende durch Ablagerungen langsam zum Moos verlandete. Ende des 18. Jahrhunderts wurde dieses von den Stöttenern größtenteils trockengelegt. Und so kann man heute an Station 1 zwar nicht mehr mit dem dort liegenden Boot über den See fahren, trotzdem aber die Wellen, die das Boot vor ein paar tausend Jahren zum Schwanken gebracht hätten, mittels Wackelfedern hautnah nachempfinden.

KURZINFO

Ausgangspunkt: Parkplatz an der Kirche in Stötten, gegenüber Landgasthof Sonne, 735 m (Navi: 87675 Stötten/Dorfstr. 7). Von Marktoberdorf über die B 16 Richtung Füssen nach Stötten, dort zur Kirche fahren. Weitere Parkmöglichkeit direkt am Walderlebnispfad (am Ende der Straße »Roßmoos«) vor und nach der Brücke über die B 16: jeweils 6–7 Autos, ideal für Familien mit kleinen Kindern. Zur Station 1 muss man dann allerdings ein Stück zurückgehen.

Mit Bahn und Bus: Vom Bahnhof Marktoberdorf mit dem Bus 59 bis zur Haltestelle »Stötten Schule« oder »Stötten Molkerei« (es wird immer nur eine der beiden Haltestellen angefahren).

Gehzeit: 1.45 Std. Bei längerem Aufenthalt an den einzelnen Stationen bitte zusätzliche Zeit einplanen.

Distanz: 4,9 km.

Höhenunterschied: Unwesentlich.

Höchster Punkt: 735 m.

Anforderungen: Leichte Wanderung überwiegend auf Forstwegen, aber auch auf einem Hackschnitzelpfad direkt durchs Moos.

Hinweise: Für geländegängige Kinderwagen, Zwillingswagen und Laufrad (bis auf den Hackschnitzelweg) geeignet. Im Moos leben auch die sehr giftigen Kreuzottern, hier ist besonders bei Verlassen der Wege Vorsicht geboten. Einige Rastbänke vorhanden.

Ausrüstung: Für kleinere Kinder Wechselkleidung empfehlenswert (wassergefüllte Moorlöcher).

Einkehr: Landgasthof Sonne, Montag und Dienstag Ruhetag (außer Feiertag), warme Küche 11.30–13.30 und 17.30–20.30 Uhr, Wickeltisch, Tel. +49 8349/211, landgasthofsonne.de.

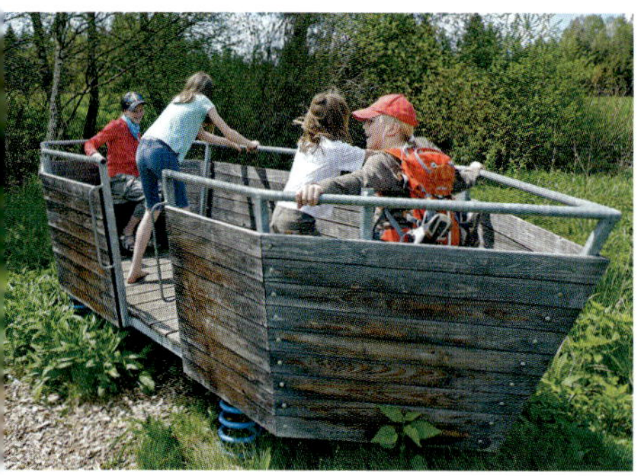

Stürmische Bootsfahrt im wogenden Blättermeer.

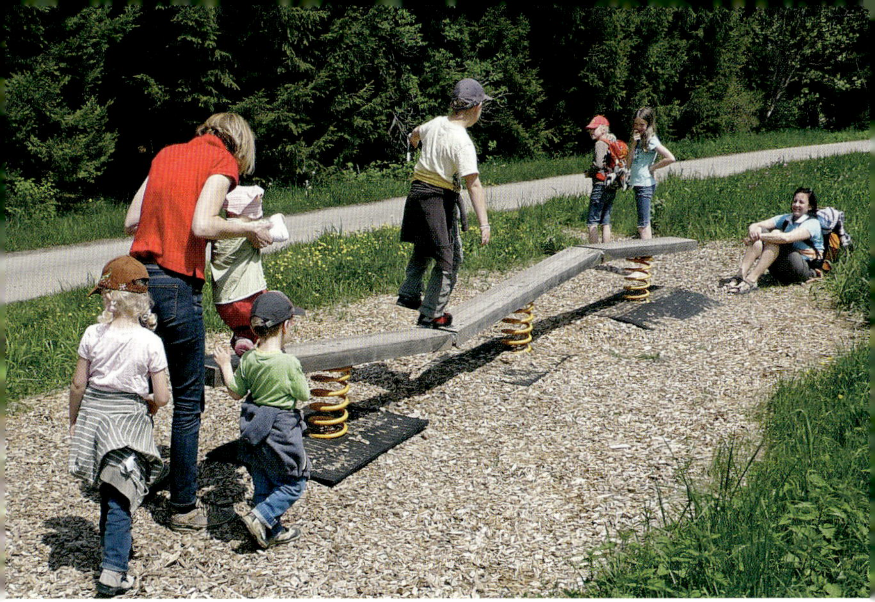

Am Balancierbalken ist ein guter Gleichgewichtssinn gefragt.

Vom **Parkplatz** an der Kirche überqueren wir die Straße und wandern rechts vom **Landgasthof Sonne** ❶, dem Schild »Mooserlebnispfad – mep« folgend, den kleinen Weg hinunter bis zur Füssener Straße. Wir überqueren diese und entdecken am Zaun bereits den nächsten »mep«-Wegweiser, der uns anzeigt, nach links weiterzulaufen. Wenige Meter danach biegen wir rechts (Straßenschild »Roßmoos«) ein und wandern auf der praktisch nicht befahrenen Straße Richtung Stöttener Moos. Kurz nach dem letzten Bauernhof entdecken wir auch schon die erste Hinweistafel, hier zweigt rechts ein schmaler Hackschnitzelweg ab, der uns als Abstecher zur ersten Station führt: In einem schaukelnden **Boot** ❷ können wir über den längst verlandeten See fahren, der früher so groß war, dass er bis nach Stötten reichte. Wieder auf der kleinen Teerstraße wandern wir an einer kleinen Parkbucht vorbei, überqueren die B 16 auf einer Brücke, hinter der sich nochmals ein paar Parkplätze befinden, und schwenken nach rechts Richtung Straße zur nächsten Station. Hier wartet ein **Balancierbalken** der besonderen Art, wird doch der schwankende Moorboden simuliert, dem es an jeglicher inneren Stabilität mangelt. Gegenüber der Station kann man einen kurzen Abstecher in den Wald machen, die Schuhe ausziehen und den weichen Moosteppich unter den Füßen spüren. Ein wunderbares Erlebnis!

Wieder zurück auf dem Wanderweg geht es weiter ein kurzes Stück Richtung B 16, wir biegen aber noch vor dieser links ab und erreichen, vorbei an der Station Torfstich, an der man auch eine jahrtausendealte Wurzel

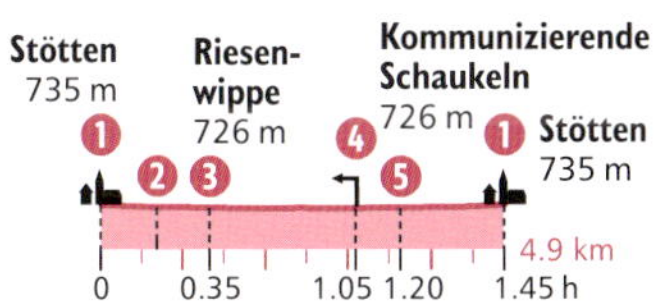

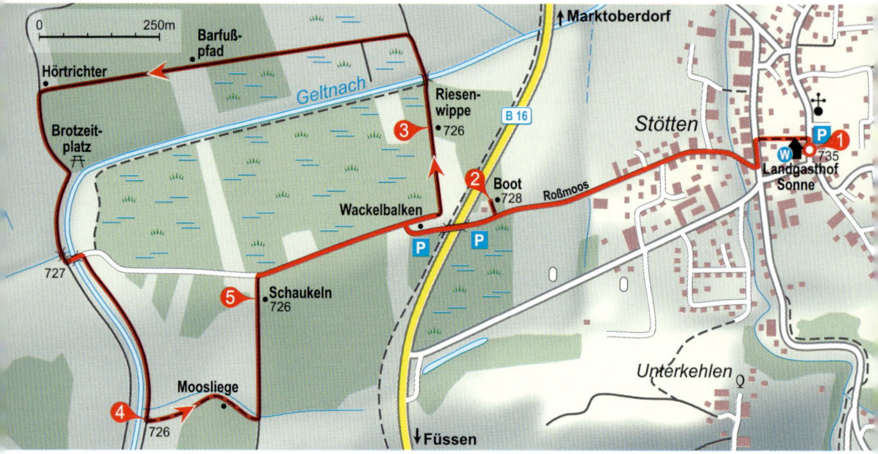

bewundern kann, eine riesige **Wippe** ❸. Auf dieser kann die ganze Familie auf einmal wippen und versuchen, sich stehend, sitzend oder liegend ins Gleichgewicht zu bringen. Kleinere Kinder dabei bitte gut festhalten.

Der Weg führt uns aus dem Wald hinaus, wir wandern auf einer Brücke über die vom braunen Moorwasser gespeiste Geltnach, marschieren durch blühende Wiesen, bevor wir – am **»Naturfernseher«** vorbei – erneut in den Wald gelangen. Hier kann man rechts und links des Weges an einigen Stellen in die faszinierende Moorlandschaft mit ihren kleinen und größeren Wasserflächen blicken. An einer **Filterstation** vollziehen die älteren Kinder mit einem Sickerversuch das System »Wasserspeicher Moos« nach, während wir an einem **Minibarfußpfad** unsere Füße in den Urlaub schicken (das macht auch den Kinderwagenkindern Spaß). Wir fangen beim **Klangtrichter** am Ende des Waldes das fröhliche Zwitschern der Vögel ein, dann führt uns der Weg nach links, und wir wandern entlang sonniger, blühender Wiesen zu einem gemütlichen **Rastplatz** mit Tisch und Sitzgelegenheiten. Nach einer Pause marschieren wir weiter und kommen an einem Hochstand vorbei, der seinem Namen wirklich alle Ehre macht. Wer traut sich von den älteren Begleitkindern hier hinaufzuklettern? Wir überqueren eine Brücke, die über einen Entwässerungsgraben führt, gehen auf einer weiteren Brücke über die **Geltnach** und biegen direkt dahinter rechts in den Weg ein, der uns am Bach entlang auf die bei klarem Wetter gut zu sehenden Berge zuführt. Bald zweigt linker Hand ein kleiner **Hackschnitzelweg** ab (kleiner Wegweiser), der uns direkt in die Mooswiesen hineinführt ❹. Hier kommen wir nur mit einem geländegängigen Kinderwagen weiter (eventuell empfiehlt es sich, hier den Kinderwagen hinter sich herzuziehen). Wir kommen zur großen **»Moosliege«**, auf der die ganze Familie gleichzeitig entspannen und dabei – mittels einer über den Köpfen angebrachten Tafel – die im Moos vorkommenden Pflanzen studieren kann. An dieser Station muss man unbedingt noch einmal die Schuhe ausziehen und barfuß ein Stück auf den kleinen Trampelpfaden in den Filz hineingehen, um den herrlich schwankenden und feuchten Moorboden hautnah zu erleben (Vorsicht vor Kreuzottern!). Der Weg führt weiter über Hackschnitzel, dann stoßen wir auf einen kleinen Kiesweg, biegen links ein und erreichen kurz darauf die **kommunizierenden Schaukeln ❺**: eine Konstruktion, bei der sich die Kinder, schaukeln sie im richtigen Takt, wechselseitig in Schwung bringen können. Die so dargestellte Wechselbeziehung symbolisiert das Verhältnis »Natur – Mensch«, das nur funktioniert, wenn wir Menschen auf die Belange der Natur Rücksicht nehmen.

Direkt hinter der Schaukel führt ein »Geheimweg« in den Wald, hier findet man einige tiefe Wasserlöcher, in denen man herrlich herumstochern kann. An dieser Stelle bitte gut auf Kleinkinder aufpassen. Ob hier nachts wohl Moorgeister spuken oder gar Mooshexen ihr Unwesen treiben?

Um zur letzten Station zu gelangen, wenden wir uns auf dem Kiesweg an der nächsten Verzweigung nach rechts und kommen zu einer Schautafel, an der wir die Düfte der Natur entdecken können. Drückt man die einzelnen Knöpfe, kann man von Schafgarbe über Pilze bis hin zu Holunder so einiges erschnuppern.

Wir verlassen die **Geruchsstation** erst wieder, wenn bereits alles um uns herum in den intensiven Duft der Pfefferminze getaucht ist, erreichen kurze Zeit später wieder den wackeligen »Moorboden-Balken« (Station 2) und wandern, nachdem wir diesen noch einmal bezwungen haben, über die Brücke zum Ausgangspunkt zurück, wo wir noch gut im **Landgasthof Sonne ❶** einkehren können.

An der Duftstation braucht man einen guten Riecher.

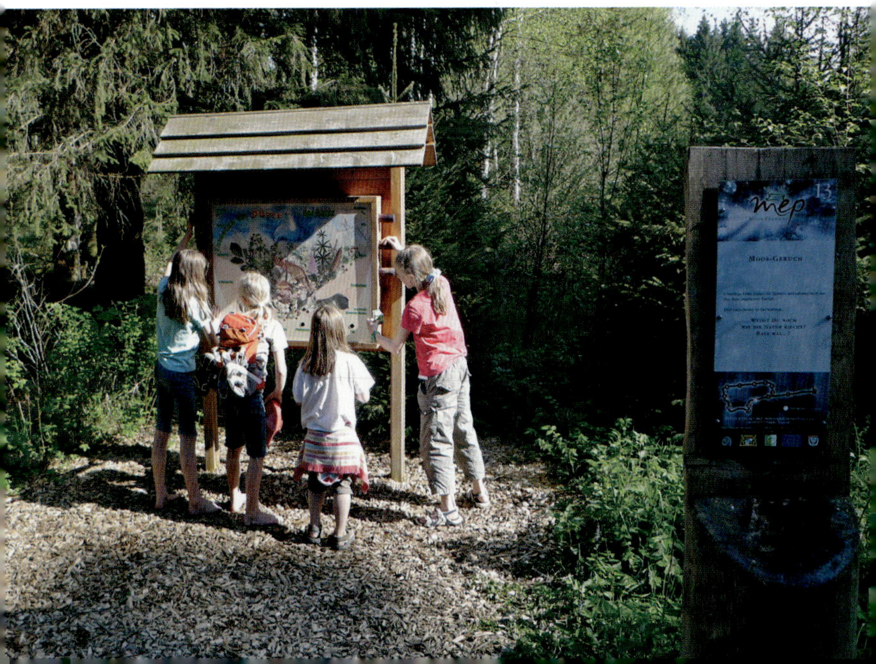

39 Runde um den Elbsee

Vom Elbseeparkplatz (Nähe Restaurant Elbsee) ★★

Seeumrundung und Badevergnügen

Der Elbsee ist ein Überbleibsel der Würm-Eiszeit, nach der vor etwa 10.000 Jahren die letzten Gletscher im Alpenvorland schmolzen und sich das Wasser in von den Eiszungen ausgeschabten Senken sammelte. An dem sich im Sommer schnell erwärmenden Moorsee lässt sich ein abwechslungsreicher Spaziergang mit einem schönen Badeausflug bestens verbinden. Die Rundwanderung führt uns an der Nord- und Südseite des Sees durch eine abwechslungsreiche Moorlandschaft mit vielen seltenen Tier- und Pflanzenarten. Libellen, zahlreiche Wasservögel sowie Schmetterlinge, die sich auf den blütenreichen Streuwiesen zu Hause fühlen, geben sich ein Stelldichein. Die Wege durch die Verlandungszonen sind in den Moorbereichen recht schmal, für einen geländegängigen Kinderwagen mit einer großen Bereifung stellen aber weder die kleinen Pfade auf der Nordseite noch der erst kürzlich angelegte Moorsteg auf der Südseite des Sees ein Problem dar. Während der Tour besteht die Möglichkeit, an einem Waldstück mit ganz flach abfallendem Ufer eine Badepause einzulegen. Zu empfehlen ist aber auch das große, sehr gepflegte (kostenpflichtige) Strandbad mit Kiosk und einem überdachten Sandspielplatz am Ende der Tour.

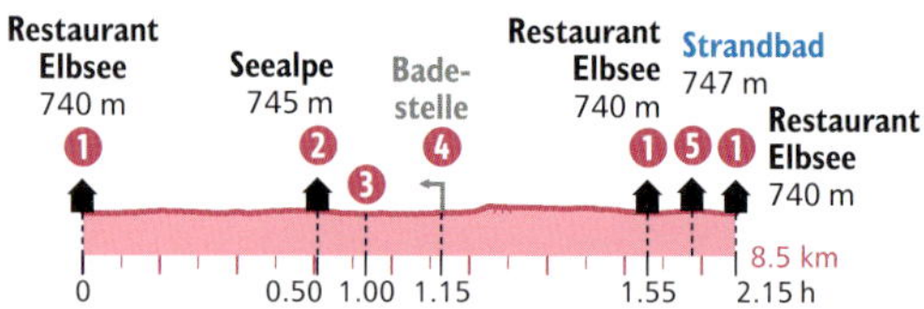

Schöner Abschluss der Wanderung: erfrischendes Bad im Elbsee.

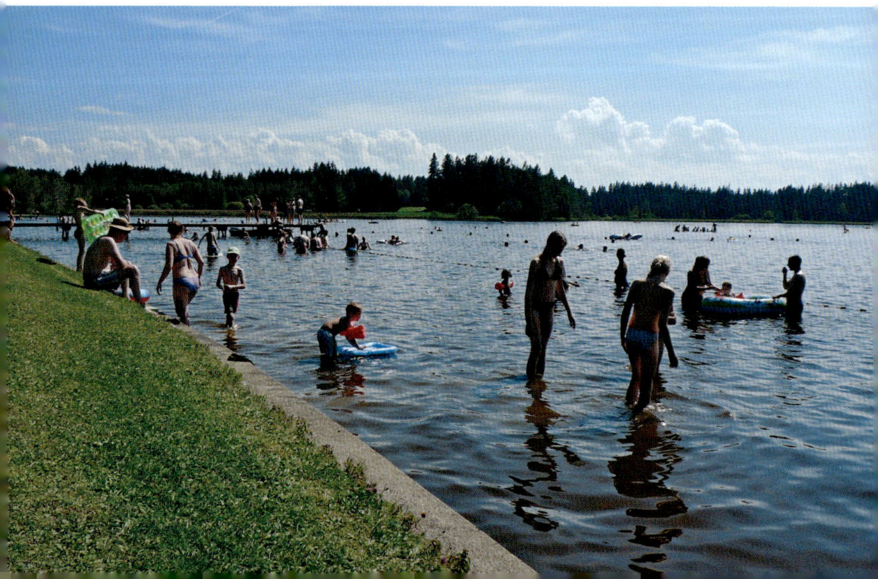

KURZINFO

Ausgangspunkt: Parkplatz zu Beginn (Nordseite) des Elbsees, 740 m (Navi: 87648 Aitrang/Am Elbsee 1). Anfahrt über die B 12. Von Kempten/A7 kommend bis Ausfahrt Kraftisried, weiter nach Unterthingau, dort zweimal links haltend die B 12 auf einer Brücke überqueren und der OAL 3/OAL 5 bis zur Höhe von Aitrang folgen. Dort rechts abbiegen zum 3,5 km entfernten Elbsee. Von München/Buchloe kommend die B 12 an der Ausfahrt »Marktoberdorf Nord/Biessenhofen« verlassen, Richtung Biessenhofen fahren, nach 700 m am Kreisverkehr die dritte Ausfahrt nehmen und auf der OAL 5 über Altdorf, Ebenhofen und Ruderatshofen bis zur Höhe von Aitrang und dort links in die Stichstraße zum Elbsee einbiegen.
Gehzeit: 2.15 Std.
Distanz: 8,5 km.
Höhenunterschied: 50 m.
Höchster Punkt: 762 m.
Anforderungen: Die Wanderung verläuft teilweise auf kleinen Pfaden durch die Verlandungszonen des Sees. Stellenweise ist hier mit einer Kinderwagenseite kurzzeitig die Wiese neben dem Pfad zu befahren. Um auf den Holzsteig auf der Südseite des Sees zu gelangen bzw. wieder herunterzukommen, sind jeweils zwei Stufen zu überwinden. Bei den übrigen Wegen handelt es sich um gut gepflegte Kieswege bzw. vom Parkplatz zum Bad um eine Asphaltstraße.
Hinweise: Für einen Doppelkinderwagen ist die Seeumrundung leider nicht geeignet (aber siehe Teiltour unter Variante). Einige wenige Bänke stehen am Wegesrand zum Stillen und Rasten zur Verfügung.

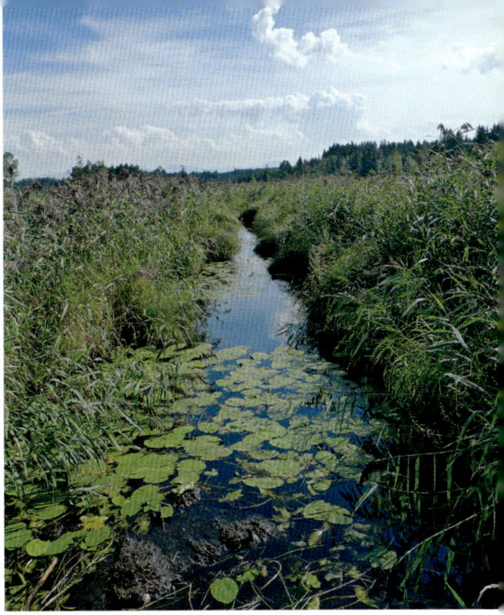

Der ganz langsam fließende Elbbach ist mit Seerosen bewachsen.

Ausrüstung: Badesachen.
Einkehr: Restaurant Elbsee, ganzjährig geöffnet, im Sommer kein Ruhetag, im Winter Mo Ruhetag, Wickelraum, Tel. +49 8343/330, restaurant-elbsee.de. Seealpe, 745 m, nur Mi, Fr, Sa, So und feiertags bis ca. 18 Uhr geöffnet, Tel. +49 8377/799 oder +49 8344/ 358, seealpe.bayern
Variante: Mit einem Doppelkinderwagen oder in Begleitung eines Laufrades kann man bis zur Seealpe gehen, indem man vom Parkplatz die Zufahrtsstraße auf dem Fußweg neben der Straße zurückgeht und dann nach etwa 1 km links zum Wanderparkplatz abbiegt und nun der Beschilderung zur Seealpe folgt (Gesamtgehzeit einfach 45 Min.). Allerdings verpasst man bei dieser Variante leider die landschaftlich reizvollsten Abschnitte der Tour.

Am Beginn des **Parkplatzes** ❶, noch vor dem Restaurant Elbsee, weist uns ein Schild rechts über den Parkplatz (von der Zufahrtsstraße kommend) in Richtung Seealpe. Hinter dem letzten Stellplatz in der Parkbucht nimmt uns ein kleiner gekiester Pfad auf, der uns direkt in eine schöne Moorlandschaft führt. Bald spazieren wir über eine kleine Brücke, die uns über den ganz langsam dahinfließenden und mit Seerosen bewachsenen **Elbbach** führt. Der Weg zieht nach rechts, dann

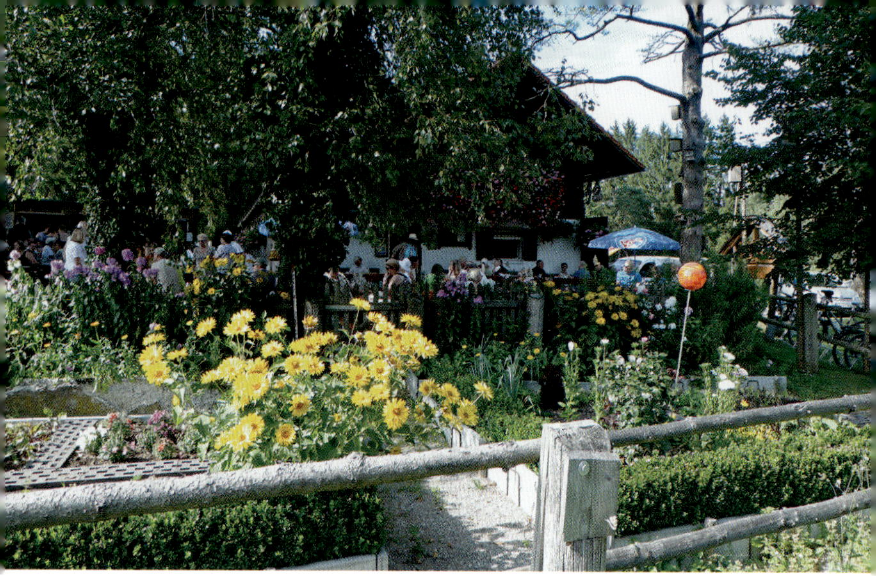

Gemütliche Einkehr in der Seealpe mit ihrem Kräutergarten.

nach links und läuft nun am Waldrand entlang. An zwei aufeinanderfolgenden Bäumen links des Weges wird der Weg schmaler, hier kann man aber auch mit dem Kinderwagen links zwei, drei Meter auf die Wiese ausweichen. Kurz bevor der Pfad auf einen breiten Kiesweg stößt, wird es nochmals enger, mit einem normal breiten Kinderwagen ist aber auch diese Passage zu jeder Jahreszeit (im Sommer eventuell ein paar in den Weg ragende Pflanzen zur Seite schieben) kein Problem.

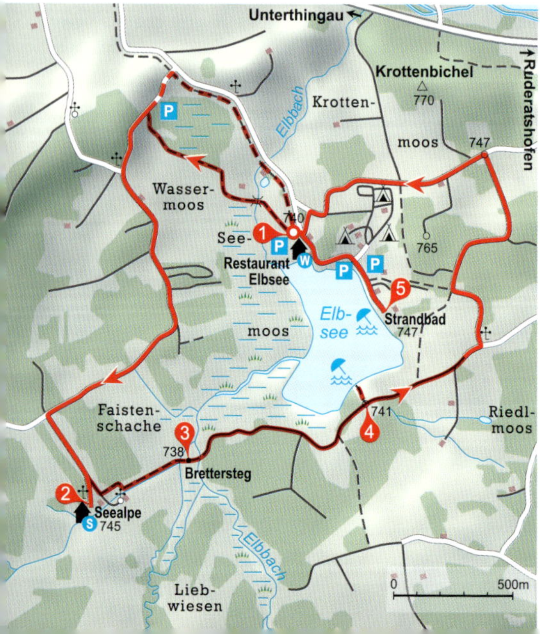

In den Kiesweg biegen wir links ein (rechts liegt ein Wanderparkplatz, den man als alternativen Ausgangspunkt wählen kann) und folgen der Beschilderung zur **Seealpe** ❷ im weiten Bogen um den See. Dort kann man mittwochs, freitags, samstags und sonntags gemütlich einkehren. Die Seealpe liegt in einer Sackgasse, für die Seeumrundung gehen wir daher wieder ein kurzes Stück zurück, um dann nach rechts einzubiegen.

Kurz darauf weist uns ein Schild nach links in einen Wiesenweg, dann kommen wir auf einen kleinen gekiesten Pfad, der neben einer Kuhweide entlangführt und uns direkt zu dem durch mannshohes Schilfgras führenden **Brettersteg** ❸ bringt. Hier sind zu Beginn und Ende jeweils zwei Stufen zu überwinden. Wer will, zieht nun seine Schuhe aus, es ist sehr angenehm barfuß auf den Holzbohlen zu laufen. Hinter dem Steg geht es dann auf Hackschnitzeln weiter, die – je nachdem wie lange sie schon liegen – sehr weich oder pieksig sein können. Der Weg wird wieder breiter und führt an einem Waldstück entlang. An dessen Ende ❹ kann man über einen unbeschilderten Wiesenpfad einen Abstecher zu einer im Wald gelegenen, vom Weg aus nicht zu sehenden kleinen (kostenlosen) **Badestelle** mit ganz flach abfallendem Seegrund machen. Wieder auf dem Weg führt uns dieser in großem Bogen (Beschilderung »Elbsee«) erst eine Anhöhe hinauf, dann an einem Gedenkstein links und an einer weiteren Verzweigung ebenfalls links – am Campingplatz entlang – wieder direkt zum **Parkplatz** ❶. Dort wenden wir uns abermals links und spazieren in knapp zehn Minuten am **Restaurant Elbsee** vorbei bis zum sehr gepflegten **Strandbad** ❺ (kostenpflichtig, Kinder bis 13 Jahren frei) mit weiteren Parkplätzen, großer Liegewiese, Kiosk und überdachter Sandkiste. Um ins Wasser zu kommen, muss man allerdings erst eine Stufe von 40 cm Höhe überwinden, danach fällt der Grund sehr langsam ab. Zurück zum **Parkplatz** ❶ geht es wieder auf der Asphaltstraße.

Tipp: Kommt man am späteren Nachmittag zum Strandbad, kann man auch am Ausgangspunkt der Tour ins Auto steigen und dann direkt an den um diese Uhrzeit wieder freiwerdenden Parkplätzen direkt am Strandbad parken.

Kleine Brücke über den Elbbach mitten im Schilf.

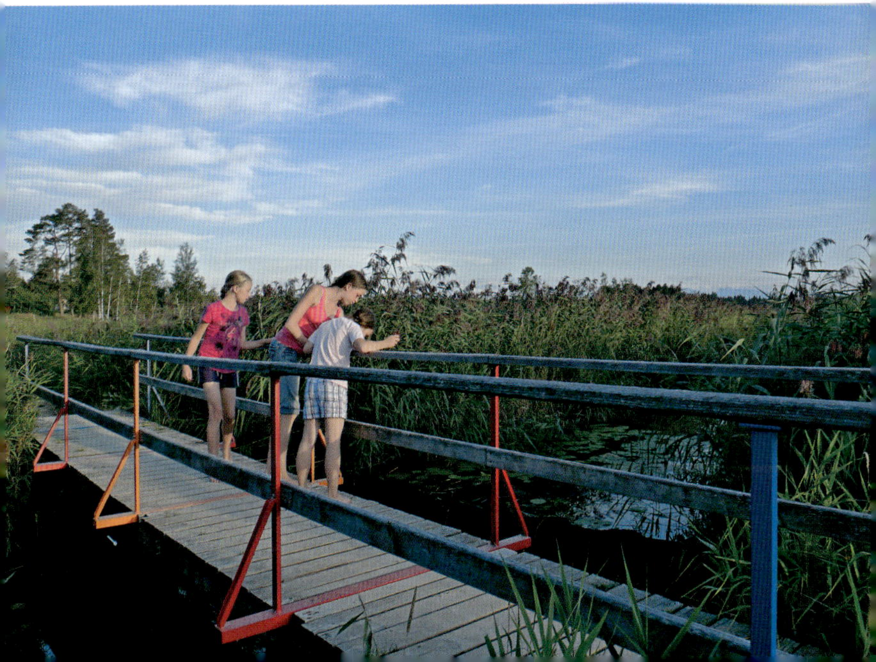

Stichwortverzeichnis

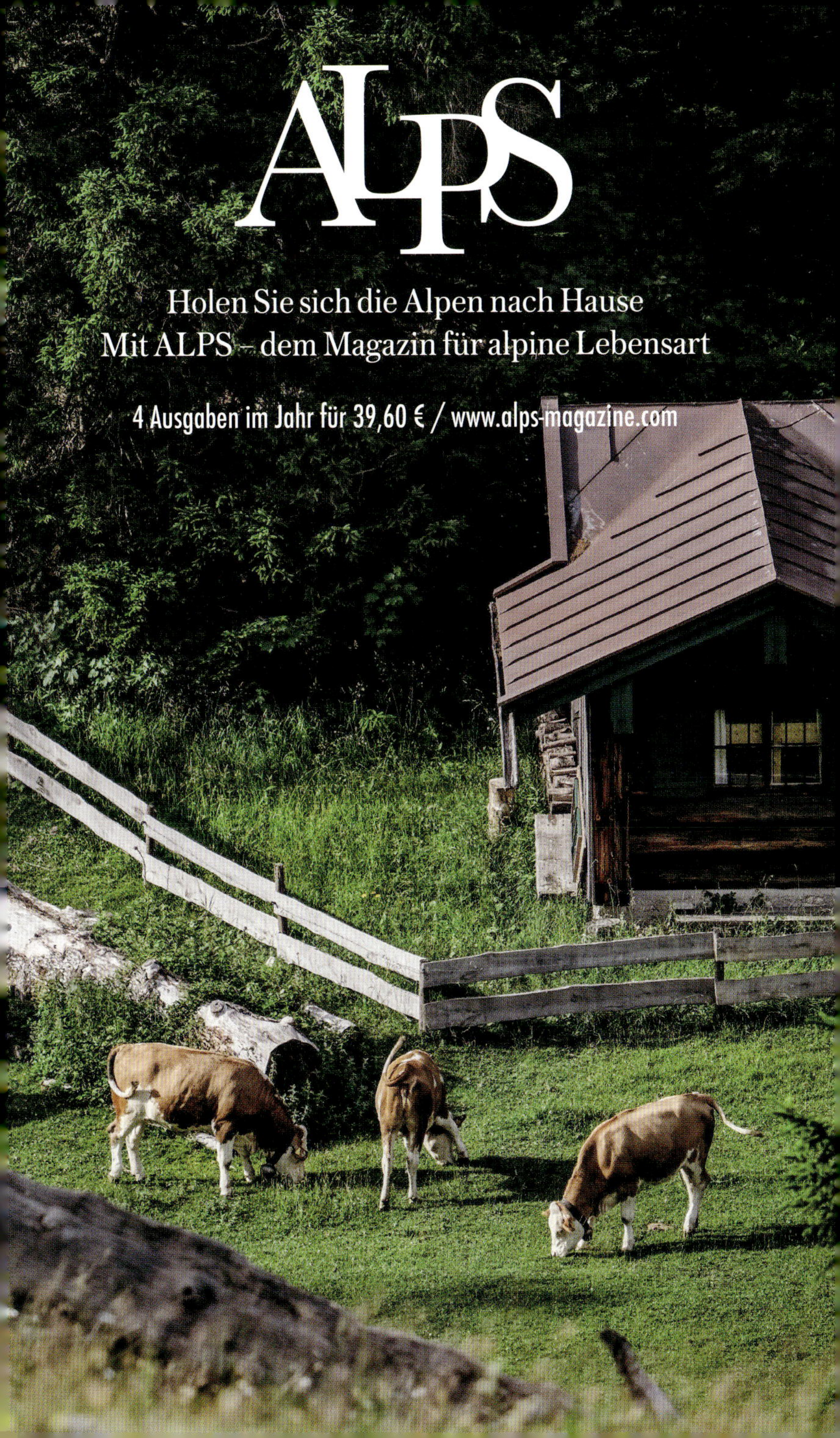
ALPS
Holen Sie sich die Alpen nach Hause
Mit ALPS – dem Magazin für alpine Lebensart
4 Ausgaben im Jahr für 39,60 € / www.alps-magazine.com

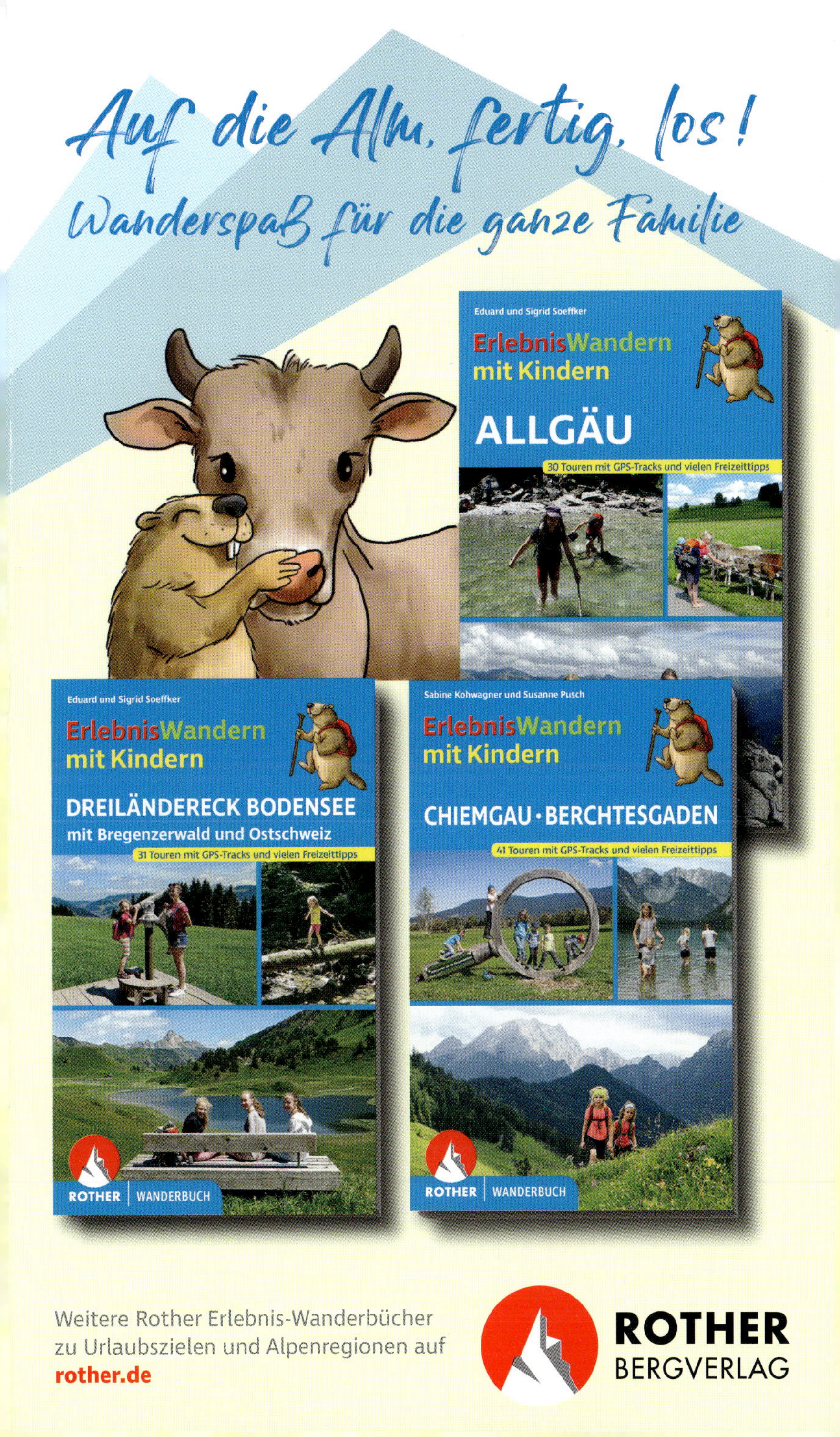
Auf die Alm, fertig, los!
Wanderspaß für die ganze Familie
Eduard und Sigrid Soeffker
ErlebnisWandern mit Kindern
ALLGÄU
30 Touren mit GPS-Tracks und vielen Freizeittipps
Eduard und Sigrid Soeffker
ErlebnisWandern mit Kindern
DREILÄNDERECK BODENSEE
mit Bregenzerwald und Ostschweiz
31 Touren mit GPS-Tracks und vielen Freizeittipps
ROTHER | WANDERBUCH
Sabine Kohwagner und Susanne Pusch
ErlebnisWandern mit Kindern
CHIEMGAU · BERCHTESGADEN
41 Touren mit GPS-Tracks und vielen Freizeittipps
ROTHER | WANDERBUCH
Weitere Rother Erlebnis-Wanderbücher
zu Urlaubszielen und Alpenregionen auf
rother.de
ROTHER
BERGVERLAG

Impressum

Titelbild:
Am Rückweg von der Hinteren Genstelhütte (Tour 14).
Bild Seite 1:
Großartiges Bergpanorama am Erlebnispfad »Burmiwasser« (Tour 15).
Bild Seite 26/27:
Am Nordufer des Vilsalpsees (Tour 32).

Alle Fotos von den Autoren mit Ausnahme der Bilder S. 12, 15, 23, 47 unten (Sebastian Neumann), S. 14, 116, 117 unten (Gästeinformation Bad Hindelang), S. 20, 66 (Adam Read), S. 93 unten (Céline Read), S. 32 (Reptilienzoo Scheidegg).

Die Autoren:
Eduard Soeffker, geboren 1969, und Sigrid Soeffker, Jahrgang 1973, sind gebürtige Münchner und schon von Kindesbeinen an in den Alpen unterwegs. Mittlerweile leben der Jurist und die Handelsfachwirtin im Pfaffenwinkel und geben ihre Begeisterung für naturverbundenes Wandern an ihre Kinder weiter.

Kartografie:
Wanderkarten im Maßstab 1:15.000 bis 1:50.000
© Bergverlag Rother GmbH, München
(gezeichnet von Barbara Häring, Gröbenzell)
Übersichtskarten © Freytag & Berndt, Wien

Werk.-Nr.: 3080

Die Ausarbeitung aller in diesem Führer beschriebenen Touren erfolgte nach bestem Wissen und Gewissen der Autoren. Die Benützung dieses Führers geschieht auf eigenes Risiko. Soweit gesetzlich zulässig, wird eine Haftung für etwaige Unfälle und Schäden jeder Art aus keinem Rechtsgrund übernommen.

4., aktualisierte Auflage 2024

ISBN 978-3-7633-3424-7

FSC www.fsc.org MIX Papier | Fördert gute Waldnutzung FSC® C147178

Wir freuen uns über jeden Korrekturhinweis zu diesem Wanderbuch!
Bitte per E-Mail an: **leserzuschrift@rother.de**

ROTHER BERGVERLAG · Keltenring 17 · D-82041 Oberhaching
Tel. +49 89 608669-0 · rother.de